Vollbrecht · Medienpädagogik

Die Reihe »Beltz Studium« wird herausgegeben
von Jürgen Oelkers und Klaus Hurrelmann.

Wissenschaftliche Redaktion: Christian Palentien

Ralf Vollbrecht

Einführung in die Medienpädagogik

Beltz Verlag · Weinheim und Basel

Dr. *Ralf Vollbrecht*, Jg. 1956, ist Professor für Medienpädagogik an der Technischen Universität Dresden. Arbeitsgebiete: Medienpädagogik sowie Kindheits- und Jugendforschung.

Gesetzt nach den neuen Rechtschreibregeln
Lektorat: Peter E. Kalb

© 2001 Beltz Verlag · Weinheim und Basel
http://www.beltz.de
Herstellung: Klaus Kaltenberg
Druck: Druckhaus Beltz, Hemsbach
Umschlaggestaltung: Federico Luci, Köln
Umschlagabbildung: The Image Bank, Düsseldorf
Printed in Germany

ISBN 3-407-25234-X

Inhaltsverzeichnis

Einleitung

Die Welt, wie wir sie kennen, ist eine Medienwelt – sie wird durch Medien erst erschaffen. Auf diesen Sachverhalt der »Medienwelt als Grundform unserer Wirklichkeit« (Welsch 1991, S. 38) verwies Karl Kraus mit seinem zu Beginn des 20. Jahrhunderts geprägten Bonmot: »Im Anfang war die Presse, und dann erschien die Welt«. Günther Anders formulierte dies (1956) für das Fernsehzeitalter neu: »Im Anfang war die Sendung, für sie geschieht die Welt«. Medien sind keineswegs nur jene »unschuldigen« technischen Instrumente, die wir für vielfältige Funktionen einzusetzen belieben, sondern prägen und strukturieren nachhaltig die Welterfahrung eines jeden Einzelnen in einem Ausmaß, das die Menschen noch vor 150 Jahren für unvorstellbar gehalten hätten. Und da wir alle uns unsere je eigene Medienwelt konstruieren, ist es berechtigt, in dem Sinn vom *Leben und Aufwachsen in Medienwelten* zu sprechen, dass Medien heute an der Konstruktion sozialer Welt genuin mitwirken und ihr Mitwirken auch so erfahren wird.

Es existiert für uns keine Welt jenseits dieser Medienwelten, und damit werden die Medien auch zu einem bedeutsamen Aufgabenfeld der Pädagogik, die die Medien und ihre Wirkungen in ihr pädagogisches Kalkül aufgenommen und mit der Medienpädagogik eine eigene Subdisziplin ausdifferenziert hat. Die Medienpädagogik befasst sich mit den Medien *in pädagogischer Absicht* und unterscheidet sich durch diese Perspektive von ihrer Nachbardisziplin Publizistik/Kommunikationswissenschaft (neuerdings: Medienwissenschaft), in deren Fokus ja ebenfalls die Medien stehen.

Was aber sind überhaupt Medien? Noch vor einhundert Jahren verzeichneten die Lexika unter einem Medium (lat.: das Mittlere, Vermittelnde) lediglich eine Person mit einer besonderen (spiritistischen) Befähigung zum Kontakt mit außergewöhnlichen Kommunikationspartnern. So gesehen ist ein Medium der Vermittler zwischen zwei Welten, der für okkulte Verbindungen zugezogen werden muss, sofern man nicht selbst über »mediale« Fähigkeiten verfügt.[1] Das ist auf den ersten Blick erstaunlich, denn zu dieser Zeit waren Zeitungen längst als Massenmedien etabliert. Jedoch erst mit dem Aufkommen weiterer Medien bedurfte es eines Begriffs, unter dem diese unterschiedlichen Phänomene zusammengefasst werden konnten. Medien kann man dann beispielsweise definieren als »Objekt, Träger und/oder Mittler von Information« (z.B. Schorb 1998, S. 7) und damit wie im modernen Begriff der Informations- und Kommunikationstechnologien (IuK) auf die technische Seite abheben.

Eine solche Definition unterschlägt jedoch, dass unter Medien nicht nur Zeichen- und Informationsträger, sondern auch Einrichtungen sowie Zeichen- und Informationssysteme verstanden werden, »mit deren Hilfe die Kommunikation zwischen zwei Kommunikationspartnern und/oder Kommunikationssystemen unterstützt, ermöglicht oder simuliert wird« (Dichanz 1995, S. 30). Damit ist der Medienbegriff nicht nur weiter gefasst, sondern er reflektiert durch die Einbeziehung virtueller Realitäten – also Realitätskonstruktionen der Medien ohne Bezug auf ein reales Vorbild – auch die Einsicht, dass unsere Erfahrung von Realität weitestgehend medienvermittelt[2] und immer unsere *Konstruktion von Realität* ist. Mithin ist es sinnlos, zwischen primären (unmittelbaren) und sekundären (medienvermittelten) Erfahrungen erkenntnistheoretisch differenzieren zu wollen (vgl. Bolz 1995, S. 25).

1 In den Naturwissenschaften versteht man unter Medium auch einen Träger physikalischer oder chemischer Vorgänge. So ist Luft zum Beispiel in diesem Sinn ein Medium für die Übertragung des Schalls und damit auch der Sprache.

2 Der Systemtheoretiker Luhmann formulierte dies so: »Nur wenig von dem, was in der Gesellschaft als Wissen behandelt wird, verdankt sich der Wissenschaft. Das meiste wird durch die Massenmedien produziert und reproduziert. Das hat den bedeutenden Vorteil, dass Wissen in der Regel nicht der skeptischen Bezweifelung und der Widerlegung ausgesetzt ist, sondern dem Vergessen« (Luhmann 1995, S. 178).

Der Medienbegriff ist eine Abstraktion, die historisch erst in dem Moment notwendig wird, als neben die direkte Kommunikation (»face to face«-Kommunikation) und die Massenpresse weitere Formen medialer oder vermittelter Kommunikation treten, und obwohl der Medienbegriff inzwischen alltäglich geworden ist, sollte man z.b. bei der Befragung von Kindern zu ihrer Mediennutzung tunlichst auf ihn verzichten, wenn man verstanden werden möchte. Man könnte sogar von einer doppelten Abstraktion sprechen in dem Sinne, dass unter Medien nicht nur verschiedene Informations- und Kommunikationstechnologien subsumiert werden, sondern auch jedes einzelne Medium bereits eine Abstraktion darstellt. Das zeigt sich daran, dass sich Medien – obwohl wir von ihnen umstellt sind – nicht direkt beobachten lassen.

Wesentlich ist hier die Unterscheidung von Medium und Form. Beobachten lassen sich nur die Formen, in denen ein Medium aufscheint, aber nicht das Medium selbst. Denn was macht beispielsweise das Medium Fernsehen aus? Sind es die Bilder, die wir auf der Mattscheibe sehen bzw. der dazugehörige Ton? Ist es das Fernsehgerät, in dem Bild und Ton technisch erzeugt werden? Ist es die Empfangs- und Übertragungstechnik wie Satellitenschüssel, Fernsehantenne oder z.b. Breitbandkabel, oder auch die Sendetechnik von terrestrischen Sendern bis hin zu Kommunikationssatelliten? Gehören dazu nicht auch die öffentlich-rechtlichen und privaten Programmanbieter oder z.b. die Kinofilmproduzenten und Rechteverwerter, deren Filme im Fernsehen gezeigt werden? Und müsste man nicht auch die unterschiedlichen Unternehmenskulturen in den Sendeanstalten hinzurechnen, ebenso diverse Berufsbilder (bis hin zur Fernsehkritik) sowie die Professionen (mit ihren ethischen Standards), die Fernsehen erst Realität werden lassen?

Hinzu kommen eine Fülle von Rechtsnormen und Gesetzen, die den rechtlichen Rahmen abstecken, die wirtschaftliche Fundierung durch verschiedene Finanzierungsmodelle über Gebühren, Werbung oder etwa beim »Pay-TV« das Abonnement eines Kanals (wie Premiere) bzw. beim »Pay per View« die Abrechnung der tatsächlich gesehenen Sendungen. Geht es andererseits nicht gerade auch um die Effekte und Wirkungen, die beim Zuschauer ausgelöst werden, seien es momentane Empfindungen, sei es ein Wissenszuwachs, vielleicht Langeweile oder auch Habitualisierungen, wenn etwa regelmäßig zum Abendessen der Fernseher eingeschaltet wird, ohne dass ein konkretes Interesse an einer bestimmten Sendung besteht? Gehören zum Fernsehen nicht auch die Beeinflussung unserer Vorstellungswelten, die vermutete Veränderung der Wahrnehmungsweisen (Stichwort: Videoclip-Ästhetik) sowie letztlich der gesamten Kommunikationskultur einer Gesellschaft?

Auch im politischen Raum können wir neue Formen politischer Inszenierung vor einer Fernsehöffentlichkeit beobachten – etwa bei der Medialisierung von Wahlkämpfen, in denen die Politik sich den Darstellungszwängen des Fernsehens anpasst bzw. sie kreativ zu nutzen weiß. Nicht immer kommt es dabei zu so skurril anmutenden Machtkämpfen, wie sie uns die US-Amerikaner Ende der 1990er-Jahre in dem als Soapopera inszenierten Amtsenthebungsverfahren gegen den Präsidenten Bill Clinton anlässlich der Sexaffäre mit der Praktikantin Monica Lewinsky vorführten – mit all seinen Auswirkungen von einer Beschädigung der politischen Kultur bis hin zu dem Nebeneffekt, dass seither niemand mehr das Wort (Ex-)Praktikantin in den Mund nehmen kann, ohne den polit-erotischen Subtext mit zu thematisieren.

Interessant an diesem Beispiel ist, dass weder die New York Times oder ein anderes Printmedium noch CNN oder ein anderer Fernsehsender die Öffentlichkeit erstmals über die Affäre informierten, sondern eine Internet-Veröffentlichung im sogenannten »Drudge Report«. Das Internet verändert den Journalismus und Matt Drudge, der diesen Infodienst noch heute betreibt, bekam nach seinem Skandalbericht eine eigene TV-Show.

Die Formen, in denen das Medium Fernsehen erscheint, sind offensichtlich äußerst vielfältig (die obige Auflistung ließe sich weiterführen) und lassen deutlich werden, wie breit das Arbeitsgebiet der Medienwissenschaften ist, die wiederum unterschiedliche Erkenntnisinteressen haben und deshalb auch unterschiedliche Schwerpunkte setzen. So ist traditionell die Kommunikationswissenschaft eher kommunikatororientiert (also an Produktion, Distribution und Medieninhalten), die Medienpädagogik eher rezipientenorientiert (also am Zuschauer und an den Wirkungen der Medien).

Andererseits lebt jedes Individuum in einer sozialen Umwelt, die Möglichkeiten für seine Entfaltung bereithält, und dieses Umfeld ist ohne Medien heute nicht mehr zu denken. So verändern die jeweils neuen Medien das Freizeitverhalten der Bevölkerung, veralltäglichen sich im Alltagshandeln oder bringen auch neue Strukturen der Berufsarbeit (Stichwort: Telearbeit) hervor. In dieser gesellschaftlichen Perspektive sind insbesondere die Brüche und Übergänge in der Medienentwicklung von Interesse – also die neu entstehenden Formen medialer Kommunikation, die auch die Kommunikationsstrukturen der Gesellschaft gravierend verändern.

Allerdings waren Gesellschaften zu keiner Zeit in der Lage, solch tief greifenden Strukturwandel vorherzusehen oder auch nur zu beobachten. Die Erfindung der Schrift, die Erfindung des Alphabets, die Erfindung des Buchdrucks wurden von Zeitgenossen kaum bemerkt. In jedem Fall waren diese nicht in der Lage, die Bedeutung des jeweiligen Ereignisses einzuschätzen oder die Folgen einer strukturellen Medienrevolution der Gesamtgesellschaft vorherzusehen. Zum Beispiel das Alphabet: »Poeten waren auf der Suche nach einer Verbesserung ihrer mnemotechnischen Hilfsmittel und änderten die traditionellen Schriftcodes, um den vollständigen Inhalt ihrer oralen Texte aufschreiben zu können. (...) Sie ahnten nicht, dass sie einen *vollständigen Wechsel in der Beziehung der Menschen zur Welt initiierten*. Im Endeffekt ermöglichte es das Alphabet, für Leser zu schreiben und neue Dispositionen zur Änderung der Lebensumstände des Menschen vorauszusetzen.« (Luhmann 1989, S. 11).

Als erste Medienrevolution ist die Entwicklung der Schrift anzusehen – anders gesagt: der Übergang der Gesellschaften von der Oralität zur Schriftkultur. Ein neues Speichermedium stützt seither das kulturelle Gedächtnis, das nun nicht mehr angewiesen ist auf bloße mündliche Tradierung. Die erst Jahrhunderte nach ihrer Entstehung aufgezeichneten Verse Homers[1] (8. Jh.v.Chr.) oder – uns zeitlich und räumlich näher – die Gesänge der keltischen Barden, die ein Repertoire von bis zu 360 (langen) Erzählungen beherrsch-

---

1 Zur Bedeutung von Homer und Platon als »Gründerväter« der Medienpädagogik siehe Schäfer 1997.

ten (vgl. Lengyel 1985, S. 193), werden noch lange mündlich über-
liefert und behalten natürlich ihren künstlerisch-ästhetischen Reiz.
Sie verlieren jedoch wie andere mündliche Überlieferungen ihre
wesentliche Funktion der Weitergabe des gesellschaftlich relevanten
Wissens an das neue Medium der Schrift und werden Jahrhunderte
nach ihrer Entstehung selbst verschriftet und sind uns so (teilweise)
erhalten geblieben.

Sokrates (um 470/469 bis 399 v.Chr.) und Platon (427–347
v.Chr.) waren Zeitzeugen dieses Wandels, dessen negative Folgen
Sokrates in einem seiner Dialoge hervorhob, die durch die Auf-
zeichnungen seines Schülers Platon[1] der Nachwelt erhalten blieben:
»Wer die Schrift gelernt haben wird, in dessen Seele wird zugleich
mit ihr viel Vergesslichkeit kommen, denn er wird das Gedächtnis
vernachlässigen. Im Vertrauen auf die Schrift werden sich von nun
an die Menschen an fremde Zeichen und nicht mehr aus sich selbst
erinnern. (…) Deine Menschen werden jetzt viel, sehr viel lernen,
aber alles ohne zugleich darüber eigentlich belehrt zu werden; die
Menschen werden dir jetzt viel zu wissen meinen, während sie
nichts, nichts wissen.«[2]

Angesprochen sind damit auch unterschiedliche Wissenstypen.
Worüber die Menschen nichts wissen, obgleich sie doch so viel lernen, ist vor allem die Erfahrung des Transzendentalen, die durch
das neue Medium abgewertet wird zu Gunsten dessen, was nun zu
wissen notwendig scheint. So besingt der berühmte walisische Barde Taliésin das Mysterium, ohne sein Nichtwissen hinter müßigen
Erklärungen verbergen zu wollen (vgl. den Kasten auf der nebenste-
henden Seite).

Mit der Einführung der Schrift wird nicht nur ein neues Medium etabliert, sondern es zerbricht gleichzeitig auch ein altes Wis-
sens- und Organisationsmonopol.

---

1 Platon greift vor allem im dritten und zehnten Buch der »Politeia« (Der
   Staat) die Scheinwelt von Dichtkunst und Malerei an – laut Bäumler
   (1934, S. 3) »die schärfste Kampfschrift (…), die jemals von einem Philosophen gegen die Kunst verfasst worden ist.«
2 Platon: Phaidros. In: Gastmahl/Phaidros/Phaidon (Übersetzung: Rudolf
   Kassner). Wiesbaden 1978, S. 143

»Weißt Du, wo die Nacht bleibt,
wenn sie dem Lauf des Tages folgt?
Kennst Du das Zeichen?
Hast Du der Bäume Blätter gezählt?
Weißt Du, wer die Berge baute,
vor dem Sturz der Elemente?
Weißt Du, wer die belebte Erde stützt?
Die Seele klagt, weiß keine Antwort.
Wer hat es erschaut? Wer weiß das alles?
Ich achte die Bücher
wie auch das, was sie nicht wissen.«

(Juveniles ornements de Taliésin.
In: Markale 1956, S. 71; zit. n. Lengyel 1985, S. 16).

Und »dass der ›Lehrgegenstand‹ Schrift auch die Lehre verändern würde, war Sokrates so klar, wie das auch mittelalterliche – vorrangig dominikanische – Mönche, vor allem aber ihre Organisationen fürchten mussten. Genau wie die Herren der Rhetorik in oralen Kulturen, hatten sie in Klöstern, an Bischofssitzen und an den im 12. und 13. Jahrhundert aufkommenden Universitäten Lesen und (Hand-)Schreiben, die Buch- und Wissensproduktion, aber auch deren Distribution monopolisiert« (Faßler/Halbach 1998, S. 9).

Mit der zweiten medialen Revolution – der Erfindung des Buchdrucks mit beweglichen, gegossenen Lettern durch Johannes Gutenberg[1] (um 1448) – fällt auch dieses Monopol, und die Leserschaft verbreitert sich, wenngleich sie noch immer auf sehr niedrigem Niveau bleibt. So dauerte es noch gut 150 Jahre, bis aus den bislang handschriftlich vervielfältigten Nachrichtenbriefen die ersten Wochenzeitungen (in Straßburg und Wolfenbüttel) entstanden (vgl. Weischenberg/Hienzsch 1994, S. 459) – und noch einmal wei-

---

1 Die chinesische Erfindung des Blockdrucks wird in Europa bereits ab 1423 eingesetzt. Aber erst die Erfindung der beweglichen Lettern lässt die Buchproduktion exponentiell in die Höhe schnellen. Erst ein halbes Jahrtausend später – mit der Durchsetzung des Fernsehens – schien den Zeitgenossen das Ende des Buchzeitalters und damit der »Gutenberg-Galaxis« (Mc Luhan 1968) gekommen.

tere 50 Jahre bis die ersten Tageszeitungen (1650 in Leipzig) und Zeitschriften erschienen. Gegen Ende des 18. Jahrhunderts existierten etwa 250 Zeitungen, die ihr Publikum regelmäßig mit Informationen über Angelegenheiten versorgten, zu denen vormals außerhalb der Machtzentren niemand Zugang hatte.[1]

Die rasante Verbreitung reformatorischer und aufklärerischer Ideen ist sogar völlig undenkbar ohne diesen technologischen Sprung.[2] Mit der eigenen Bibel im Haus ändert sich zunächst das Verhältnis des Menschen zu Gott, da man nun den Diensten der Kirche für die Vermittlung des Wortes Gottes weniger bedurfte. Die neu entstehenden religiösen Gemeinschaften in den evangelischen Ländern orientierten sich auch weit mehr an der Schrift als die bildorientierte katholische Tradition.[3] »Luther will (...) das Lesen erlauben, weshalb er deutsch schreibt und drucken lässt. Neue Organisations- und Gesellschaftsformen werden durch das Medium, das sie nutzen, ermöglicht und formiert. Selbstredend erfährt auch die Lehre in den in der Folge durchgesetzten Universitätsreformen eine drastische Veränderung.« (Faßler/Halbach 1998, S. 10).

Hinzu kommt ein Weiteres: Die Beherrschung der »Kulturtechniken« Lesen, Schreiben und Rechnen nimmt aufgrund der zunehmenden wirtschaftlichen Verflechtungen auch im Alltagsleben der Menschen an Bedeutung zu[4] – auch wenn es noch ein weiter Weg ist bis zu einer weit gehenden Alphabetisierung der Bevölkerung, für die erst die Durchsetzung der Schulpflicht zum wichtigsten

1 Zum Vergleich: Im wieder vereinigten Deutschland haben nur 114 Zeitungsvollredaktionen die Konzentrationen im Pressewesen überlebt.

2 Allein die deutsche Fassung von Luthers 95 Ablassthesen, der »Sermon von Ablaß und Gnade« erschien zwischen 1518 und 1520 in dreiundzwanzig hochdeutschen und zwei niederdeutschen Fassungen (vgl. Faßler/Halbach 1998, S. 10).

3 In diesem Zusammenhang wäre auch die Frage zu stellen, ob die strikte Schriftorientierung der frühen evangelischen Kirche zu einer weit erfolgreicheren Durchsetzung beigetragen hat, als sie den zahlreichen Sekten und Ketzerbewegungen des vorhergehenden Jahrhunderts zuteil wurde.

4 Der deutsche Rechenmeister Adam Ries (1492–1559) verfasste die ersten deutschen Rechenbücher ursprünglich für technische Berechnungen im Bergbau und erzielte damit einen Bekanntheitsgrad, der uns noch heute »nach Adam Riese« rechnen lässt.

Meilenstein wird. Im Bürgertum, in Handel und Wirtschaft setzt sich allmählich die Buchführung, später die doppelte Buchführung durch. »Das Buch (rsp. der Buchdruck) wird zum wichtigsten dokumentarischen, kommentierenden, selbstinszenatorischen und propagandistischen ›Mittel‹ der Selbstbeschreibung jener sozialen Gruppierungen, die sich von Institutionen vergangener Kommunikation emanzipieren wollen – bis heute. (...) Das Medium ›Buchdruck‹ liefert die abstrakten Möglichkeiten, verstreute Zeit-, Arbeits-, und Lebenserfahrungen über große Distanzen aufeinander zu beziehen und ihre inneren Gesetzmäßigkeiten zu begreifen.« (Faßler/Halbach 1998, S. 12).

Natürlich gab es auch Kritik. Das heute gegen das Internet vorgebrachte Argument inhaltlicher Beliebigkeit und Trivialität galt auch schon für die »neue« Druckerpresse, die mit Rohstoff jeder Art bedient wurde, wie ein Vorwort über den »vberflussz der buecher« (1486) des Mainzer Domherrn Bernhard von Breydenbach zeigt: »gelert vnd ungelert schriben gedicht vn(d) machen bucher das kleffig alt wib. der synnloß alt man. der swetzig sophist. ja all me(n)schen vermessen sich zuo schriben. zuo ryszen die geschrift. vnd wollen anderen sagen daz sie selber nit wissen noch verstan.« (Giesecke 1991, zit. n. Lau 1993, S. 832). Hier zeigt sich, dass ein neues Medium seine Anwendungen erst finden muss. Wesentlich dabei ist, dass man zuallererst die Bedürfnisse verstehen muss, deren Befriedigung neue Medien sein können.

Offensichtlich stellt sich mit neuen Medien auch die Machtfrage neu. Taliésin war dies noch sehr bewusst: »Der Mensch der Menge wird nie Erkenntnis erlangen. (...) Ich bin ein Barde, ich werde Geheimnisse nicht vor Sklaven ausbreiten.« (Taliésin: Les mystères du Monde. In: Markale 1956; zit. n. Lengyel 1985, S. 199.) Aber wer definiert, welche Medien und welche Inhalte für wen gut oder schlecht sind? Die Geschichte der Zensur (vgl. Piper 1980; Kienzle/ Mende [Hrsg.] 1980) und milderer Formen der Einflussnahmen zeigt, dass diese Definitionsmacht zunächst an staatliche und kirchliche Autoritäten gebunden ist, später auch an kulturelle Eliten (Bildungsbürgertum) sowie wissenschaftliche Disziplinen und Berufsgruppen (Pädagogen). So zensierte man Bücher, die die staatliche Ordnung oder religiöse Gewissheiten zu bedrohen schienen, polemisierte aber auch allgemein gegen die »Lesewut« (vgl. z.B. König 1977) der Dienstboten, der Frauen und natürlich der Kinder, die durch ungeeigneten Lesestoff Schaden an Geist und Seele zu nehmen drohten. Und während heute beim Internet (vor allem in den USA) Indizierungsverfahren die Gefährlichkeit von Sites für Eltern einschätzbar und für technische Filterverfahren handhabbar machen sollen, wurden für Kinder geeignete Bücher freigegeben mit dem Hinweis »ad usum Delphini« – zum Gebrauch für den Dauphin (Kronprinzen), d.h. allgemein für Kinder geeignet.

Gegenüber den neuen Bildmedien (Film, Fernsehen, Video) galten das Buch und die Schrift als Medien des Umwegs und des Aufschubs. Im Unterschied zum Sehen muss man Lesen und Schreiben – oft mühsam – erlernen. Die Lesewahrnehmung vollzieht sich gemäß der Linearität der Schrift sukzessive und kontrolliert, ferner ist die Distanz der Repräsentation in der Schrift sehr groß. Die Schriftkultur vermittelt – so etwa Postman – »die Fähigkeit zur Selbstbeherrschung und zum Aufschub unmittelbarer Bedürfnisbefriedigung, ein differenziertes Vermögen, begrifflich und logisch zu denken, ein besonderes Interesse sowohl für die historische Kontinuität als auch für die Zukunft, die Wertschätzung von Vernunft und gesellschaftlicher Gliederung.« (Postman 1983, S. 116). Buch und Schrift werden daher der »hohen« Kultur zugerechnet. Dass dies nicht selbstverständlich ist, lehrt ein historischer Rückblick. Die abendländische Philosophie von Anbeginn bis zur Gegenwart verdächtigte die Schrift immer wieder, ein gefährliches Medium der »Ansteckung« zu sein. So polemisierten etwa die Philanthropen im 18. Jahrhundert »gegen die unzweckmäßige Lesesucht bei Kindern, Jugendlichen und ungebildeten Erwachsenen. (…) Sie haben festgelegt, dass die gute Schrift eine solche ist, die nützt und nicht nur unterhält. Im nutzlosen unterhaltenden Buch erkannten sie die schlechte Schrift, die geistige Pest« (Bartels 1984, S. 504).

Mit der Entwicklung elektronischer Medien verlagert sich die Schmutz- und Schund-Diskussion. Die Schriftkultur insgesamt wird aufgewertet gegenüber der Unmittelbarkeit der elektronischen Medien. Ebenso wie in der Berichterstattung über elektronische Medien meist auch der Rückgang der Schreibkompetenz thematisiert wird, wird ein angeblicher Verlust der Schriftkultur auf das

Vordringen elektronischer Medien zurückgeführt. Bartels sieht hier traditionelle Kräfte wirken, die sich »gegen die Befreiung vom archaischen Zwang der Typografie stemmen. Sie verwerfen einen Kulturbegriff, der an die Stelle der Sublimation und des Aufschubs die im Vorwege als primitiv und infantil verrufene Lust an den Bildern setzt. Je deutlicher die alphabetisch-lineare Schrift im Absinken begriffen ist, desto mehr übernimmt die audiovisuelle Schrift die Rolle des Sündenbocks, die jahrtausendelang die typographische Schrift gespielt hat.« (Bartels 1984, S. 496).

Gegenwärtig erleben wir mit der Digitalisierung des Informations- und Kommunikationssektors die dritte (»digitale«) Medienrevolution. In der so genannten »Informationsgesellschaft«[1] wird gegenwärtig umgestellt auf neue Medien der kulturellen Erinnerung, der Datenspeicherung, des technisch implementierten Gedächtnisses und damit wieder ein tief greifender Medienwandel eingeleitet, der die gesellschaftliche Kommunikation nicht weniger verändern wird als Gutenbergs Erfindung des Buchdrucks mit beweglichen Lettern. Damit soll die Bedeutung anderer Medien wie Film, Radio oder Fernsehen nicht herabgesetzt werden, die ebenfalls dem kulturellen Gedächtnis zuliefern. Sie lösen jedoch nicht die Schrift als Leitmedium für die Wissenstradierung ab.

Technologische Voraussetzung der digitalen Revolution waren Fortschritte in den Informations- und Kommunikationstechnologien (IuK) wie die Entwicklung leistungsfähiger (und bezahlbarer) Computer, ihre Vernetzung mit weltweit standardisierten Übertragungsprotokollen, Datenkomprimierungsverfahren, die Übertragungen auch großer Datenmengen (z.B. Video in Echtzeit) ermöglichen, sowie die Entwicklung von Software, die (Stichwort Multimedia) die Integration aller bisherigen medialen Vermittlungsformen von Bild, Text und Ton im neuen Supermedium[2] Computer unterstützt sowie interaktive Nutzungsformen ermög-

---

1   Zum Begriff der »Informationsgesellschaft« siehe Kapitel »Gesellschaftliche Aspekte der Medienwelt«, S. 153.

2   Die Bezeichnung »neue Medien« für die digitalen IuK-Technologien ist daher nicht ganz zutreffend. Die Verwendung der Pluralform für ein neues, alle bisherigen Medien integrierendes Medium verdeutlicht vielmehr, wie traditionell wir denken.

Tab. 1: **Stationen der Medientechnologie und die Veränderungen des sozialen Gedächtnisses**

	Oralität	Literalität	Druck	Elektronik
Organisation des Wissens	– geschlossene Struktur – absolute Vergangenheit	– offene Struktur – Geschichtsbewusstsein	– Steigerung: Wissensexplosion – Neue Wissenschaften	– Sprengung von Bildungskanones – sprachfreies rechnergestütztes Denken – sekundärer Analphabetismus
Medium = Kodierung und Speicherung	– Körpernähe und Flüchtigkeit des Mediums – Multimedialität	– Trennung von Medium und Träger – autonome Existenz des Textes – Vereinseitigung des Visuellen	– Steigerung der Zeichenabstraktion – Standardisierung	– Wiederkehr der Stimme – maschinelle Re-Sensualisierung unter Umgehung eines Zeichencodes – Dynamisierung des Texts (»processing«)
Kommunikationsformen, Zirkulation	– rituelle Inszenierungen gemeinsamer Partizipation – begrenzte Reichweite	– Rezitation und Lektüre – Raum- und Zeittransparenz	– einsame Lektüre und Öffentlichkeit – Massenkultur	– Interaktion in einem Netzwerk – Globalisierung

(Quelle: Assmann/Assmann 1994, S. 131)

licht. Folgerichtig digitalisieren die Rundfunkanstalten derzeit ihre Archivbestände und stellen ihre Radio- und Fernsehproduktion auf digitale Technik um (vgl. Fremerey 1999, S. 98ff.), während die Ausstrahlung derzeit noch weiterhin in analoger Technik erfolgt.

Die besonderen Vorteile digitaler Medien – die Integration bislang nebeneinander bestehender Einzelmedien sowie die Möglichkeit einer interaktiver und vernetzten Nutzung – wird vielen Menschen erst mit der Öffnung des Internets für einen größeren Nutzerkreis deutlich. Mit der Entwicklung interaktiver Medien wird die Kommunikation individualisiert. Das alte Sender-Empfänger-Modell der Massenkommunikation (ein Sender mit demselben Programm für viele Empfänger) wird aufgehoben zu Gunsten eines interaktiven Austauschs, der prinzipiell alle zu Empfängern und Sendern macht. So gesehen erhöhen sich Informations- und Beteiligungs-Chancen der Menschen gewaltig. Die Massenmedien werden durch die mediale Individualkommunikation jedoch nicht abgelöst, sondern ergänzt, denn es ist mehr als fraglich, ob das Publikum seine Konsumentenrolle tatsächlich generell aufgeben will (vgl. Vorderer 1995, S. 494ff.; Stipp 1998). Damit nimmt auch die Bedeutung der Medien als Sozialisationsagenturen weiter zu. Die Medienpädagogik (und nicht nur sie) muss sich auf neue Chancen und neue Risiken einstellen, die dieser Wandel mit sich bringt und dessen Folgen heute noch kaum abzuschätzen sind.

Dabei kann es nicht nur darum gehen, auf die nachhaltig veränderten Anforderungen an die Qualifikationsprofile der Erwerbstätigen zu reagieren, wenn das Bildungs- und Ausbildungssystem nicht zu einem Engpass für den gesellschaftlichen Strukturwandel werden soll. Die Medienwelten, in denen wir leben, werden sich vielmehr insgesamt tief greifend verändern, und dies wird Auswirkungen haben, die wir bislang nur erahnen können: für unser Welt- und Selbstverständnis, die Organisation unseres Alltags, für Arbeit und Freizeit bis hin zur Selbstbeschreibung der Gesellschaft. Freilich bleibt die Gesellschaft auch im digitalen Zeitalter »auf elektronisch beschleunigte Technologien der Schriftlichkeit angewiesen« (Elsner et al. 1994, S. 174).

Zum Aufbau des Bandes

Im ersten Kapitel (S. 25ff.) werden die Hauptlinien des medienpäd-agogischen Denkens der vergangenen einhundert Jahre herausgear-beitet. Nicht theoretisch-abstrakt, sondern am Beispiel der damali-gen Kinodebatte und ihrer Fortsetzung bis in die heutige Zeit wird eine Einführung in wichtige medienpädagogische Fragestellungen und die zeittypischen Antworten der Pädagogik gegeben. Deutlich wird dabei, wie eine zunächst bewahrpädagogisch und an den Me-dieninhalten orientierte Medienpädagogik zunehmend den Me-diennutzer mit seinen Interessen, Bedürfnissen und Fähigkeiten in ihr Kalkül aufnimmt und heute die Förderung von Medienkompe-tenz als ihre zentrale Aufgabe begreift.

Medienkompetenz als Leitvorstellung der Medienpädagogik wird oftmals in einem trivialisierten Sinn verwendet – etwa im Hinblick auf die bloße Aneignung technischer Kompetenzen. Das Konzept ist jedoch weit anspruchsvoller. Mit der Idee von kommu-nikativer Kompetenz bzw. Medienkompetenz wird in der Medien-pädagogik ein Paradigmenwechsel eingeleitet, mit dem ein beha-vioristisch geprägtes Menschenbild abgelöst wird zu Gunsten der Vorstellung eines prinzipiell kompetenten Subjekts. Im zweiten Ka-pitel (S. 53ff.) wird erläutert, was unter Medienkompetenz als bil-dungstheoretischem Konzept in einem genaueren Sinn zu verstehen ist.

Im Anschluss an die theoretische Herleitung und Begründung von Medienkompetenz wird gefragt, wie sich Medienkompetenz in der Schule vermitteln lässt und welche Anschlussmöglichkeiten an Konzepte der Jugend- und Erwachsenenbildung bestehen. Einge-gangen wird auch auf die pädagogischen Chancen der digitalen Medien, ein stärker lernerorientiertes und selbst bestimmtes Lernen zu ermöglichen. Dabei darf das grundsätzliche Spannungsverhält-nis einer Selbststeuerung des Lernens mit Medien einerseits und di-daktischer Strukturierung andererseits nicht geleugnet werden. Di-daktisch handeln heißt in diesem Verständnis, Lernen zu ermögli-chen. Damit wird einerseits eine Veränderung im Berufsverständnis der Lehrenden gefordert, andererseits die Frage aufgeworfen, wie geeignete Lernmaterialien gestaltet sein müssen, die nicht nur unverbundene Wissenselemente, sondern auch Zusammenhänge, also Strukturwissen, vermitteln sollen.

Das dritte Kapitel (S. 99ff.) befasst sich mit der Medienwirkungsforschung. Die Frage nach den Wirkungen der Medien ist für die Medienpädagogik von zentralem Interesse – wird jedoch in Abhängigkeit vom jeweiligen theoretischen Standpunkt sehr unterschiedlich beantwortet. Für die Beurteilung empirischer Ergebnisse und medienpädagogischer Standpunkte ist daher die Kenntnis der Theorien und Konzepte der Wirkungsforschung unabdingbare Voraussetzung.

Im vierten Kapitel (S. 153ff.) geht es um einen wichtigen Spezialfall von Medienwirkungen, nämlich um die Frage, ob bzw. unter welchen Umständen Gewaltdarstellungen in den Medien auf Einstellungs- oder Verhaltensebene problematische Wirkungen haben können. Die Ergebnisse der Wirkungsforschung über Gewaltdarstellungen in den Medien werden im Überblick dargestellt; darüber hinaus wird aber auch die Frage aufgeworfen, welche Funktion die Gewaltdebatte für die Gesellschaft hat.

Ausgewählte empirische Befunde zu Mediennutzung und Medienangebot werden im fünften Kapitel (S. 153ff.) vorgestellt. Im Einzelnen geht es um die Mediennutzung im Verhältnis zu anderen Freizeitaktivitäten, Veränderungen der Mediennutzung und des Medienangebots, Konzentrationen am Medienmarkt sowie die Nutzung ausgewählter Medien unter besonderer Berücksichtigung der digitalen Medien. Im Rahmen dieser Einführung ist es leider nicht möglich, weitere wichtige Themen zu behandeln wie etwa die spezifischen Mediennutzungen von Kindern, Jugendlichen (siehe dazu Vollbrecht 2001) und Älteren oder die Werbung.

Im letzten Kapitel (S. 153ff.) werden ausgewählte gesellschaftliche Aspekte der Medien behandelt. Zunächst geht es um die Frage, wie sich die Wahrnehmung von Realität durch die medialen Erlebniswelten verändert. In den virtuellen Realitätsräumen der Datensphäre suchen und genießen wir den medialen Schein, statt uns – wie Platon in seinem Höhlengleichnis es erhoffte – durch Bildungsprozesse aus den Scheinwelten zu befreien. Es ist das Medien-Sein, das heute das Sein bestimmt.

Der Datensphäre korrespondiert eine Technosphäre, die auf die Bedürfnisse der Mediennutzer zugeschnitten sein muss. Da in technikzentrierter Sicht diese Bedürfnisse oft vernachlässigt werden, lässt sich parallel zur Erfolgsgeschichte der neuen Medien auch eine Geschichte ihrer Flops schreiben. Behauptet wird, dass wir nicht den Computer als Universalmedium und Alleskönner brauchen, sondern elektronische Erlediger, die auf die Bedürfnisse der Menschen zugeschnitten sind.

Ein dritter Aspekt befasst sich mit der Konzentration wirtschaftlicher Macht. Monopolbildung im digitalen Zeitalter beruht nicht – wie in der von Adorno und Horkheimer beschriebenen Kulturindustrie der 1940er-Jahre – auf einem Inhaltsmonopol, sondern setzt an den Technostrukturen an und bezieht Inhalte erst in einem zweiten Schritt ein.

Die Aufgabe einer zukünftigen Kommunikationspolitik ließe sich als eine »Neubestimmung der Rolle des kommunizierenden Menschen als gleichberechtigtem Teilhaber in einem neu organisierten gesellschaftlichen Kommunikationsprozess« (Glotz 1998, S. 13) beschreiben. Das würde einerseits voraussetzen, dass die Interessen der Einzelnen gegenüber den privatwirtschaftlichen Interessen der Globalplayer, andererseits auch gegenüber Eingriffen des Staates gewahrt werden können. Dieser Aspekt einer Einschränkung der bürgerlichen Freiheitsrechte und der daraus resultierenden Risiken wird im letzten Abschnitt diskutiert.

Betrachtet man die medienpädagogischen Veröffentlichungen des letzten Jahrzehnts, so zeigt sich ein auffälliges Missverhältnis von medienpädagogischer Programmatik und den Themen, mit denen Medienpädagogik sich befasst. So wird Medienkritik zwar als eine wesentliche Dimension von Medienkompetenz herausgestellt, findet jedoch (in einer – wie man in den 1970er-Jahren gesagt hätte – affirmativ gewendeten) Medienpädagogik kaum noch statt. Die starke Betonung medienkritischer Aspekte im Schlusskapitel ist daher keine bloße Reminiszenz an medienkritischere Zeiten, sondern eine notwendige Ergänzung.

Entwicklungslinien der medienpädagogischen Debatte des 20. Jahrhunderts am Beispiel des Kinos

In den medienpädagogischen Debatten des 20. Jahrhunderts sind zwei Grundtendenzen auszumachen. Neben einer weiter verbreiteten Richtung, die den Medien mit Abwehr und Ablehnung begegnete und die Kinder vor schädlichen Einflüssen der Medien bewahren wollte, gab es schon früh eine Gegentendenz, die nicht nur auf Abwehr setzte, sondern auch die positiven Möglichkeiten von Medien für Bildungsprozesse nutzbar machen wollte. Ein Vertreter dieser Richtung war z.b. der Reformpädagoge Berthold Otto, der bereits 1916 den schulischen Einsatz von Unterrichtsfilmen forderte. In dieser medienakzeptierenden Perspektive lassen sich weiter eine funktionale und eine (erst in den 1960er-Jahren entwickelte) kritisch-reflexive Medienpädagogik unterscheiden. Funktionale Medienpädagogik befasst sich mit dem Einsatz von Medien zu Lehr- und Lernzwecken. Durch die neuen Medien und ihre pädagogischen Einsatzmöglichkeiten hat diese Richtung in den 1990er-Jahren eine Bedeutungsaufwertung erfahren. Kritisch-reflexive Medienpädagogik thematisiert dagegen die sozialen, kulturellen und sozialisatorischen Effekte der Medien, um in demokratietheoretischer Perspektive die Subjekte letztlich zu befähigen, in einer mediendominierten Gesellschaft über bloßen Medienkonsum hinaus die Medien auch aktiv für ihre individuellen und kollektiven Ziele nutzen sowie Medieneffekte reflektieren zu können.

Vor allem der um die Wende zum 20. Jahrhundert massenhaft produzierten Trivialliteratur, den Kriminal- und Frauenromanen wurde eine jugendgefährdende Wirkung zugesprochen. Heinrich Wolgast etwa, Vorsitzender der Literarischen Kommission der in Hamburg gegründeten»Lehrervereinigung zur Pflege der künstlerischen Bildung in der Schule«, lehnte in seinem 1896 erschienenen Buch »Das Elend unserer Jugendliteratur – ein Beitrag zur künstlerischen Erziehung der Jugend« nicht nur Trivialliteratur, sondern auch moralisch-belehrende, patriotische und religiöse Werke als für Jugendliche ungeeignet ab und sprach darüber hinaus auch der speziell für Jugendliche geschriebenen Literatur jede Berechtigung ab. Wolgast ist gleichzeitig jedoch auch ein Beispiel für die Befürwortung eines »sinnvollen« Medieneinsatzes mit dem Ziel der Bildung literarischen Geschmacks, etwa durch die großen Klassiker der deutschen und internationalen Literatur, also nach dem Maßstab der literarischen Tradition. Auf dem Feld der Kinder- und Jugendliteratur vermutete er dagegen hauptsächlich »Tendenzschriftsteller« und befürchtete eine Verwässerung und Verwüstung des »ästhetischen Sinns«. Mit dieser Kritik wendet er sich auch gegen die Gängelung durch den wilhelminischen Staat und die mit ihm kooperierenden Kirchen.

Der Beeinflussung durch Interessengruppen oder den schlechten Geschmack der Trivialliteratur soll entgegengewirkt werden durch klassische Literatur, die absichtsfrei sein und Qualitätsmaßstäbe setzen soll. Medienpädagogisch wird also eine wertende Differenz gebildet zwischen »guten« und »schlechten« Medieninhalten, deren Nutzung pädagogisch zu kontrollieren ist. Diese bewahrpädagogische Kontroll-Orientierung war in der Medienpädagogik lange Zeit vorherrschend. Das zeigt sich auch am Beispiel des Kinos, für das ich im Folgenden die medienpädagogischen Diskurse der letzten einhundert Jahre nachzeichne.

Die Kinodebatte am Anfang des 20. Jahrhunderts

Das Kino vom Beginn des 20. Jahrhunderts hat mit heutigen Kinos nicht viel mehr gemein als die Möglichkeit, bewegte Bilder zu sehen. Da die damaligen Kurzfilmchen kaum ein abendfüllendes Programm gestalten konnten, wurden sie in Varieté-Programme oder andere kommerziell bewährte Unterhaltungsangebote der populären Unterhaltungskultur eingegliedert: Zirkus, Kneipe, Jahrmarkt oder Music-Hall. Wer sich die »films« – wie Filme in Übernahme des französischen Begriffs zunächst genannt wurden – anschauen wollte, ging also nicht in ein ortsfestes Kino oder Lichtspieltheater, sondern z.B. auf den Jahrmarkt, wenn dort gerade ein Wanderkino gastierte. Diese Jahrmarkt- oder Wanderkinos wurden erst wenige Jahre vor dem Ersten Weltkrieg durch ortsfeste Kinos abgelöst, als die Industrialisierung der Filmproduktion begann und neue Vertriebsstrukturen aufgebaut wurden.

Schon seine Herkunft von Jahrmarkt und Zirkus ließ das Kino verdächtig erscheinen. Auch die auf bloße Unterhaltung zielenden Filme erschienen zumeist bedenklich. Die ersten Filme besaßen noch keine eigene Filmsprache (Montagetechnik). Sie verwendeten meist nur eine einzige Kameraeinstellung und dauerten auch nicht länger als ein oder zwei Minuten. Bekannte Persönlichkeiten wie der deutsche Kaiser, sowie Reise- und Naturbilder oder Stadtansichten waren um die Jahrhundertwende die bevorzugten Themen. Bald aber trat neben den dokumentarischen der fiktive Film. Beide waren beim Publikum zunächst gleichermaßen beliebt, und erst allmählich entwickelten sie sich zu den heute bekannten Filmgenres. Zudem war der Film stumm, erschien also schon deshalb defizitär. Das Wort »Stummfilm« lässt allerdings vergessen, dass der Film nie wirklich stumm gewesen ist, sondern von Orchestermusik begleitet wurde. Der Film wurde auch nicht mit gleich bleibender Geschwindigkeit vorgeführt, wie wir es bei Vorführungen alter Stummfilme (im Fernsehen) erleben. Die heute seltsam anmutenden Bewegungsabläufe sah das damalige Publikum anders: der Vorführer musste den Film mit der jeweils notwendigen, mit der Dramatik des Filmgeschehens wechselnden Geschwindigkeit abkurbeln.

Die gebildete Öffentlichkeit hielt zu dieser Jahrmarktsbelustigung für die niederen Volksschichten selbstverständlich den gebotenen kritischen Abstand. Einen ersten Höhepunkt erreichte die medienpädagogische Debatte um das Kino erst aus Anlass eines der Aufsehen erregendsten Verbrechen der Jahrhundertwende, dem Fall Thomas Rücker – eine Geschichte wie aus dem Kino selbst, die Lorenz (1988) in seiner »Philosophie des Kinos« rekonstruiert: Am 10. November 1906 wurde der Zahnarzt Claußen in einem Vorortzug das Opfer eines Raubmordes. Der Mörder war geständig, aber das Motiv blieb für die mit dem Fall befassten Richter, Sachverständigen und Psychiater weitgehend unklar. Der Täter gab Geldnot an, bezog sich in späteren Verhören aber auch implizit auf die medienpädagogische Debatte der Zeit: »Wie der Gedanke zu mir gekommen ist, weiß ich nicht. Ich habe Romane nicht gelesen. Ich habe überhaupt sehr wenig in Büchern gelesen« (Lorenz 1988, S. 11). Das entsprach – wie Zeugenaussagen belegen – nicht ganz der Wahrheit. Interessanter ist jedoch, dass sich in dieser Aussage ein implizites Wissen des Täters darüber zeigt, welche Art von Erklärung die Strafverfolgungsbehörden und Gutachter erwarten oder akzeptieren. Die »schlechte Schrift« galt schon bei Augustinus als »geistige Pest« (Bartels 1984, S. 499), als potenziell gefährlich für das Seelenheil wie für die bestehende gesellschaftliche Ordnung.

Rücker (der Täter) bestätigte nun auf gezielte Nachfrage, dass er zuweilen ein Kinematographentheater besucht hatte. Er will dort aber keine Anregungen zur Tat erhalten haben. Die medizinischen Sachverständigen kamen dennoch zu dem Schluss: »Es ist anzunehmen, dass R(ücker) sich schon in der Jugend mit allerlei phantastischen Ideen über ein schnelles Erwerben eines größeren Vermögens getragen habe (...) und durch den suggestiven Einfluss von Kinematographenvorstellungen zur Tat veranlasst worden ist« (zit. n. Lorenz 1988, S. 12).

Das neue Medium Film wird für noch gefährlicher gehalten als die Schrift. Denn die Schrift – so heißt es nun – ist verstehbar, weil sie ruht. Die flüchtigen Bilder der Filme dagegen sind sinn- und seelenlos, weil sie sich immerfort selbst aufheben. Die Frontlinie der älteren medienpädagogischen Debatte gegen »Schmutz und Schund« der Trivialliteratur ist damit auf das Kino hin verlängert. Schon im achtzehnten Jahrhundert äußerte sich pädagogische Besorgnis über die Ausbreitung von Massenliteratur etwa so: »Die Lesesucht ist ein törichter, schädlicher Missbrauch einer sonst guten Sache, ein wirklich großes Übel, das so ansteckend ist wie das gelbe Fieber in Philadelphia: Sie ist die Quelle des sittlichen Verderbens für Kinder und Kindeskinder. Torheiten und Fehler werden durch sie in das gesellige Leben eingeführt und darin auch erhalten, nützliche Wahrheiten entkräftet und Irrtümer und Vorurteile begünstigt und vermehrt« (vgl. Tiemann 1991, S. 20f.). So kommt es schnell zu nicht einmal versteckten Bündnissen zwischen literaturpädagogischer Orientierung und staatlicher Zensur. In der Regel wurde zweierlei befürchtet: zum einen beschwor man in der Figur des »lesewütigen Frauenzimmers«, das auf dem Diwan sitzt, die Schreckensvision einer nicht mehr funktionierenden Familie, da die Hausfrau und Mutter ihren Pflichten nicht nachkam und sich in fiktionale Lesewelten entführen ließ. Zum anderen gab es aber vor allem auch die Furcht, die Verbreiterung der Leserschichten könnte zur Revolution durch ein Proletariat anschwellen, das sich durch Bücher gebildet hatte.

Die gleiche Argumentation gilt nun auch für den Kinofilm. Die Kommission für »lebende Fotografie« der »Gesellschaft der Freunde des vaterländischen Schul- und Erziehungswesens zu Hamburg« beispielsweise charakterisiert den Film (1907) so: »Da zur Zeit viele kinematographische Bilder (lebende Fotografien) in ihrer Ausführung mangelhaft sind, das Hässliche, Verbildende und sittlich Gefährdende in ihnen überwiegt[1] und viele Theaterräume billigen Anforderungen der Hygiene nicht genügen, halten wir den Besuch der Theater lebender Fotografien für Kinder für gefährlich. Dem Besuch von Vorführungen dieser Art hat die Schule erziehlich entgegenzuwirken« (zit. n. Schwarz 1974).

Eine solche Stellungnahme hatte sicherlich ihre durchaus plausiblen Bezugspunkte. Die Entstehung des Kinos im Raum der Technik und der Unterhaltung, seine Einlagerung in Kirmessen und Jahrmärkte, die frühen, ganz aufs Überraschende und Verblüffende angelegten Filmchen mussten Verdacht erregen in einer Welt, die sich mit dem »Maschinenwesen«, der Industrialisierung und Verstädterung als ganz neuen Faktoren modernen Lebens unheimlich und schnell verwandelte. Die Kritik am Kino ging einher mit einer kulturpessimistischen Kritik an der großstädtischen Vermassung und der technischen Zivilisation insgesamt.

---

1 Kritisiert wurden vor allem »Rührstücke nach Art der Hintertreppen-Romane«, »Grobkomische Szenen, die dem Clown eines Zirkus viel Beifall erwirken würden«, »Rohheiten aller Art wie Prügelei, Trunkenheit, Tierquälerei etc.«, »Liebesszenen in großer Unbefangenheit dargestellt«, »Verbrechen aller nur erdenklichen Arten …«, »Plattheiten bis zum Blödsinn gesteigert«, »Widerliche Familienszenen«, »Anstößiges bzw. Unsittliches usw.« (aus dem Bericht des Kommissionsmitglieds Dannmeyer; zit.n. Kübler 1994, S. 61).

Bildungsvereine, Lehrerverbände und Sittlichkeitsvereine versuchten mit puritanischem Eifer, der »Kinosucht« der Massen Einhalt zu gebieten und erklärten das Kino zu einer der wichtigsten Fragen der Volksbildung. Da ein Kinobesuch für diese Bildungsbürger einem »Akt masochistischer Selbstüberwindung« (Kommer 1979, S. 23) gleichkam, basierten die Vorstellungen über das Kino nur selten auf eigener Anschauung. Eine Ausnahme ist z.b. ein 1920 an das Reichsministerium des Inneren gerichteter Bericht der »Kölner Volksgemeinschaft zur Wahrung von Anstand und guter Sitte«, der nach dem Besuch von 36 Lichtspieltheatern entstand. Über die Zuschauerschaft des Kinos heißt es dort: »Was zunächst die Zuschauer betrifft, so stammten diese in überwiegender Zahl aus Arbeiterkreisen. (…) Viele Frauen, oft mit kleinen Kindern, meist ohne Begleitung ihrer Männer, waren zu bemerken, auch manchmal mit Männern, die wohl nicht ihre Ehemänner sind. Besonders auffällig ist auch der Umstand, dass viele Frauen in Gesellschaft anderer abends kurz nach dem Abendessen erscheinen. Man muss von ihnen annehmen, dass sie nicht von großer Sorge um ihre Kinder angekränkelt sind. Vielfach wurden auch junge Pärchen aus dem Arbeiterstand beobachtet, die sich in nicht ganz einwandfreier Weise auf den weniger beleuchteten Plätzen benahmen. (…) Ausgesprochene Straßendirnen, die an ihrem Benehmen sofort erkennbar waren, suchten hier ihre Opfer. In erschreckender Zahl wurden Jugendliche jeden Alters und beiderlei Geschlechts beobachtet. (…) Wenn man diese Kinder zahlen sah, die Knaben vielfach rauchend, die Mädchen Schokolade oder andere Süßigkeiten essend, so musste man sich fragen: Wissen die Eltern davon? Wenn nicht, woher kommt das Geld? Besonders bedenklich und geradezu verderblich ist der Besuch für diese Kinder zur Abendzeit, wo sie beim Hinausgehen oder auf dem Heimwege schweren sittlichen Gefahren ausgesetzt sind« (zit. n. Kommer 1979, S. 19f.).

Hinsichtlich der sittlichen Gefahren ist – ganz abgesehen vom Film – bereits das Kinotheater ein bedenklicher Ort. In vielen zeitgenössischen Publikationen wird die Ansicht vertreten, dass der Kinobesuch die Jugend verderbe, da Jugendliche beiderlei Geschlechts im Dunkel des Kinosaals einander zu nahe kommen könnten. Kritisiert werden auch die sinnlichen Qualitäten des Films, denen ein ethisches Defizit gegenüberstehe. Der Pastor Conradt formuliert: »Statt Sittlichkeit finden wir Sinnlichkeit. Das ist nicht mehr bloß moralische Unterernährung weiter Volkskreise, das ist Vergiftung der tiefen Quellen unserer Volkskraft« (zit. n. Kommer 1979, S. 25), und im Hinblick auf Kinder: »Am stärksten wirkt der Kinematograph natürlich auf die Kinder, er erregt und überreizt ihre Phantasie, sie verwechseln seine Wirklichkeit mit Sittlichkeit, Tatsächliches mit Erlaubtem, ihre mühsam gefestigten Grundbegriffe von Gut und Böse werden verwirrt. Den Kleinen werden zu früh die Augen geöffnet über Dinge, für die sie noch gar kein Interesse haben, auf die sie aber nach wiederholtem Sehen achten. Das köstliche Gut der Kinderseele, die Reinheit, wird vernichtet« (Conradt 1910, S. 39).

Conradt – ein früher Postman (vgl. Postman 1993) gewissermaßen und ebenso populär – sagt hier deutlich, worum es geht: Nicht um die befürchtete Konfusion und Verstörung der Kinder, die mit deren eigenen Erfahrungen keineswegs identisch sind. Die Abwehrhaltung gegen das Kino resultiert vielmehr aus der Verletzung eines sozialen Tabus, der Vorstellung einer heilen, unschuldig-reinen Kindheit, die weder auf der Leinwand noch im Kinosaal anzutreffen ist. Statt einer pädagogisch gestalteten, geschützten Kinderwelt, die im Bürgertum in den letzten Jahrzehnten zur Norm geworden war, sahen sich die Volkserzieher mit einer nicht domestizierten Kinderwelt konfrontiert. Sie entdeckten im Kino Rummelplatz und Schaubude, in den Filmen eine »Mixtur aus Dokumentarischem und Phantastischem, aus alltagsnaher Situationskomik und Kolportage« (Kommer 1979, S. 66), in denen auch lebensnahe Konflikte ohne moralische Zutaten zum Vorschein kamen.

Eine Kinderwelt, die nicht säuberlich getrennt ist von ihrem gesellschaftlichen Umfeld – das konnte für die Pädagogen nicht gut gehen: »Drei Viertelstunde saß ich als einziger Erwachsener in dem noch durch wenige Lampen erhellten Raum mit Dutzenden von Mädchen und Knaben, die sich ungestört unterhielten, ohne dass jemand vom Personal auch nur den Kopf hineingesteckt hätte. Da bin ich mir ganz klar geworden, dass es für diese Schulkinder keine Geheimnisse mehr gibt und dass jedes Kind, das mit dieser Horde in Verbindung kommt, nach wenigen Besuchen verdorben wird« (Conradt 1910, S. 35).

Dass das Fremde immer Angst macht und Abwehr erzeugt, erfahren wir bis heute. Das Fremde am Kino bestand nicht zuletzt darin, dass die pädagogische Welt und die Welt der Kinder und Jugendlichen nur teilweise zur Deckung zu bringen waren und sind. Abwehr entsteht auch immer dann, wenn eine Sache dazu angetan zu sein scheint, den Zögling aus dem pädagogischen Schonraum zu entführen und damit den Einfluss des Pädagogen über ihn einzuschränken. So wird das Abgewehrte, das aus seiner Innensicht zu betrachten gar nicht erwogen wird, schnell negativ ideologisiert. Argumente werden überzogen – davon abgesehen, dass sie sich auf die moralische Evidenz verlassen und keinerlei Belege verarbeiten (vgl. Baacke/Schäfer/Vollbrecht 1994, S. 157f.).

Als Folge der Kino-Debatte stieg die Anzahl der Kinodelinquenten steil an. Der Direktor der Zwangserziehungsanstalt in Aarburg in der Schweiz berichtete, dass zehn Prozent der Inhaftierten vom Kinematographen zu ihren Verbrechen verführt worden seien. Die Juristen verließen sich in der Beweisführung auf psychiatrische Gutachten. Hinsichtlich der Taten unterschieden sie Verbrechen, die begangen werden, »(a) um überhaupt das Kino besuchen zu können, die (b) von der Kinovorstellung allererst provoziert, oder (c) trotz Kinobesuch unabhängig davon begangen werden« (Lorenz 1988, S. 30). Ein juristisches Problem war der zweite Fall: Wenn das Kino bzw. der Film schuldig ist, welcher Schuldanteil war dann dem Täter zuzurechnen?

Pädagogen lieferten der Debatte Anschauungsmaterial aus dem Schulunterricht: »Von den neun Schülern meiner Klasse, die schon fünf und mehr Stunden im Kino verweilten, sind sämtliche blutarm, zerfahren, arbeitsunlustig, auch alle bis auf einen schlecht genährt und alle – ebenfalls bis auf einen – merkwürdig phantasiearm« (Schönhuber 1918, S. 12). Der männliche Erwachsene war natürlich gesund und vernünftig – auch nach einem Kinobesuch. Probleme tauchten nur auf bei Kindern, Jugendlichen (besonders Mädchen), Frauen und allgemein bei Angehörigen der unteren Schichten. Für diese Personengruppen galt schließlich auch schon das Lesen als gefährlich.

Hinsichtlich der Wirkungen wurden Haupt- und Nebenwirkungen des Kinematographen unterschieden. Als Nebenwirkungen gesehen wurden die »Gesundheitsschädigung durch das Flimmern der Films«, »die Begünstigung von Sittlichkeitsdelikten an Kindern (...) während der Vorführung« und der »Anreiz zur Bettelei« (Hellwig 1914, S. 22), um die Kinokarten bezahlen zu können. Diese Wirkungen des Kinos erschienen damals weniger wichtig. Einerseits ließen sie sich technisch lösen durch eine Verbesserung der Projektionsapparate, durch die Erhellung des Zuschauerraums zur besseren Kontrolle sowie durch ein Kinoverbot für Kinder. Zum anderen waren es deshalb Nebenwirkungen, »weil ihre Lösung bereits institutionalisiert« war (Lorenz 1988, S. 26), d.h. einzelnen Disziplinen zur Bearbeitung zugeordnet: dem Augenflimmern begegnete man mit medizinischen Mitteln, den Sexualdelikten psychiatrisch und juristisch und dem Diebstahl juristisch und pädagogisch.

Die Kategorie der Nebenwirkungen blieb freilich relativ. Traten diese Nebenwirkungen nicht als Folge der Beschaffenheit der Vorführung auf, sondern als Reaktion auf die Filme selbst, wurden sie zu Hauptwirkungen. Die Hauptwirkungen differenzierte der zeitgenössische Filmpädagoge und Filmjurist Albert Hellwig in »die allgemeinen Wirkungen (...) wie die Bestärkung einer gewissen Oberflächlichkeit, Begünstigung der Unaufmerksamkeit, Verhinderung der Konzentrierung, ästhetische Verbildung, sowie zweitens die spezifischen Wirkungen des Schundfilms im technischen Sinn« (Hellwig 1914, S. 22).

Als problematisch galten weniger die »Schundfilms im ästhetischen Sinn«, also Filme, die zu einer Geschmacksverbildung führen. Gefährlicher waren die so genannten »ethischen Schundfilms«, auch »hygienische Schundfilms« genannt, die Schädigungen nach der »gesundheitlichen Seite« (Hellwig 1914, S. 23) auslösten. In der Logik der beteiligten Disziplinen Jurisprudenz, Pädagogik und Psychiatrie unterschied man »kriminelle Schundfilms« (Hellwig 1911, S. 41), die bei Jugendlichen zu Delinquenz und Kriminalität führen, »sexuelle Schundfilms« (Hellwig 1911, S. 30), die zu geschlechtlichen Verwirrungen Anlass geben, und »geschmacklose Schundfilms« (Hellwig 1911, S. 21), die in den Wahnsinn führen können. Verbrechen, sexuelle Verirrungen und Wahnsinn – so lauteten die Menetekel dieser Kinodebatte.

Dass es sich dabei wirklich um Effekte des Kinos handelte, stand außer Frage. Die Gefahr geht vom Kino aus – mit Lorenz (1988, S. 27) gesagt:»Das Kino ist immer schon das Erste in einer Kette von Folgeerscheinungen«. Dazu noch einmal ein zeitgenössisches Zitat:»Ob tatsächlich die Verführungen meistens schon vor dem Kino stattfinden, kann ich nicht nachprüfen; aber selbst wenn dies, was mir nicht recht glaubhaft erscheint, der Fall sein sollte, so würde dies (…) doch in keiner Weise dagegen sprechen, dass die Mädchen durch früher gesehene anstößige Bilder schon verdorben waren« (Hellwig 1911, S. 62).

Für juristische und pädagogische Zwecke erwies sich die genannte Differenzierung der Schundfilme (abgesehen von ihrer fehlenden Evidenz) schon deshalb als ungeeignet, weil es nicht gelang, »ästhetische« von »geschmacklosen« Schundfilmen zu trennen. Der württembergische »Entwurf eines Gesetzes betreffs öffentliche Lichtspielvorstellungen« wollte daher konsequenterweise beide verbieten. Um Missdeutungen zu vermeiden, wurde der Begriff »geschmacklos« ersetzt durch den Begriff »verrohend«, der sich noch heute im Jugendschutzgesetz findet.

Hinsichtlich der verrohenden Wirkung von Filmen hatte man klare Zuordnungen zu Disziplinen und ihren Programmen geschaffen. Der »Schmutz« ästhetischer Schundfilme, die quer zu diesen Einteilungen liegen, musste freilich noch hingenommen werden. Die Kategorie des ästhetischen Schundfilms war dennoch notwendig, denn sie begründete die Abwertung des Kinos insgesamt und verneinte den Anspruch, eine eigenständige Kunstform zu sein.

Um die Effekte des Kinos nicht nur als *mögliche* Effekte zu bestimmen, suchte man nach einer strengeren Analogisierung zwischen der Struktur der Filme und »kinästhetischen Reaktionen« (Kracauer), also zwischen kinematographischen und psychischen Repräsentationen. Man fand sie zum einen in der Bewegung – der Bewegung der Bilder korrespondierte die Motorik der pathologisierten Kinder, das heftige Atmen bei spannungsreichen Stellen im Film, die im Kontrollverlust begangenen Verbrechen – zum anderen in der Akausalität der Bildfolgen, deren Effekte sich in ordnungswidrigen, kranken und dummen Reaktionen der Kinder zeigten. Entscheidend war jedoch ein Drittes, die Annahme der Langfristigkeit der Effekte, die es erst ermöglichte, einen wochen- oder monatelang zurückliegenden Kinobesuch z.b. mit einem Verbrechen ursächlich zu verknüpfen.

Kinder waren naturgemäß besonders gefährdet, da sie »bei dem, was (sie) zu sehen bekomm(en), viel weniger an schon Bekanntes und Gewusstes anknüpfen« (Gaupp 1912, S. 5) können und noch keinen ästhetischen Reizschutz entwickelt haben. Dem Kino vorzuziehen war daher die ruhende Betrachtung. Die Flüchtigkeit der Kinobilder lässt keine Zeit für Ruhe, für Reflexion und Interpretation. Dieser Mangel an Ruhe bedarf eines Ausgleichs durch Interpretationen mit Hilfe natürlicher Zeichen. Einzig Naturfilme vermögen diese pädagogische Hermeneutik zu leisten (vgl. Lorenz 1988, S. 41). Wenn man der »Kinosucht« schon nicht Herr werden konnte, galt es daher, sie zu kanalisieren. Anerkannt waren Naturfilme sowie naturwissenschaftliche und direkt-reproduzierende Filme, die keine »verfälschte Wirklichkeit«, sondern – wie der Psychiater Eugen formulierte – »genaueste Genauigkeit in der Anschauung« (zit. n. Corte 1926, S. 6) vermitteln. »Absolut gute Films« wie Wissenschafts- und Naturfilme wurden nun den »absoluten Schundfilms« gegenübergestellt – den Zwischenraum nehmen die »relative(n) Schundfilms« (Hellwig 1911, S. 25) ein.

Gegen die (absoluten) Schundfilme wurden Zensurmaßnahmen ergriffen. Bis eine reichseinheitliche Kinozensur etabliert war, stützte man sich auf das jeweilige Polizeirecht der Länder und Städte. Nach dem Ersten Weltkrieg hatte die Aufhebung der Zensurbestimmungen eine neue Fülle von sensationsorientierten Filmen entstehen lassen, die wiederum eine pädagogische Herausforderung waren. Nun riefen die Jugendringe zum »Kinokampf« auf und zogen gegen das »Schundkapital« zu Felde. Die Schunddiskussionen, die Aktivitäten der Jugendringe und Reformpädagogen führten zum neuen Reichslichtspielgesetz (12.5.1920). Nun mussten alle öffentlich aufgeführten Filme einer Prüfstelle zur Präventivzensur vorgelegt werden. Das »Reichslichtspielgesetz« unterschied allgemeine Zensurgrundsätze (§ 1) und ein besonderes Kinoverbot für Kinder und Jugendliche, wenn eine »schädliche Einwirkung auf die sittliche, geistige oder gesundheitliche Entwicklung oder eine Überreizung der Phantasie« (§ 3) zu befürchten war. Eine besonders streng gehandhabte Kinder- und Jugendzensur von der Erwachsenenzensur zu trennen, ist in der Geschichte der Zensur ein Novum. Das Elternrecht wird nun juristisch dem Interesse des Staates untergeordnet.

Als Zensurkriterien wurde die schon vor 1914 vorhandene Mischung von moralischen Wertvorstellungen und polizeirechtlichen Ordnungsbegriffen angewandt: Gefährdung der sittlichen, geistigen und gesundheitlichen Entwicklung, Verrohung und Phantasieüberreizung sowie die Gefährdung der öffentlichen Ordnung. Dass das Mittel der Zensur nicht nur dem Schutz der Jugendlichen galt, sondern beispielsweise auch zum Verbot von Filmen der Arbeiterbewegung oder von aus der Sowjetunion eingeführten Filmen (z.b. Eisensteins »Panzerkreuzer Potemkin«) führte, sei nebenbei bemerkt. Auch dies ist eine allgemein gültige, offenbar historisch nicht überwindbare Tatsache, dass der Schutz von Kindern und Jugendlichen häufig nur der Vorwand ist, gesamtgesellschaftliche Wertvorstellungen auch dann durchzusetzen, wenn sie nicht von allen geteilt oder von Teilen der Bevölkerung sogar abgelehnt werden (vgl. Baacke/Schäfer/Vollbrecht 1994, S. 160ff.).

Kino als Kunst – zunehmende Akzeptanz

In den 1920er-Jahren entwickelte auch das Bürgertum zunehmend Interesse an Kinofilmen. Rein äußerlich zeigte sich dies in der Kinoarchitektur mit ihren immer luxuriöseren Kinopalästen (dazu: Grünewald 1992). Ende der 1920er-Jahre war aus dem beiläufigen Alltagsvergnügen Kino ein festliches Ereignis für die Mittelschicht geworden, auf das man sich mit eleganter Kleidung vorbereitete. Daneben bestand in den späten 1920er- und frühen 1930er-Jahren weiterhin das »Kino für jedermann«, das wie zuvor hauptsächlich der Arbeiterschicht, Kindern und Jugendlichen sowie überdurchschnittlich vielen Frauen eine kleine Flucht aus dem Alltag (Nachkriegszeit, wirtschaftliche Depression, Arbeitslosigkeit) erlaubte.

Die Kinodebatte wurde nun nicht mehr von einem pädagogisch-juristisch-therapeutischen Standpunkt aus und überwiegend subjektorientiert geführt, sondern von einem »filmzentrischen Standpunkt« (Schulz 1921, S. 84) aus. Es war eine Auseinandersetzung zwischen dem Kino und der Kunst. Dem Film, der seine laufenden Bilder bisher nur sinnlos voranzutreiben schien, wurde nun ein Sinn zugesprochen, der im Sinn der Literatur nicht aufgeht. Kinobesucher mochten zwar noch immer »simple, ungeistige, armselige, beladene Menschen« (Rothschild 1920, S. 323) sein, aber dieser Zusammenhang wurde nicht länger kausal verstanden, sondern – angesichts eines zunehmend bürgerlichen Publikums – als zufällige Disposition.

Lorenz (1988, S. 56) beschreibt, wie der bislang beobachtete Effekt einer durch das Kino ausgelösten Verwirrung abgelöst wird durch die Entdeckung einer »Entwirrung«: »Nicht die Idee, sondern ihre Repräsentation in einer filmischen ›Logik‹ gräbt sich in die Seele des Kinozuschauers ein.« Das Kino wurde nicht mehr ausschließlich als künstlerisches Mangelwesen gesehen, als defizitär im Vergleich zu Literatur und anderen Formen der Kunst: »Das Kino hat eine Armut und zwei Reichtümer. Die Armut an exakter psychologischer Differenzierung mangels des gesprochenen Worts – den Reichtum an Dimension und Örtlichkeit und den Reichtum an technischen und phantastisch illusionistischen Möglichkeiten« (Schulz 1921, S. 81).

Zuvor außerhalb der Kunst angesiedelt, erschien das Kino nun als Komplement der anderen Künste, die durch den neuen medialen Superraum des Kinos ergänzt werden. In der Bildersprache des Kinos wurde ein eigenes Zeichensystem erkannt und anerkannt. In zeitgenössischer Diktion: »Die künftigen Ästhetiker, soweit sie es für ihrer würdig hielten, sich mit dem Kino zu befassen, sind an dieses bisher immer mit den Voraussetzungen einer ganz anderen Kunst herangetreten und machten es wie die spanischen Konquistadoren, die die mexikanische Bilderschrift für roh und dumm hielten, bloß weil sie nicht das ihnen gewohnte Lautsystem befolgte« (Friedell 1919; zit. n. Lorenz 1988, S. 59).

Den negativen Reaktionen auf das Kino und den Film, die in Übereinstimmung mit den pädagogischen Hauptströmungen der

1910er- und 1920er-Jahre bislang herausgearbeitet wurden, standen auch positive Reaktionen gegenüber. Selbst die an Sanktionen und Zensur orientierte Filmpädagogik verlangte nun die Förderung »guter Filme«, die möglichst unter pädagogischer Aufsicht und Anleitung rezipiert werden sollten. Im Umfeld der Reformpädagogik wurden um 1910 in Hamburg und Dresden so genannte »Reformkinos« eingerichtet, in denen anspruchsvolle Kulturfilme gezeigt wurden. Diese kommunalen Aktivitäten kamen im Krieg zum Erliegen (vgl. Meyer 1978).

Besonders die Sozialdemokratie wies schon früh darauf hin, dass der Film für die Volksbildung positiv einzusetzen sei. Der Kinematograph, so der »Vorwärts« 1911, stelle nicht nur eine Volksvergnügungsstätte dar, sondern er könne auch genutzt werden als »anschaulichstes Volksbildungsmittel«. Der wissenschaftliche Wert des Films liege darin, dass das Leben selbst in nie gekannter naturgetreuer Wiedergabe vergegenwärtigt werde. Hermann Lemke, ein märkischer Rektor, gründete schon 1907 eine »kinematographische Reformvereinigung« und gab 1911 die erste Fachzeitschrift für den Lehrfilm heraus. In den folgenden Jahren setzten sich viele Reformpädagogen für die Filmverwendung in der Schule ein (ebd., S. 25f.). Nachdem der Film auch in der Schule akzeptiert war, produzierten immer mehr Firmen für diesen neuen Markt. Die Bereiche Geografie, Biologie und Völkerkunde erschienen besonders geeignet, über Filme die Veranschaulichung ihrer Themen zu erreichen. Insbesondere die »Deutsche Gesellschaft für Verbreitung der Volksbildung« wurde nun aktiv und schuf z.B. Wanderkinos, führte Diskussionsveranstaltungen durch und gab Filmverzeichnisse heraus, damit auf diese Weise die belehrenden Filme möglichst viele Menschen erreichten. Noch während des Krieges, im Sommer 1918, gründete die UFA eine Kulturfilmabteilung, die sich der Produktion von Schul- und Fortbildungsfilmen widmete. Infolge steuerlicher Vergünstigungen wurden Filmvorführungen häufig mit einem Kulturfilm als Vorfilm gekoppelt. Begonnen wurde auch der Aufbau regionaler Bildstellen, zunächst in Preußen. Diese wandten sich nicht nur an die Schulen, sondern auch an die Jugendverbände und Jugendringe, die sich, insbesondere nach dem Ersten Weltkrieg, an verschiedenen Orten bildeten.

Der Staat zeigte sich an den Wirkungsmöglichkeiten des Films erst in den letzten Jahren des Ersten Weltkriegs interessiert und dieses Interesse war ausschließlich in propagandistischen Absichten begründet. Man wollte der überlegenen Feindpropaganda entgegenwirken, wie das Bild- und Filmamt (Bufa) unverblümt mitteilte, das später in der während des Krieges gegründeten UFA aufging. Mit der Machtübernahme der Nationalsozialisten wurde das gesamte Filmwesen den propagandistischen Zielen unterworfen, »die das ›Reichsministerium für Volksaufklärung und Propaganda‹ unter Goebbels am besten in seichter Unterhaltung mit unterschwellig faschistischem und antisemitischem Tenor (wie in ›Hitlerjunge Quex‹, ›Wunschkonzert‹ etc.) verwirklicht sah. Ausländische Filme wurden durch eine ›Kontingentstelle‹ überwacht und weitgehend zurückgedrängt« (Kübler 1982, S. 48). »Schmutz und Schund« (im herkömmlichen Sinn) gelangte nicht mehr in die Kinos – eine Debatte fand nicht statt.

Filmerziehung in der Nachkriegszeit

Unter dem Eindruck amerikanischer Propagandaforschung galten in den 1940er-Jahren die Medien – insbesondere der Film – als wirksame Mittel zur Beeinflussung. Daher schienen Filme nach Ende des Zweiten Weltkriegs besonders geeignet zu sein für die alliierte Politik der Umerziehung und Demokratisierung. Mit ausdrücklicher Unterstützung durch die Besatzungsmächte, die den staatsnahen Bildstellen skeptisch gegenüberstanden, kam es vor allem in der amerikanischen Besatzungszone schon bald nach Kriegsende zur Gründung zahlreicher Filmclubs.

Beim Publikum traf das Angebot an ausländischen Filmen, das angesichts des kriegsbedingten Niedergangs der europäischen Filmindustrien vor allem ein Angebot an amerikanischen Filmen war, auf einen großen Nachholbedarf und reges Interesse. Vermittelt wurden in den meisten Filmen allerdings weniger die demokratischen Werte als vielmehr eine Vorstellung vom »american way of life«. Von vielen Pädagogen wurde das große Interesse der Jugendlichen an Filmen skeptisch gesehen. Der Film galt ihnen nicht als geeignetes Erziehungsmittel. Andere Pädagogen erkannten dagegen früh die Chance, das Interesse der Jugendlichen für eine kulturelle Bildungsarbeit zu nutzen. Sie unterstützten die Gründung eigener Jugendfilmclubs, in denen in Kino-Sonderveranstaltungen mit Filmeinführungen und analytischen Filmgesprächen medienpädagogisch gearbeitet wurde. Mit dem Vordringen der 16mm-Technik blieben diese Veranstaltungen nicht mehr auf Kinosäle beschränkt, sondern konnten nun auch in anderen Räumlichkeiten wie Bildungsstätten durchgeführt werden.

Die Ausgangssituation in der unmittelbaren Nachkriegszeit war bestimmt von der Einschätzung einer besonderen Gefährdungssituation für Kinder und Jugendliche. Vergegenwärtigt man sich die damaligen Problemlagen, so verwundert dies nicht: Drei Millionen Kinder waren geflohen oder vertrieben worden, viele hatten einen oder beide Elternteile verloren; Wohnraum war knapp und Lehrstellen und Arbeitsplätze für Jugendliche kaum vorhanden (vgl. Baumann 1981, S. 136). »Der Alltag war bestimmt von der aufwendigen Organisation lebenswichtiger Dinge wie Nahrungsmittel und Brennmaterial, wobei den Kindern entscheidende Mithilfe abverlangt wurde. Die Schulen wurden erst allmählich wieder geöffnet und die Klassen waren überfüllt, die Lehrer oft überaltert. (…) Die Erwachsenen waren nach dem Ende des Nationalsozialismus und seiner (Erziehungs-)Ideale verunsichert und hatten im Übrigen kaum Zeit, sich besonders um die Belange der Kinder und Jugendlichen zu kümmern« (Heinritz 1985, S. 295).

In den Analysen der Jugendschützer fanden diese offenkundigen materiellen und sozialen Problemlagen der Jugend allerdings wenig Berücksichtigung. In ihnen wurde weder das Hauptgefährdungspotential gesehen noch prägten sie die wesentlichen Ziele und Aktivitäten von Jugendschutzorganisationen. Wieder gingen die »Jugendbewahrer« von einer umfassenden Zivilisations- und Fortschrittskritik aus. Traditionelle Werte und Ideale »würden verdrängt zu Gunsten von Vermassung, Reizüberflutung, Sexualisierung der Öffentlichkeit, Sensationslust, Suchtbereitschaft, rücksichtslosem Wohlstandsstreben« (zit. n. Heinritz 1985, S. 296).

In der Filmerziehung und medienerzieherischen Praxis der Schulen wurde die alte Tradition der Volkserzieher mit wenigen

Modifikationen wieder aufgenommen. Vorherrschend blieb noch in den 1950er-Jahren eine irrationale Abwehrhaltung, die im Film eine bedrohliche Massenerscheinung erkannte, gegen die die Jugend immunisiert oder geschützt werden musste. Die wesentlichen Stichworte der Debatte waren zum einen die »Reizüberflutung« einer durch »innere Schutzlosigkeit« gekennzeichneten Jugend, die einen »Jugendschutz im Sinne einer sozialen Psychohygiene« (Brüntrup 1956, S. 13) erfordere, sowie die Lockerung der Sitten- und Moralvorstellungen, die sich in der »Sexualisierung der Gesellschaft«, ihrer »sittlichen Verworrenheit« und dem »Nachgeben gegenüber dem Geschlechtlichen« zeige (Wirtz 1955, S. 15).

Neben diese altbekannten Argumente für die besondere Schutzbedürftigkeit der Jugendlichen trat ein neues: die sogenannte »Akzeleration« der Jugend. Gemeint war damit die Tatsache, dass Jugendliche seit den 1950er-Jahren im Vergleich mit früheren Generationen ein größeres Längenwachstum aufwiesen und früher geschlechtsreif wurden. Man nimmt heute an, dass diese Akzeleration in Zusammenhang steht mit verbesserten Ernährungsgewohnheiten sowie den verringerten körperlichen Anforderungen (Rückgang der Kinderarbeit). In den 1950er-Jahren sah man das anders: »Weil jeder Mensch nur ein bestimmtes Maß an Lebenskraft besitzt, kann die verfrühte Längen- und Geschlechtsentwicklung nur mit einer entsprechend verspäteten geistig-seelischen Entwicklung erkauft werden. Das Interesse an religiösen, sozialen, politischen, künstlerischen und wissenschaftlichen Problemen, das vor 40 Jahren zwischen dem 13. und 15. Lebensjahr erwachte, findet sich heute vielfach erst zwischen dem 17. und 19. Lebensjahr« (Huth 1957, S. 42). Der »verfrühte« Beginn der Geschlechtsreife wurde auf die schädlichen Auswirkungen der Reizüberflutung durch die Konsumindustrien zurückgeführt. Die ständige Reizüberflutung mache die Jugend »ihrem Wesen nach verführbar«, setze sie einer dauernden Überforderung aus, verschlimmere ihren (durch die Kriegs- und Nachkriegserfahrungen) ohnehin labilen Zustand und führe zu weiteren Verwirrungen.

Angesichts dieser Einschätzung war es nur konsequent, dass einer der ersten Gesetzentwürfe der jungen Bundesrepublik (Drucksache 1/180-1949) dem Jugendschutz galt. Das 1951 verabschiedete

»Gesetz zum Schutz der Jugend in der Öffentlichkeit« (JÖSchG; novelliert 1957 und 1985) führte mit der Bestimmung einer Jugendfreigabe für die öffentliche Vorführung von Filmen ($6) wieder eine inhaltliche Filmkontrolle ein, die die Tradition des Reichslichtspielgesetzes fortsetzt (vgl. Lieven 1994, S. 167). Nebenbei sei angemerkt, dass die damalige »Schmutz- und Schundkampagne« zu einem zweiten, 1953 verabschiedeten Jugendschutzgesetz führte, dem »Gesetz über die Verbreitung jugendgefährdender Schriften« (GjS), das 1997 mit dem Zusatz »und Medien« auch auf andere Medien verallgemeinert wurde.

Wie leicht der Jugendmedienschutz auch noch in den 1990er-Jahren über sein Ziel hinausschießen kann, zeigt ein Vorkommnis, das als »größte Beschlagnahmungswelle im deutschen Buchhandel seit dem Nationalsozialismus« durch die Presse ging und vom renommierten Börsenverein des Deutschen Buchhandels in eine Reihe mit ähnlichen Vorkommnissen in der berüchtigten McCarthy-Ära[1] gestellt wurde (Schnurrer [Hrsg.] 1996, S. 164):

Ausgangspunkt des Verfahrens war die Anzeige eines schwäbischen Erziehers. Die offenbar medienpädagogisch unkundige Meininger Staatsanwaltschaft hat daraufhin in einer beispiellosen Aktion über 1000 Buchhandlungen nach 150 Titeln[2] durchsuchen lassen und vier Jahre lang ermittelt. Zur Anklage kam es in zehn Fällen, in einem Fall[3] hielt das Gericht die Verbreitung tatsächlich für strafbar und verurteilte die drei Geschäftsführer des Sonneberg-Verlags zur Zahlung von je 2.500 DM. Staatsanwalt Hönninger hatte ein Jahr und drei Monate Gefängnis ohne Bewährung gefordert. Der Verleger des beklagten »Alpha Comic Verlag/Edition Kunst der Comics« schätzt den durch das Ermittlungsverfahren entstandenen

---

1 Benannt nach dem Senator und Vorsitzenden des »Ausschusses für antiamerikanische Umtriebe«, Joseph Raymond McCarthy, der in den 1950er-Jahren Hollywoods Filmindustrie von kommunistischen Umtrieben »säuberte«.

2 Beschlagnahmt wurden u.a. auch Ralf Königs (auch verfilmter) Erfolgscomic »Kondom des Grauens« und mit Preisen ausgezeichnete Comics wie Art Spiegelman's »Maus« über KZ-Erfahrungen.

3 »Alkovengeheimnisse« aus dem auf Erotik-Editionen spezialisierten niederländischen Hoffmann-Verlag.

Schaden auf Grund zurückhaltenderer Orders der Buchhandlungen auf knapp eine Million DM[1]. Die vom Steuerzahler für Durchsuchungen und weitere Ermittlungen zu tragenden Kosten lassen sich nicht beziffern.

Der Kinder- und Jugendmedienschutz wird gegenwärtig durch eine Kombination von Lizenzierung, Aufsicht und freiwilliger Selbstkontrolle realisiert (siehe Schaubild auf S. 44). Ausgebaut wurde in den letzten Jahren vor allem der Bereich der freiwilligen Selbstkontolle.[2] Im Schaubild nicht aufgeführt sind die nach dem Vorbild der »Freiwilligen Selbstkontrolle der Filmwissenschaft« (FSK) eingerichtete »Freiwillige Selbstkontrolle Fernsehen« (FSF), die »Freiwillige Selbstkontrolle Multimedia« (FSM), die »Unterhaltungssoftware Selbstkontrolle« (USK), die »Automaten-Selbstkontrolle« (ASK), »DT-Control« (für elektronische Datenträger im Pressevertrieb), die »Freiwillige Selbstkontrolle Telefonmehrwertdienste« sowie das nach dem Mediendienste-Staatsvertrag auf einer Ländervereinbarung beruhende »jugendschutz.net« zur Kontrolle des Internets. Die gesetzlichen Grundlagen bilden neben dem JÖSchG und dem GjS verschiedene Regelungen des Strafgesetzbuches (StGB), der Rundfunkstaatsvertrag, das Informations- und Kommunikationsdienste-Gesetz sowie der Mediendienste-Staatsvertrag (vgl. Hilse 1999).

Eine Präventivzensur ist nach den Bestimmungen des Grundgesetzes nun allerdings auch für den Jugendschutz ausgeschlossen. Die nach amerikanischem Vorbild 1949 eingerichtete »Freiwillige Selbstkontrolle der Filmwirtschaft« (FSK) verlagerte die durch den Faschismus diskreditierte staatliche Zensur auf eine der Öffentlichkeit nicht zugängliche, privatrechtliche Metaebene – paritätisch besetzt von Vertretern öffentlicher Organe und der Filmindustrie (vgl. Kübler 1982, S. 50). FSK und Kinojugendschutz wurden damals von Filmpädagogen und Unterrichtsexperten ganz überwiegend befürwortet. Stückrath/Schottmayer beispielsweise hielten

---

1 Zur Comic-Zensur in Deutschland seit 1945 vgl. Schnurrer (Hrsg.) 1996.
2 Die freiwillige Selbstkontrolle ist als Fortschritt anzusehen – auch nicht unproblematisch, da sie bei den Medienschaffenden die »Schere im Kopf« begünstigt, also Zensurüberlegungen in die Produktion verlagert.

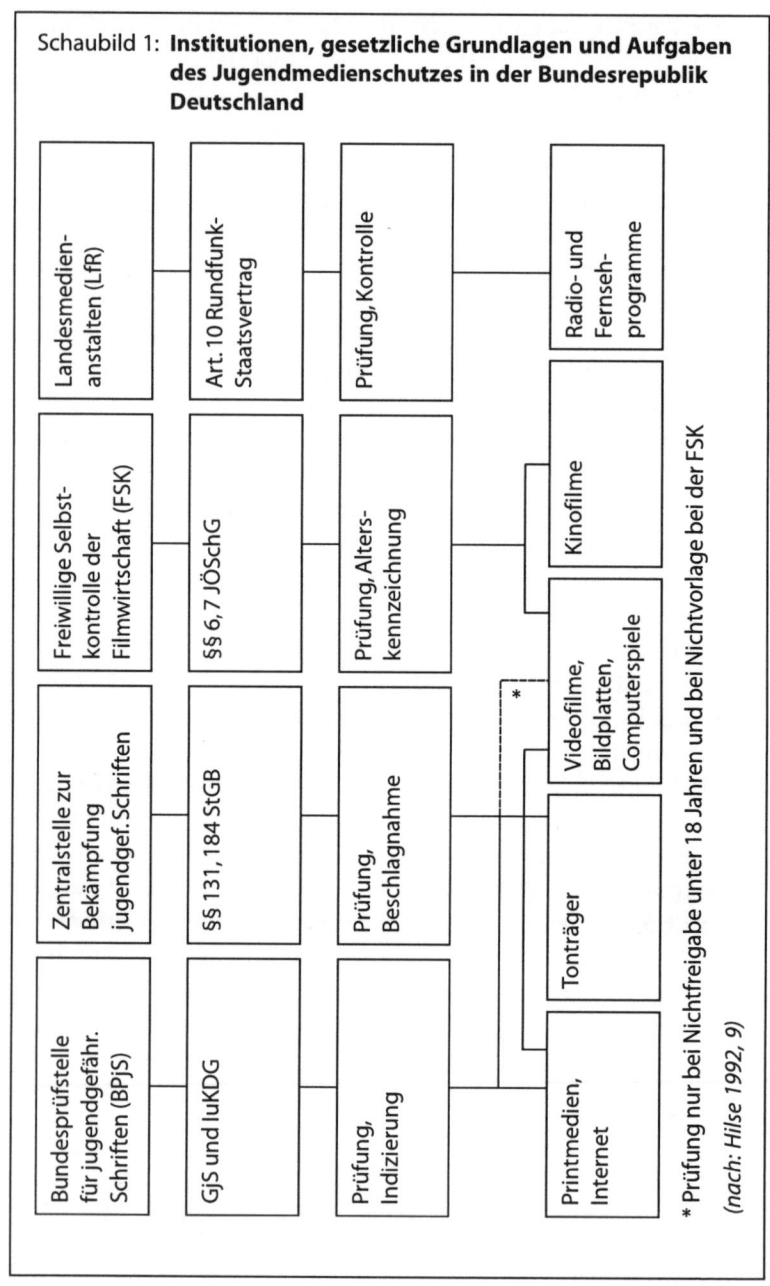

Schaubild 1: **Institutionen, gesetzliche Grundlagen und Aufgaben des Jugendmedienschutzes in der Bundesrepublik Deutschland**

Institution	Gesetzliche Grundlage	Aufgabe	Medien
Bundesprüfstelle für jugendgefähr. Schriften (BPjS)	GjS und IuKDG	Prüfung, Indizierung	Printmedien, Internet
Zentralstelle zur Bekämpfung jugendgef. Schriften	§§ 131, 184 StGB	Prüfung, Beschlagnahme	Tonträger
Freiwillige Selbstkontrolle der Filmwirtschaft (FSK)	§§ 6, 7 JÖSchG	Prüfung, Alterskennzeichnung*	Videofilme, Bildplatten, Computerspiele / Kinofilme
Landesmedienanstalten (LfR)	Art. 10 Rundfunk-Staatsvertrag	Prüfung, Kontrolle	Radio- und Fernsehprogramme

* Prüfung nur bei Nichtfreigabe unter 18 Jahren und bei Nichtvorlage bei der FSK

(nach: Hilse 1992, 9)

»eine Filtration durch Stellen erforderlich, die eine umfassende Kenntnis des Filmmaterials mit einer geschulten Urteilsfähigkeit über die seelisch-geistige Lage der Lebensstufen verbinden« (Stückrath/Schottmayer 1955, S. 171).

Neue Impulse bekam die Kinodebatte Anfang der 1950er-Jahre durch die Beiträge der pädagogisch-psychologischen Forschung, vor allem der »Keilhacker-Schule«. Mit ausdrucks- und gestaltpsychologischen Ansätzen wurde versucht, durch die Beobachtung von Kindern und Jugendlichen während der Filmvorführungen eine Theorie des »Filmerlebens« zu entwickeln und empirisch abzustützen (z.b. Keilhacker et al. 1967; Gerhartz-Franck 1955; Wasem 1957; Tröger 1963). Diese neue, auch in der Lehrerschaft einflussreiche Richtung machte ein Ende mit der schlichten Schundkampf-Diskussion und setzte auf eine Strategie der Desillusionierung. Indem die Technik der Filmproduktion, ihre Tricks und Finten gezeigt und entlarvt werden, sollen die Schüler hinter die Kulissen blicken und eine »emotionale Distanz« oder eine »Selbst-Immunisierung« erreichen. Vertreten wurde die Meinung, dass sich »schlechte Filme« durch Starkult oder ihre billige Machart selbst verraten. Positiv bewertete Filme hingegen sollten den Jugendlichen pädagogisch besser erschlossen werden, mit dem Ziel einer »Vertiefung des Filmerlebnisses«. Der Film wurde nun auch als Kunstwerk anerkannt und entsprechend sollten die Schüler jetzt »Stilgefühl« entwickeln und zum »wertvollen Film« hin erzogen werden. Die Medien wurden nicht mehr in Bausch und Bogen verteufelt und abgelehnt. Wichtig erschien jetzt ihr »richtiger Gebrauch«, der Selektionsfähigkeit voraussetzt (vgl. Baacke et al. 1994, S. 162).

Grundlegende Methode der Filmerziehung – sowohl der »Filmkunde« im Unterricht als auch der außerschulischen Filmpädagogik – ist das Filmgespräch: »Die einfachste und wirkungssicherste Form der Desillusionierung ist ein Gespräch über Kulisse und Tricks, diese zwei Hauptsäulen des Filmreichs, von den ersten Anfängen bis heute zugleich Zaubermeister und Sündenböcke. Es wird hier beispielsweise gezeigt, dass der Taifun, in dem sich das Schicksal der »Caine« erfüllte, mittels maschineller Wind- und Wellenerzeugung im Atelierbecken entstand, dass »Moby Dick«, der weiße Wal, aus Schaumgummi bestand und dass der furiose Stadtbrand, in dem Menschenschicksale »Vom Winde verweht« wurden, Pappdeckel- und Lattenzauber war; allgemeiner gesagt: dass die Häuser keine Häuser und die Toten keine Toten sind, und dass die Helden nur ihre Doubles in den Abgrund schicken« (Tröger 1963, S. 162). Das Filmgespräch wird in mehrere Lernschritte didaktisiert. Zunächst soll eine einführende Aussprache stattfinden, in der Reaktionen und Eindrücke eines Films von den Kindern und Jugendlichen geäußert werden sollen. In einem zweiten Schritt wird der Inhalt und Handlungsverlauf des Films rekonstruiert, »wobei die Unterscheidung von ›gutem‹ und ›schlechtem‹ Film eingeübt werden soll. Schließlich erfolgt eine Gesamtbewertung, die sich von der Erfassung der filmischen Inhalte und ihrer formalästhetischen Aspekte zu distanzieren hat, um dem Filmgespräch das entscheidende moralische Fundament zu liefern« (Kommer 1979, S. 97f.). Hier zeigt sich der normative Ansatz der Bewahrpädagogik. Ausgegangen wird von nicht hinterfragten, allgemein verbindlichen, ästhetischen und sittlichen Überzeugungen, nach denen die guten und schlechten Filme sortiert werden. Das Kinoerlebnis wird pädagogisch nur zugelassen, soweit es kulturelle Züge trägt. Das, was Jugendliche vor allem an Kino und Film fesselt, wird damit weiterhin verfehlt (vgl. Baacke/Schäfer/Vollbrecht 1994, S. 162ff.).

Kritisch-emanzipatorische Konzepte der 1960er- und 1970er-Jahre

Dies gilt auch noch für die pädagogischen Konzepte der 1960er- und 1970er-Jahre. Der Bedeutungszuwachs der Sozialwissenschaften gegenüber einer geisteswissenschaftlich-normativen Pädagogik bringt aber einen radikalen Bruch mit der medienpädagogischen Tradition mit sich, da eine konservativ-normensetzende Medienerziehung durch eine »kritisch-emanzipatorische« Medienpädagogik abgelöst wird. In den Blickpunkt rückt nun die »gesellschaftliche« Fragestellung. Das übergreifende Ziel *Emanzipation* soll erreicht werden durch Vermittlung der Einsicht, »dass heute herrscht, wer über das Bewusstsein der Massen verfügt. Die Einsicht in die Bedingungen der Abhängigkeit unseres Bewusstseins von der Bewusstseinsindustrie und damit von denjenigen, die über diese Produktionsmittel verfügen, wäre die erste Voraussetzung für Emanzipation« (Ehmer 1971, S. 8).

Wichtigste Bezugstheorie der Medienpädagogik ist nun die Kritische Theorie der »Frankfurter Schule«, die im Rahmen ihrer Kulturkritik die gesellschaftlichen Hintergründe der kapitalistischen Produktionsbedingungen einer »Kulturindustrie« (Horkheimer/ Adorno 1944) oder »Bewusstseinsindustrie« (Enzensberger 1962) analysiert. Eine mit den Mitteln der Ideologiekritik arbeitende, »kritische Mediendidaktik« tritt an die Stelle der bisherigen Medienkunde. Die Kunst, die Medien und speziell der Film haben sich nun gesellschaftlich zu verantworten. Die Aufdeckung der »Machart« von Filmen – jetzt nicht mehr in ästhetischer Hinsicht, sondern in kritisch-gesellschaftlicher Absicht – soll die Jugendlichen befähigen, den ideologischen Schleier der Klassengesellschaft zu durchschauen und soziale Ungerechtigkeiten zu erkennen.

In der Praxis wird dieses Grundkonzept unterschiedlich umgesetzt (vgl. Baacke et al. 1994, 164ff.). Ein unter anderem von Paech vertretener Ansatz zielt auf eine Form »realistischer Filmarbeit« (vgl. Paech 1979, S. 169ff.) im Sinne von Alexander Kluge, für den »das Motiv für Realismus (…) nie Bestätigung der Wirklichkeit, sondern Protest« ist. Mit der Formel von »Alltag und Erfahrung in der Filmarbeit« wird dafür plädiert, dass Filme dazu dienen sollen, an die Lebenswirklichkeit Anschluss zu finden und über sie aufzuklären. Methodisch geht es zunächst darum, die im Film gezeigten Gegenstände, Themen und Motive auf ihren »Realitätsgehalt« hin zu untersuchen. Anschließend werden nicht die »Film-Zeichen«, sondern die Gegenstände selbst analysiert, die im Film aufscheinen. Im Kontrast zur Lebenswelt der Jugendlichen soll deutlich werden, dass die Jugendlichen häufig über ganz anders organisierte Erfahrungen verfügen. Stereotype und »authentische« Beobachtungen und Erfahrungen bilden das Gegensatzpaar, mit dem diese Filmanalyse auf das Ziel hinarbeitet, »Gegenöffentlichkeiten« herzustellen, die eine naive Filmrezeption verhindern sollen.

Ein anderer (von Schütte vertretener) Ansatz kritischer Medienpädagogik ist ausgesprochen cineastisch-avangardistisch orientiert. Schütte geht es darum, dass Jugendliche »an Werken, in denen bewusste ästhetische Strukturen herausgebildet werden, die Sinne (…) schärfen und die eingreifenden Erkenntnismittel erarbeiten« (zit. n. Paech 1979, S. 293). Beide Ansätze bleiben im Grunde elitär und insofern widersprüchlich als gerade die Zielgruppe kritisch-emanzipatorischer Pädagogik – die sozial benachteiligten Schüler – sich weder am avantgardistischen Modell orientiert, noch in der Lage oder willens ist, Gegenöffentlichkeiten herzustellen, um ihre eigenen subkulturellen Erfahrungen gegen die Wirklichkeiten des Kinofilms zu setzen.

Näher an der Lebenswelt der Jugendlichen orientiert ist Königstein (1971, S. 299ff.) in seiner Analyse der bei Jugendlichen damals beliebten Italo-Western. Königstein zeigt die nicht nur Wirklichkeit verfälschende, sondern auch ein Stück weit entlastende Funktion von Stereotypen auf, die als soziales Erbe auch die Alltagswelt der Jugendlichen mitprägen und im Film ihre Widerspiegelung erfahren. Damit will er nicht bestreiten, dass »Trivialität tendenziell anti-aufklärerisch ist, wenn es darum geht, komplexe Zusammenhänge aufzuzeigen« (ebd.), sondern er will darauf hinweisen, dass solche Filme, gerade weil sie Stereotype verwenden, ein Stück weit die Realitätslage von Jugendlichen widerspiegeln können. Die normativen Maßstäbe der Unterscheidung von »guten« und »schlechten« Filmen sind damit zur Diskussion gestellt.

Alle drei Ansätze können auf verschiedenen Wegen Aufklärung bewirken. Wenn wir sie heute als gescheitert betrachten, dann deshalb, weil viele Jugendliche sich einer gesellschaftskritisch engagierten, pädagogisch überwachten Aufklärung durch Filme verweigern. Ein Verdienst dieser Ansätze liegt aus heutiger Sicht darin, dass sie zum einen dazu beigetragen haben, dass das Durchschaubarmachen der Filmszenarien von der Produktion bis zur Rezeption inzwischen zum selbstverständlichen medienpädagogischen Repertoire gehört, zum anderen darin, dass sie versucht haben, jenseits normativer oder »werkimmanenter« Maßstäbe die Erfahrungen von Jugendlichen ernst zu nehmen, und auch Filmwirkungen daran zu messen.

Identifikation und Faszination –
Subjektorientierte Konzepte der 1980er- und 1990er-Jahre

Seit den 1980er-Jahren wird in der filmpädagogischen Arbeit die Annäherung an kindliche und jugendliche Erlebnisformen forciert. Das zunächst relevante Stichwort ist *Identifikation*. Für Kahrmann/ Ehlers (1983, S. 12ff.) beispielsweise ist Identifikation die Grundlage des Filmerlebens überhaupt. Die jeweiligen Filme mit ihren spezifischen ästhetischen Mitteln werden verstanden als mögliche psychosoziale Vermittlungsformen, die Kinder und Jugendliche in ihren Bann ziehen und damit zur Strukturierung ihrer Ich-Identität über Identifikationsprozesse beitragen.

Was Filme leisten und bewirken, wird jetzt nicht mehr in theoretisch-ideologischer Engführung gesehen, sondern sozusagen pluralistisch aufgefächert. So können Filme einen »Einstieg in ein Thema bieten, Motivation zur Auseinandersetzung und Informationen liefern, Aussagen veranschaulichen, ein Thema vertiefen oder zur differenzierten Betrachtungsweise anregen, Meinungen verstärken oder hinterfragen, kreatives Verhalten anregen, Probleme verdeutlichen, einen Kommunikationsprozess unter den Zuschauern einleiten, die normale sonstige Zielgruppenarbeit ergänzen, Diskussionshilfen bieten, Verständnis für Probleme aus Geschichte und Gegenwart fördern, Interesse für Konflikte und schwierige Themen wecken, eigene Probleme erkennbar und verbalisierbar machen, oder auch für sich stehen als Kunstgenuss, als Spaß, als Unterhaltung, als Ablenkung. Oft sind diese verschiedenen Ebenen miteinander verbunden« (Franken/Riekenberg 1985, S. 134). »Filmarbeit« bezieht nun eine Fülle pädagogischer Möglichkeiten ein – die vor, häufiger nach dem Film erfolgende Auseinandersetzung mit dem Gesehenen in vielen Variationen und Spielformen: vom Gespräch über spontanes Malen oder Inszenieren (Rollenspiele) bis zu Kinder-Kino-Wochen, zur Einbeziehung des Publikums in die Organisation der Filmarbeit, in Jurys und Autoren-Workshops und schließlich bis zum eigenen Filmen.

Die pädagogische Phantasie entfaltet nun den Spielraum ihrer Möglichkeiten, freilich ohne die Identifikationsprozesse sich selbst zu überlassen, da diese auch misslingen oder zu falschen Folgerungen über die eigene Rolle oder das eigene Selbstkonzept des jugendlichen Zuschauers führen können. Das gilt vor allem da, wo Filme »als ›Angstmacher‹, als Schule zur Aneignung aggressiver Verhaltensmuster, als Abbild grotesker Ideal- und Horrorvorstellungen« erlebt werden (Kahrmann/Ehlers 1983, S. 28). Insoweit versteht sich Filmpädagogik als präventiver Jugendschutz, der auf die Stärkung von »Medienkompetenz« der Kinder und Jugendlichen zielt. Kahrmann/Ehlers postulieren: »Filmerleben kann nur angenehm und effektiv sein, wenn es kommunikativ geschieht, d.h. Gespräch und Interaktion spielen eine entscheidende Rolle. Außerdem sollte das Filmerleben bei zunehmendem Alter durch das Vermitteln von Analyse- und Zugriffshilfen unterstützt werden. Die Anregung zur praktischen Auseinandersetzung ist von großer Bedeutung. Wollen wir Kindern und Jugendlichen etwas über das Wesen des Mediums Film vermitteln, so müssen wir sie vor allem selbst filmen lassen« (Kahrmann/Ehlers 1983, S. 28).

Das Filmerleben wird also nicht bei sich selbst gelassen, sondern Kinder und Jugendliche sollen sich fragen: *Was bedeuten meine Interpretationsergebnisse zu einem Film für mich selbst, warum habe ich so und nicht anders reagiert, warum machen Teile des Films mich betroffen, welche ganz persönlichen Interessen werden durch den Film angesprochen* etc.: Über die beschriebenen Identifikationsprozesse wird der Film so zur »Hilfe zum Erkennen der eigenen Persönlichkeit« (Kahrmann/Ehlers 1983, S. 27). Ein Fortschritt dieser neuen Konzepte der Filmarbeit ist darin zu sehen, dass Kinder- und Jugendfilme nun als spezifische Angebote für bestimmte Altersgruppen erkannt und im pädagogischen und nicht gewerblichen Bereich gefördert werden. Ferner kommt die liberale Offenheit der pädagogischen Konzepte und das breite Spektrum von Animationsmethoden den kindlichen und jugendlichen Erlebnisweisen entgegen.

Fraglich bleibt, wieweit Selbstbestimmung und Partizipation tatsächlich ermöglicht werden. Denn immer noch dient die medienpädagogische Arbeit dazu, kindliches Erleben zu steuern und nach pädagogischen Vorstellungen zum Wohle des Kindes zu gestalten (vgl. auch: Kahrmann/Ehlers 1983, S. 17). Kindliche »Spontaneität« wird einerseits zugelassen und zugleich pädagogisch kontrolliert und kolonialisiert. Der Widerspruch zwischen den notwendigen Hilfen bei der Verarbeitung von Filmen und einer weiterhin auf Ergebniskontrolle nicht verzichtenden »Filmarbeit« bleibt dabei unausgesprochen und ungelöst.

Erst zu Beginn der 1990er-Jahre wird mit dem Begriff »Faszination« auch im medienpädagogischen Diskurs ein Stück von dem eingeholt, was das Kinoerlebnis eigentlich ausmacht (vgl. Baacke et al. 1994, S. 168ff.). Zuvor wird Faszination vor allem als Gefährdungsmoment verstanden: »Faszination steht (...) als Synonym für die ›Verführung durch Apparate‹, benennt z.t. unverstandene, immer aber ungeliebte affektive Dimensionen von Kommunikationsprozessen« (Tiemann 1991, S. 63). Entrückungen in Traumwelten, Spiegelungen zwischen Identifikationen und Projektionen, die der Film ermöglicht und wodurch er alltagskulturelle Bindungen transzendiert, erscheinen pädagogisch bedenklich, bestenfalls unergiebig, weil allzu momenthaft, und weil aus ihnen keine allgemeinen, weiterführenden Lehren gezogen werden können. Sich auf Faszination einzulassen heißt, nicht die Dignität der Filme, sondern ihre Wirkung auf den affizierten Betrachter in den Mittelpunkt zu stellen. Unterstellt wird, dass Kinder und Jugendliche auch ohne pädagogische »Verarbeitungshilfen« (die von Fall zu Fall keineswegs überflüssig sind) ihre ästhetischen Erfahrungen machen können, deren Bezug zur Alltagsrealität den Subjekten selbst zur Disposition steht. Diese ästhetischen Erfahrungen müssen sich auch nicht mit pädagogischer Anleitung aus der Sphäre des Genusses in die Sphäre ästhetischer Reflexion erheben.

Entscheidend dafür sind zuvor erworbene kulturelle Dispositionen, die das Filmerlebnis selbst in seiner Freiheit nicht tangieren müssen. Beides ist möglich und beides geschieht: Sich-Anfüllen-Lassen mit optischen Botschaften und den ihnen inhärenten Differenzen, sowie in und zwischen sie zu denken und zu fühlen. So verbindet Wahrnehmung aktuelles Sehen und übergreifendes Vorstellen, in denen sich Wachstum und Ausdifferenzierung des Selbst-Konzepts verbinden. Auf diese Weise werden Kinder und Jugendliche nicht nur in Schein- und Traumwelten »entführt«, sondern sie können immer wieder Verknüpfungspunkte zum Handeln finden (Handlungsorientierung) und gleichzeitig die Medien nutzen als situations-, bedürfnis- und entwicklungsbezogene Handlung.

Eine »handlungsorientierte Medienpädagogik« kann dies unterstützen und bleibt deshalb notwendig. Ihre grundlegende Aufgabe besteht Baacke zufolge heute vor allem in einer Wahrnehmungsbildung: »Über Wahrnehmung steuern wir unsere sozialen Rollen, unser Selbstverständnis. (…) Bilden wir die Wahrnehmung, schaffen wir ein Reservoir von Erfahrungsbildern, von möglichen Deutungen, die jeder Wahrnehmende dann nach seinen Zwecken und Zielen ordnen und deuten muss. (…) ›Wahrnehmungsgebildet‹ ist nicht der, der Wahrnehmungsbilder unhinterfragt und mit interessenloser Gleichgültigkeit rezipiert, sondern der, der sie auf seine Interessen, seinen seelischen Haushalt mit seinen Bedürfnissen, auf seine Handlungsimpulse und sozialen Kontakte bezieht und zu entscheiden lernt, wie er seine eigene Würde und die Würde des anderen, seine eigene Schönheit und die des anderen erkennt und achtet« (Baacke 1992, S. 41f.). Über Faszination und Genuss ermöglicht das Kino die Wahrnehmungsbildung, ist deshalb pädagogisch unaufgebbar und bei Jugendlichen beliebtester Lernort.

Nach Zeiten der Schachtel- und Schmuddelkinos setzt auch die Kinobranche heute auf Faszination (nicht nur der Filme). Nach einer langen Phase des wirtschaftlichen Niedergangs durch die zunehmende Verbreitung des Fernsehens seit den 1960er-Jahren, in der das erwachsene Publikum großenteils zum Pantoffelkino gewechselt ist (die Zahl der Filmbesuche je Einwohner ging um fünf Sechstel zurück), und vor dem Hintergrund wirtschaftlicher Konzentrationsprozesse in der Kinobranche werden wieder Kinopaläste gebaut: Multiplexe und Cinedomes (allein 1998 stieg ihre Zahl um 25 auf insgesamt 77) – oft mit angegliederter Gastronomie.

Die Filme werden heute ganz überwiegend für Jugendliche und junge Erwachsene produziert (möglichst mit FSK-Freigabe ab 16 Jahren oder darunter), die die größte Gruppe der Kinogänger stellen. Sieht man vom Kinderfilm ab, der aus mangelnder Wirtschaftlichkeit in die gar nicht so kleinen nicht gewerblichen Nischen (vgl. Bundesverband Jugend und Film 1993) abgewandert ist, ist das Kino heute ausgerechnet für die Altersgruppe der Jugendlichen, die es einmal vor seinen Gefahren besonders zu schützen gegolten hatte, zum beliebtesten (vgl. Baacke et al. 1991, S. 123) und auch von den Eltern akzeptierten (ebd., S. 213) Freizeitort geworden.

Medienkompetenz als bildungstheoretisches Konzept

Medienkompetenz als bildungstheoretisches Konzept

Kommunikative Kompetenz

Das vorige Kapitel führte hin zum Begriff der Medienkompetenz und damit zum derzeit erfolgversprechendsten Konzept, mit dem Medienpädagogik auf die Herausforderungen einer Mediengesellschaft reagieren kann. In ihrem Verhältnis zu (neuen) Medien stellen sich für die Pädagogik ja zwei grundsätzliche Fragen. »Erstens: Sehen wir die neuen Medien und die durch sie machtvoll geförderten Tätigkeiten und Einstellungen als dienstbare Mittel zum Zweck oder als ein Kulturereignis, am Ende ein Kulturmerkmal (dem man zum Opfer fällt, wenn man sich ihm nicht anbequemt)? Und zweitens: Kann die Pädagogik, wenn sie die neuen Medien auch zu ihren Mitteln macht, zugleich zur Freiheit gegenüber diesen Mitteln erziehen, und wenn ja, wie erreicht sie dieses Kunststück? Kann es genügen zu sagen, durch eine so genannte Medienkompetenz? Muss man nicht auch sagen, worin sie besteht und wie man sie erlangt? Und kann das ohne begründete Vorstellung, also ›ohne Konzept‹ überhaupt geschehen?« (von Hentig 1997). Mit dieser Formulierung kritisiert von Hentig die in den 1990er-Jahren inflationierte und banalisierte Verwendung des Begriffs Medienkompetenz als irgendetwas, das man benötigt, um mit Medien »vernünftig« umgehen zu können – was immer man sich darunter vorstellen mag. Was unter Medienkompetenz in einem genaueren Sinn als bildungstheoretisches Konzept zu verstehen ist, soll im folgenden gezeigt werden.

In der medienpädagogischen Diskussion taucht der Kompetenzbegriff erstmals auf in der Habilitationsschrift von Dieter Baacke (1973) über »Kommunikation und Kompetenz – Grundlegung einer Didaktik der Kommunikation und der Medien«. Auch wenn Medienkompetenz als Begriff nicht explizit genannt wird – Baacke entfaltet nur den allgemeineren Begriff einer »kommunikativen Kompetenz« – nimmt die Rezeptionsgeschichte des Kompetenzbegriffs in der Medienpädagogik hier ihren Anfang.

Mit dem Kompetenzbegriff wurde ein Paradigmenwechsel in der Medienpädagogik eingeläutet, die – wie im vorigen Kapitel ausgeführt – bis in die späten 1960er-Jahre ausgesprochen bewahrpädagogisch ausgerichtet war. Im Unterschied zur bis dato vorherrschenden »Kontroll-Orientierung« (ausgerichtet auf den Schutz vor Gefahren der Medien), richtet die Medienpädagogik ihren Blick nun auch auf die Bedürfnisse und Interessen der Mediennutzer, die nicht bloß als passive Opfer der Medien gesehen werden, sondern ihre Mediennutzung auch aktiv und (innerhalb gewisser Grenzen) selbstbestimmt steuern. In der Folge kommt es zu einer Abkehr vom bisherigen, bewahrpädagogisch besetzten Leitbegriff »Medienerziehung«. Dieser erscheint nun auch zu eng, weil Medienerziehung[1] lediglich auf intentionale Prozesse ausgerichtet ist, nicht aber z.B. die mediale Selbstsozialisation einbezieht, wie wir sie etwa in Jugendszenen beobachten können.

Begriffsgeschichtlich stammt der Kompetenzbegriff aus der Biologie und bezeichnet eine zeitlich begrenzte Bereitschaft embryonaler Zellen, auf einen bestimmten Entwicklungsreiz zu reagieren. In der Gentechnik z.B. werden solche Zellen als »kompetent« herausgefiltert, die eine zugefügte DNS-Sequenz verarbeiten können und sich entsprechend entwickeln. Diese enge biologische Definition wird in der sozialwissenschaftlichen, zunächst linguistischen Rezeption erheblich ausgeweitet.

Auf Sprache und Sprecher angewendet meint Kompetenz die Fähigkeit des Sprechers, eine potentiell unbegrenzte Anzahl von Sätzen und Aussagen hervorbringen und über die Sprachrichtigkeit von Sätzen entscheiden zu können (vgl. Bechert et al. 1970,

---

1 Soweit der Begriff Medienerziehung beibehalten wird, erfährt er in der Zieldimension eine Umdefinition – von der Bewahrpädagogik zur handlungsorientierten Medienpädagogik (z.B. bei Tulodziecki 1989).

S. 17ff.). In Chomskys linguistischer Theorie ist Kompetenz eine analytische Kategorie (also kein Erziehungsziel). Sie ist bezogen auf die Regelhaftigkeit der natürlichen Sprachen und die Fähigkeit des Menschen, unendlich viele Sätze hervorzubringen bzw. zu verstehen. Solche Annahmen sind nicht unumstritten geblieben. So warf beispielsweise Heydrich (1995) Chomsky einen »biologistischen Ansatz« vor. Dagegen läßt sich anführen, dass es bei Kompetenz grundsätzlich um prozesshafte mentale Strukturen geht, die nicht durch biologische Reifung allein erreicht werden können.

Jürgen Habermas greift zu Beginn der 1970er-Jahre in seinen Überlegungen zu den Entwicklungsbedingungen von Ich-Identität auf Chomskys Kompetenzbegriff zurück und definiert kommunikative Kompetenz als ein zentrales Sozialisationsziel. Als Aufgabe einer »Theorie der kommunikativen Kompetenz« oder »Universalpragmatik«[1] sieht Habermas »die Nachkonstruktion des Regelsystems, nach dem wir Situationen möglicher Rede überhaupt hervorbringen oder generieren« (Habermas 1971, S. 102). Damit meint Kompetenz nicht mehr eine durch Entwicklungsprozesse festgelegte Reaktion auf herausfordernde Reize, »sondern eine in der Sprache angelegte Verfügung über den Sinn und die Intention von Aussagen. Dieser Tatbestand ist im Begriff der ›kommunikativen Kompetenz‹ aufgehoben. Diese bezieht nicht nur das Sprachverhalten, sondern auch andere mögliche Arten des Verhaltens (z.B. Gesten, Expressionen durch leibgebundene Gebärden, auch Handeln) mit ein« (Baacke 1973, S. 261f.).

Den Kompetenzbegriff verändert Habermas damit in dreierlei Hinsicht. Er verwendet ihn als Kategorie der linguistischen Pragmatik[2] und streift damit das biologische Erbe des Begriffs ab. Zudem weitet er ihn im Sinne der Sprachhandlungstheorien auf alle kommunikativen Äußerungen aus (verwendet ihn also nicht nur für sprachliche Äußerungen). Vor allem wird Kompetenz jedoch zu einer gesellschaftskritischen Kategorie – gleichermaßen Voraussetzung und Ziel des idealen herrschaftsfreien Diskurses, in dem prin-

---

1 Beide Begriffe werden von Habermas synonym verwendet.
2 Die linguistische Pragmatik beschäftigt sich mit dem realen Sprechverhalten.

zipiell jeder den Sinn aller vorgetragenen Argumente adäquat verstehen und ihre Wahrheit definitiv beurteilen könnte.

Nebenbei bemerkt sind Medien für Habermas vornehmlich ein Störfaktor für die Ausbildung kommunikativer Kompetenz, da sie – in seiner Dichotomie von System und Lebenswelt – den systemischen Zusammenhängen zuzurechnen sind, während sich kommunikative Kompetenz in der Lebenswelt entfaltet. Der Kompetenzbegriff von Habermas kann jedoch durchaus als pädagogische Zielvorstellung verstanden werden. Im Rahmen seiner Gesellschaftstheorie (Habermas 1981) ließe sich ein solches Ziel aber nicht (allein) mit pädagogischen Mitteln erreichen, sondern setzt einen strukturellen Wandel der Gesellschaft voraus.

Medienkompetenz

Dieter Baacke – von seiner disziplinären Herkunft her Germanist und interessiert an medienpädagogischen Konsequenzen des damals viel diskutierten »Strukturwandel(s) der Öffentlichkeit« (Habermas 1962) und der Utopie einer »Gegenöffentlichkeit« – prägte am Anfang der 1970er-Jahre den Begriff der Medienkompetenz. Er sieht freilich auch Schwächen des Begriffs: »Die stärkste, vielleicht auch am leichtesten zu behebende besteht darin, dass er weit und darum auch empirisch ›leer‹ bleibt. Wie ›Medienkompetenz‹ im Einzelnen aussehen soll, welche Reichweite das Konzept hat, dies alles sagt der Begriff selbst nicht, und auch seine theoretischen Hintergründe malen dies nicht aus.« (Baacke 1996a, S. 119). Vor allem wird nicht angegeben, wie die »beschriebene Dimensionierung (s.u. S. 60/R.V.) des Konzepts praktisch, didaktisch oder methodisch zu organisieren und damit zu vermitteln sei« (ebd., S. 121).

Eine weitere Schwäche des Begriffs ist wohl darin zu sehen, dass mit dem Begriffswechsel von »kommunikativer Kompetenz« zu »Medienkompetenz« eine gewisse theoretische Schieflage in Kauf genommen wird. Der Kompetenzbegriff verweist ja auf eine angeborene Fähigkeit, weshalb es sinnvoll ist, eine kommunikative Kompetenz zu unterstellen, denn Menschen sind von Geburt an kommunikative Lebewesen: »Sprachkompetenz und Verhaltens-kompetenz, die zusammen die ›kommunikative Kompetenz‹ ausmachen, (kommen/R.V.) aus der gleichen Wurzel (...), und zwar in dem allgemeinen Sinn einer anthropologischen Grundaussage, dass der Mensch ein ›kompetentes‹ Lebewesen sei« (Baacke 1973, S. 262). Der Kompetenzbegriff richtet sich damit »gegen eine allein pragmatisch-behavioristische Interpretation menschlicher Kommunikation (...); für eine Interpretation, die die Verfügung des Menschen über sich selbst aus seiner Kompetenz voraussetzt« (ebd., S. 104).

Da kommunikative Kompetenz generell, d.h. für jede Art der Kommunikation unterstellt wird, ist sie auch eine Voraussetzung von Medienkommunikation – und man kann dies dann Medienkompetenz *nennen* und darunter nichts anderes verstehen »als die Fähigkeit, in die Welt aneignenderweise auch alle Arten von Medien für das Kommunikations- und Handlungsrepertoire von Menschen einzusetzen« (Baacke 1996a, S. 119). Worin die Eigenständigkeit einer solchen Medienkompetenz liegen soll, die sich sinnvollerweise ja von der generellen kommunikativen Kompetenz unterscheiden müsste, ist allerdings nicht auszumachen. Das gegen die behavioristische Medienforschung gerichtete Konzept kommunikativer Kompetenz erhält hier einen im Grunde verzichtbaren Appendix.

Das wäre nicht weiter schlimm, wenn der Begriff Medienkompetenz im strengen Sinn von kommunikativer Kompetenz verwendet würde. Genau das ist aber eher selten der Fall. In der gebräuchlichen Verwendung mutiert »Medienkompetenz« vielmehr zu einer medienpädagogischen Zielvorstellung, bei der aus einer von vornherein gegebenen Kompetenz nun ein Bündel von Fertigkeiten wird, das Kinder, Jugendliche und auch Erwachsene sich anzueignen hätten, um »kompetent« mit Medien umgehen zu können. Begibt man sich auf diese Ebene der Performanz (da Kompetenz per definitionem vorhanden ist, kann Lernen nur auf der performativen Ebene verortet werden), so geht es auch hier gerade nicht um den Erwerb konkreter Handlungsmuster, sondern um den Erwerb kognitiver Strukturen – oder lerntheoretisch formuliert: ein »Lernen des Lernens«.

Ich halte es für sinnvoll, den Begriff Medienkompetenz für diese kognitiven Strukturen zu reservieren, und er könnte sich sowohl beziehen auf die im Einzelfall vorhandenen als auch auf die »beste aller denkbaren« Strukturen als anzustrebendes Ziel. In dieser Perspektive zeigt sich Medienkompetenz dann weniger darin, dass jemand z.b. ein Computerprogramm bedienen kann, sondern darin, dass er oder sie gelernt hat, sich beliebige Programme anzueignen.[1] In ähnliche Richtung gehen auch Überlegungen von Sander, der Medienkompetenz an den Schemabegriff von Piaget knüpft und damit den entwicklungspsychologischen Aspekt betont. Ebenso gut bieten sich die Konzepte von cognitive maps, Prototypen, Skripten oder Rahmen an (vgl. Tolman 1948; Goffman 1974; Schank/Abelson 1977; Halbwachs 1985 [orig. 1925]). Ich schließe mich hier Luhmann (1996, S. 192) an, der zur terminologischen Vereinfachung den Begriff »Schema« vorschlägt[2] und für den Sonderfall zeitlicher Ordnung den Begriff »Skript«.

Unter Medienkompetenz werden hier also medienbezogene (kognitive) Schemata und Skripts verstanden, die das Handeln nicht festlegen, sondern ihre Funktion gerade darin haben, Spielräume für frei gewähltes Handeln zu erzeugen und das Gedächtnis zu strukturieren. Nur so sind ja auch Veränderungen (durch Lernprozesse) möglich, die das Schema selbst verändern. Sie sind zu verstehen als »Regeln für den Vollzug von Operationen, das Schema Kreis zum Beispiel ist nicht das Abbild eines Kreises, sondern die Regel für das Ziehen eines Kreises« (Luhmann 1996, S. 194). Entsprechend zeigt sich Skriptwissen z.b. nicht darin, dass man die Handlung eines Krimis nacherzählen kann, sondern im Regelwissen über die Aufklärungsarbeit des Detektivs. Daher erkennen wir meist schon wenige Sekunden, nachdem wir in einen Film hineingezappt haben, um welches Genre es sich handelt.

---

1   Auch die bloße Programmbedienung setzt natürlich Regelwissen, also Medienkompetenz voraus – allerdings auf niedrigerem Level.

2   Luhmann diskutiert Schemabildung allerdings nicht im Rahmen des Konzepts Medienkompetenz.

Medienpädagogische Aufgabenfelder

Medienkompetenz bezeichnet eine Fähigkeit im Umgang mit Wissen über mediale Kommunikation. Daher lässt sie sich ebenso wenig in inhaltlich bestimmte Lernbereiche auffächern wie das »Lernen des Lernens«. Die Aufgabe der Vermittlung von Medienkompetenz ist vielmehr »als Befähigung zu spezifischen Denkbewegungen« (Tietgens 1989, S. 34) zu verstehen, an denen sich das Erschließungspotential entwickelt. Im Unterschied zu inhaltlichen Differenzierungen von Medienkompetenz sind Niveaudifferenzierungen hinsichtlich des aktuellen Kompetenzzustands eines Individuums (also genauer: Performanz) durchaus möglich. Medienkompetenz auf unterschiedlichen Niveaus zeigt sich dann beispielsweise darin, wie Kinder mit Werbung umgehen:

- in ihrer jeweiligen Fähigkeit, aufgrund formaler und inhaltlicher Analysekriterien (z.b. Marken- oder Produktzentriertheit, Kaufappell usw.) Werbung von ihrem Umfeld zu unterscheiden; bestimmte Codes als Werbung zu identifizieren;
- in ihrer jeweiligen Fähigkeit, zwischen objektiver Information über ein Produkt und Werbung zu unterscheiden. Einen Anhaltspunkt dafür bietet vor allem das Anführen konkreter Vergleiche zwischen Produkten, die bei Werbung entweder ganz fehlen oder nur sehr diffus ausfallen (dürfen);
- in ihrer jeweiligen Fähigkeit, Werbung als Bestandteil der Mechanismen einer Marktwirtschaft zu erfassen und dabei auch zwischen Funktionen der Werbeindustrie und der Massenmedien (Produktion und/oder Distribution von Werbung) zu differenzieren;
- in ihrer jeweiligen Fähigkeit, Werbung in ihren vielfältigsten Erscheinungsformen sowie Strategien und Techniken – z.B. die Opakisierung der Mittel, nicht aber der Zwecke von Werbung (vgl. Luhmann 1996, S. 87ff.) – zu erkennen und diese zu benennen (vgl. Baacke et al. 1999).

Man kann dies dann als Werbekompetenz bezeichnen und darunter einen Spezialfall von Medienkompetenz als Spezialfall kommunikativer Kompetenz verstehen. Als Abkürzung im Sprachgebrauch halte ich eine solche Differenzierung für durchaus sinnvoll, wenngleich man damit die oben geschilderte Problematik beim Übergang von kommunikativer zu Medien-Kompetenz quasi verdoppelt. In einem struktural verstandenen Konzept von Medienkompetenz ließe sich z.b. Werbekompetenz jedoch nicht sinnvoll von einer (dann allgemeinen?) Medienkompetenz abheben, die sich eben nicht additiv aus Einzelkompetenzen zusammensetzt, sondern auf eine Wissens*struktur* bezieht.

Vergegenwärtigt man sich noch einmal die Komplexität des Konzepts »Kommunikative Kompetenz«, wird deutlich, wie simplifiziert es heute als »Medienkompetenz« verwendet wird. Abgesehen davon, dass die strukturale Konzeptionierung von Kompetenz häufig ausgeblendet wird, werden bei einer inhaltlichen Bestimmung von »Medienkompetenz« zumeist auch noch die instrumentell-qualifikatorische Funktion und die Dimension der Medien-Nutzung überbetont, während reflexive, ethische, ästhetisch-innovative oder medienkritische Aspekte weitgehend unberücksichtigt bleiben. So wird etwa davon geredet, dass man heute Medienkompetenz besitzen müsse, um in der Arbeitswelt bestehen zu können, und meint damit ganz schlicht Fähigkeiten im Umgang mit dem Computer.

Wenn unter Medienkompetenz eine Wissensstruktur verstanden wird, kann eine Befähigung zu Medienkompetenz nicht einfach durch die bloße »Vermittlung medienrelevanten Wissens in systematisierter und expliziter Form« erreicht werden, da es vielmehr um den »Erwerb einer Kenntnis der Regeln ›medienkompetenten‹ Handelns« (Dewe/Sander 1996, S. 129) geht. Aus gleichem Grund lässt sich Medienkompetenz auch nicht inhaltlich ausdifferenzieren. Es ist daher leicht missverständlich, wenn Baacke klassische Aufgabenfelder der Medienpädagogik als Teilbereiche von Medienkompetenz bestimmt (vgl. Baacke 1996a), obwohl sich Medienkompetenz gewiss in diesen Feldern erwerben lässt. Als medienpädagogische Aufgabenfelder nennt Baacke vier Teilbereiche von Medienkompetenz mit unterschiedlichen Dimensionen: Medienkritik, Medienkunde, Mediennutzung und Mediengestaltung (Baacke 1996a, S. 120):

- Der Teilbereich der *Medienkritik* umfasst dabei eine *analytische Dimension* (z.b. mit dem Ziel, problematische gesellschaftliche Prozesse (z.b. Konzentrationsprozesse) in ihren Auswirkungen erkennen zu können), eine *reflexive Dimension* (mit dem Ziel, analytisches Wissen auf sich selbst und sein Handeln anwenden zu können) sowie eine *ethische Dimension* (mit dem Ziel, analytisches Denken und reflexiven Rückbezug sozial zu verantworten und abzustimmen).

- *Medien-Kunde* ist zu verstehen im Hinblick auf Wissen und Können. Dieser Teilbereich beinhaltet eine *informative Dimension* (klassische Wissensbestände wie »was ist ein duales Rundfunksystem«) sowie eine *instrumentell-qualifikatorische Dimension* (d.h. die Fähigkeit, Mediengeräte bedienen zu können). Sowohl Medienkritik als auch Medienkunde umfassen die *Dimension der Vermittlung*, also didaktische Fragen.

- Der dritte Teilbereich ist die *Medien-Nutzung*, in die im Unterschied zur instrumentell-qualifikatorischen Dimension der Medienkunde auch die *Zielorientierung* eingeht. Der Teilbereich Medien-Nutzung beinhaltet die Dimension der vorrangig rezeptiven Anwendung von Medien als auch die Dimension der interaktiven Nutzung von Medienangeboten.

- *Medien-Gestaltung* schließlich kann ausdifferenziert werden in eine *innovative Dimension* (im Sinne von Veränderungen und Weiterentwicklungen des Mediensystems) sowie eine *kreative Dimension*, bei der es um ästhetische Varianten geht, als ein Über-die-Grenzen der Kommunikationsroutine hinausgehen.

Diese Ausdifferenzierung von Medienkompetenz könnte leicht subjektivistisch-individualistisch missverstanden werden. Baacke übernimmt daher von Lange ein weiteres »Gestaltungsziel auf überindividueller, eher gesellschaftlicher Ebene (...), nämlich den ›Diskurs der Informationsgesellschaft‹« (Baacke 1996a, S. 120). In der Forderung nach einem solchen Diskurs, der »alle wirtschaftlichen, technischen, sozialen, kulturellen und ästhetischen Probleme« (ebd.) einbezieht, zeigt sich die enge Bindung von Baackes Kompetenzbegriff an den von Habermas. Auch für Baacke realisiert sich »kommunikative Kompetenz (...) in der Lebenswelt oder

Alltagswelt von Menschen« (ebd., S. 118). Unterschiede gibt es jedoch in der Einschätzung der Rolle der Medien, die für Baacke nicht nur (systemische) Gefährdungen der Lebenswelten, sondern auch (individuelle) Chancen mit sich bringen. Die Medien werden daher nicht auf einer systemischen Seite verortet – wie deutlicher noch als bei Habermas in der Kulturindustrie-These (siehe dazu das Kapitel »Theorien und Konzepte der Medienwirkungs-Forschung«, S. 119ff.) von Horkheimer/Adorno (1969; orig. 1944) –, sondern handlungstheoretisch mit Fokus auf den Mediennutzer, seine Bedürfnisse und die Nutzungssituation. Gewissermaßen verkehrt sich dabei die Verortung der Medien von »oben« nach »unten«.

Es gibt eine Reihe anderer, konkurrierender Ausdifferenzierungen von Medienkompetenz, die hier nicht im Einzelnen vorgestellt werden können. Pöttinger (1997) unterscheidet beispielsweise:

- *Wahrnehmungskompetenz* als Fähigkeit, Medien, ihre Strukturen, ihre Gestaltungsformen und ihre Wirkungsmöglichkeiten zu durchschauen;
- *Nutzungskompetenz*: Medien und ihre Angebote zielgerichtet und angemessen nutzen können;
- *Handlungskompetenz*: Medien als Ausdruck seiner Persönlichkeit, Interessen und Anliegen aktiv zu gestalten.

Schorb unterscheidet – ähnlich wie Baacke – ebenfalls vier Dimensionen von Medienkompetenz: neben einer »kognitiven Dimension« zur Aneignung von Orientierungs- und Strukturwissen sind dies zweitens »kritische Reflexivität«, drittens »Handlungsfähigkeit« sowie viertens die »Fähigkeit (zur) kreative(n), soziale(n) Interaktion« (Schorb 1998, S. 21f.). Bereits der Vergleich dieser drei Ansätze zeigt eine gewisse Beliebigkeit, was als Teilbereich oder Dimension unter Medienkompetenz subsumiert wird. Zudem bleibt ungeklärt, wie und in welchem Maße die einzelnen Bereiche zum Aufbau von Medienkompetenz beitragen. Meines Erachtens ist dies auch gar nicht möglich, da Medienkompetenz ein hochaggregiertes theoretisches Konstrukt und eine sinnvolle Leitidee für medienpädagogisches Handeln ist, das jedoch – wie ja auch der Begriff des Lernens – in jeder didaktischen Situation erst mit konkreten Bedeutungen gefüllt werden muss.

Medienkompetenz in Schule und Erwachsenenbildung

Medienkompetenz als Vermittlungsproblem in der Schule

Für die Schule stellt sich vor allem die Frage, wie Medienkompetenz überhaupt zu vermitteln ist. Das Konzept ist jedoch – wie schon die Analogie zum »Lernen des Lernens« nahe legt – durchaus anschlussfähig an didaktische Diskurse (vgl. im Folgenden: Mägdefrau/Vollbrecht 1998; Vollbrecht/Mägdefrau 1999). Verortet man in diesem Zusammenhang die Medien handlungstheoretisch mit Fokus auf den Mediennutzer, seine Bedürfnisse und die Nutzungssituation, meint Medienkompetenz kein bloßes Faktenwissen, »sondern beinhaltet eine autonome Fähigkeit, mit Wissen umzugehen, es anzuwenden und zu interpretieren.« (Dewe/Sander 1996, S. 128). Welche Medienkompetenz Menschen entwickeln, bleibt abhängig von ihren individuellen Voraussetzungen und (Medien-) Vorlieben, den sozialen Rahmenbedingungen, unter denen sie leben und natürlich den Lern- und Sozialisationsprozessen, die sie durchlaufen haben. Akzeptiert man das, so ist plausibel, dass in der zentralen Sozialisationsinstanz Schule der Vermittlung von Medienkompetenz eine größere Bedeutung zukommt, als ihr gemeinhin zugestanden wird.

Gerade im schulischen Umfeld wird Medienkompetenz vielfach zu eng und zu technologisch auf Medien bezogen (z.b. als informationstechnologische Grundbildung). Die Probleme, die die Institution Schule mit Medienerziehung[1] hat, sind so vielfältig, dass sie in diesem Rahmen nur knapp umrissen werden können. Zum Teil trifft man bei Lehrerinnen und Lehrern auf erhebliche Widerstände im Umgang mit (neuen) Medien. Schülerinnen und Schüler sind dagegen meist willens und in der Lage, sich den Umgang mit Me-

---

1 Im Kontext Schule wird meist der Begriff Medienerziehung (im oben skizzierten modernen Verständnis) verwendet.

dien selbst anzueignen. Sie gehen mit Medien explorativ um, ein Verhalten, das vielen Lehrerinnen und Lehrern (wie den meisten Erwachsenen) eher fremd ist. Kinder wachsen heute selbstverständlich mit Medien auf und verfügen über mediale Sozialisationserfahrungen, die die Lehrergeneration nicht teilt.

Wenn etwa Schill/Wagner fordern, die Schule müsse sich »auf die Lebenszusammenhänge von Kindern und Jugendlichen einlassen und sie dabei unterstützen, neue (Medien-)Erfahrungen zu machen« (Schill/Wagner 1997, S. 284), so ist zu fordern, dass Lehrer und Lehrerinnen erst einmal selbst den kompetenten Umgang mit neuen Medien erlernen müssen, um den Schülerinnen und Schülern Medienkompetenz überhaupt vermitteln zu können. Es begegnet uns hier (und nicht nur hier) ein »generation gap«, denn die Generationen trennen höchst unterschiedliche mediale Sozialisation und Erfahrungen. Darüber hinaus bilden sich – gerade entlang von Modetrends und hinsichtlich der Mediennutzung – Kinder- und Jugendkulturen heraus, die vielen Lehrerinnen und Lehrern in der Regel verschlossen bleiben.

Es ist daher verständlich, dass sich viele Lehrkräfte angesichts überbordender Erwartungen zurückziehen auf die originäre Aufgabe von Schule, nämlich deren Bildungsaufgabe, und zwar unterlegt mit einem Begriff von Bildung, der diese im Sinne einer normativen Vorstellung von Allgemeinbildung fasst. Medien spielen im Rahmen dieser Vorstellungen nur dann eine positive Rolle, wenn sie Bildungsprozesse beispielsweise im Sinne von Informationsbeschaffung unterstützen. Es ist kein Zufall, dass in den Diskussionen zum Internet (vgl. z.B. Schulz-Zander 1998, S. 140f.) gerade der Aspekt des Zugriffs auf Information im Vordergrund steht und nicht die interaktiven und kommunikativen Möglichkeiten der neuen Medien. Auch der Einsatz von Hypertext-Lernumgebungen beispielsweise im Sachunterricht der Grundschule[1] wird in der Grundschuldidaktik mit Blick auf Fragen wie die Auswahl geeigneter Themen und deren didaktische Beschränkung bzw. Eingrenzung diskutiert. Im Zentrum der Aufmerksamkeit steht gewöhnlich ganz

---

1 Wie z.B. »Das grüne Klassenzimmer« (vgl. Landesinstitut für Schule und Weiterbildung (Hrsg.) 1993.

klassisch der über das Medium zu vermittelnde Inhalt, nicht aber der Erwerb übertragbaren medienspezifischen Handlungswissens. Lernen und Lehren mit neuen, interaktiven Medien können den Unterricht entscheidend verändern. Vor allem die Eigenaktivität der Lernenden und ihre Eigenverantwortlichkeit für ihr Lernen können gestärkt werden, und Konzepte problemorientierten Lehrens und Lernens lassen sich mit neuen Medien leichter umsetzen. Fraglich bleibt jedoch, wieweit sich diese Möglichkeiten der neuen Medien im – von den Kindern meist so verstandenen – »Pflichtprogramm Schule« realisieren lassen. Von den in den Medien selbst verbreiteten Bildern glücklicher Kinder vor bunten Bildschirmen sollte man sich jedenfalls nicht täuschen lassen.

Spielerisch, attraktiv, stets aktuell und selbstbestimmt soll die Lernwelt der neuen Medien sein: »Edutainment« (ein verkorkstes Wort für eine verkorkste Sache) statt »Anstrengung des Begriffs«. Reinmann-Rothmeier/Mandl nennen in diesem Zusammenhang drei Medienfallen: die Spaßfalle, die Schnelligkeitsfalle und die Effektivitätsfalle. Auch das Lernen mit neuen Medien ist immer noch mit Anstrengung verbundenes (und in der Schule weitgehend fremdbestimmtes) Lernen. Es ist auch keineswegs zwangsläufig schneller und effektiver, denn Lernen lässt sich weder beliebig beschleunigen noch rationalisieren (vgl. Reinmann-Rothmeier/ Mandl 1998, S. 111f.). Andererseits kann es von den technischen Möglichkeiten her durchaus selbstbestimmter sein, bietet weiter gehende Ansätze der Veranschaulichung und Simulation vor allem technischer und naturwissenschaftlicher Prozesse und profitiert – jedenfalls derzeit noch – von der Computerbegeisterung vieler Kinder.

Der außerschulische Umgang von Kindern und Jugendlichen mit Medien ist im Unterschied zur in der Schule stattfindenden Medienpädagogik überwiegend spaßbestimmt. Diese Diskrepanz zwischen pädagogischem Anspruch und jugendlicher (Medien-) Realität scheint in der schulischen Praxis seltsam unüberbrückbar und verstärkt die Ratlosigkeit vieler Pädagogen gegenüber schulischer Medienpädagogik. Entscheidend ist der unterschiedliche Grundzugang zu Medien bzw. die Veränderung, die pädagogisches Denken durchmachen muss, indem es sich von dem ausschließlich auf Inhaltsvermittlung gerichteten Umgang mit Medien verabschiedet. Konkret äußert sich diese Diskrepanz am Beispiel des Lehrerkollegen, der sich bei seinen Kollegen beschwert, nicht einmal Fernsehen könne die Schülerinnen und Schüler mehr begeistern, seine Klasse jedenfalls habe total uninteressiert auf den gerade eingesetzten Schulfunkbeitrag reagiert. Er verkennt, dass die Didaktisierung der Medien diesen oft nicht besonders gut bekommt, oder jedenfalls meilenweit entfernt ist vom jugendlichen Umgang mit diesen.

Versuche, auch Jugendmedien wie beispielsweise die Jugendzeitschrift »Bravo« in den Unterricht zu holen, sind seit den 1970er-Jahren immer wieder unternommen worden. Übereinstimmend wurde von Lehrkräften dabei festgestellt, dass die Schülerinnen und Schüler zwar auf der einen Seite die geforderten Analysen an ihrer Zeitschrift vornehmen, auf der anderen Seite aber ihre Affekte abkoppeln. Aus dem Musikunterricht kennen wir Ähnliches: Dort werden Radiosendungen, die Videoclipkanäle MTV und VIVA oder überhaupt die populäre Musik kritischen Analysen unterzogen mit dem Ziel, musikalische Parameter, ihre Struktur, Marketingstrategien etc. besser zu verstehen, und dies ist ohne Frage moderner Unterricht, der vielfach auch von einer akzeptierenden Grundhaltung seitens der Lehrer geprägt ist.

Und dennoch: Finden Medien der Jugendlichen in die Schule Eingang, dann in der Regel zum Zweck rationaler Analyse und des kognitiven Verstehens – der Aspekt der Faszination bleibt ausgeblendet. Jugendliche und Kinder reagieren oftmals skeptisch gegenüber Versuchen, beispielsweise Fernseherlebnisse in der Schule aufzuarbeiten, wenn sie sich mit ihnen stark identifizieren (vgl. Tulodziecki 1989, S. 98f.). Denn Medien werden von ihnen hochaffektiv genutzt, wodurch ein grundsätzlicher Antagonismus entsteht, die sich aus dieser Art von Unterricht ableiten lässt, der im Grunde aus dem kognitiv-bildenden Anspruch von Schule resultiert. Schule muss im Kontext »Medien« ihr Bildungsverständnis also erweitern und neben den rein kognitiven Inhalten auch affektiv besetzte Dimensionen erfassen. Aber auch dann bleibt schulische Medienerziehung dilemmatorisch, denn wir stehen »vor der Situation, dass die audiovisuellen Massenmedien von den Schülerinnen und Schülern als etwas erlebt und erfahren werden, das mit ihnen zu tun hat und nicht mit der Schule; das zwar auch in der Schule eine Bedeutung haben kann, die aber dann die Schule nichts angeht, ihr von Haus aus fremd ist« (Binder 1992, S. 26).

Neben der schultypischen Verkürzung auf die inhaltliche Dimension liegen spezifische Probleme auch im Habitus der Lehrpersonen, der von Schülern »als unglaubwürdige Anbiederung, als unerkannte Gestrigkeit oder als kontextunterschätzende Grenzverletzung« wahrgenommen wird (Feist 1999, S. 41). Gerade für den Bereich der Entwicklung neuer Lernmedien zeigt sich an diesem Beispiel, wie problematisch sich eine bildungstechnologische Engführung in einem spezifisch jugendkulturell kodierten und konnotierten Feld auswirkt. Das gilt insbesondere für »Musikmedien« mit ihren enorm kurzen Halbwertzeiten einerseits und ihren Sinnüberschüssen für jugendliche Identitätsbildung andererseits (vgl. Vollbrecht 1995, S. 30). Die vermeintliche Lebensweltnähe schlägt dabei sehr schnell um in »Einbrüche in die kulturelle Intimität eines Ausdrucksmediums (...), das Schüler primär und privat für sich selbst reklamieren« (Feist 1999, S. 42).

Neben diesen eher grundsätzlichen Problemen hat Schule zusätzlich mit strukturellen Schwierigkeiten bei der Beschaffung der für eine moderne Medienerziehung notwendigen Ausstattung zu kämpfen. Ein Problem an vielen Schulen ist die noch immer mangelhafte Ausstattung mit Computern. Kreative Möglichkeiten zur Beschaffung der nötigen Hardware-Ausstattung, zum Beispiel durch Firmensponsoring, werden erst vereinzelt genutzt. Man kann andererseits kaum behaupten, dass potenzielle Sponsoren vor den Schulen Schlange stünden. So hinkt Schule – wie so oft – den gesellschaftlichen Entwicklungen hinterher, die im Medienbereich bekanntlich besonders rasant verlaufen. Auf diese Tatsache haben auch die Schulträger noch keine befriedigende Antwort gefunden.

Noch weitaus gravierender scheinen mir die Schwierigkeiten im Software-Bereich zu sein. Zum einen stellt sich auch hier – gerade angesichts der kurzen Innovationszyklen von Computerprogrammen – die Kostenfrage. Zum anderen ist auch der Aufwand für die mit der Software-Erneuerung erforderliche ständige Weiterbildung der Lehrkräfte nicht zu unterschätzen. Unter der Voraussetzung eines breiten öffentlichen Konsenses über die Bedeutung von Bildung

Tab. 2: **Ausstattungsmodelle für Schulen mit Computern**

Modell	Nutzungskonzept	Technikausstattung
Computerraum	Anwendung des Computers und Zugriff auf Netzressourcen in verschiedenen Fächern unter direkter Anleitung und Kontrolle des Lehrers. Sowohl Vorführungen durch die Lehrkraft als auch eigene Erfahrung, Training und gemeinsame Reflexion der Schüler/innen.	Computerraum mit lokalem Netz (LAN, mit Server, Drucker, Scanner) und mit Projektionsmöglichkeiten (LCD-Display und Overhead-Projektor oder Beamer) und Internet-Zugang für jeden Arbeitsplatz.
Computerraum Plus	Wie im Computerraum, und zusätzlich ständige Zugriffsmöglichkeit auf einen Computer im Klassenraum („Medienecke"), um Fachinhalte zu verdeutlichen, Arbeitsergebnisse zu präsentieren oder Netzrecherchen zu fachspezifischen Themen vorzunehmen.	Computerraum und zusätzlich ein Rechner für die Lehrkraft und ein bis zwei weitere Rechner in jedem Klassenraum, die über das Schul-LAN verbunden sind und jeweils Zugriff auf externe Netzressourcen haben.
Klassenraum mit PC-Sharing	Ständige Zugriffsmöglichkeit für Schülergruppen auf Programme und elektronische Unterrichtsmaterialien im Klassenraum. Integriertes Lernmedium für den Unterricht zur gemeinsamen Planung von Projekten bzw. Analyse und Bewertung von Quellen.	Es teilen sich vier oder zwei Schüler/innen einen Rechner, der an das Schul-LAN (mit Drucker, Scanner usw.) und das Internet angebunden und für die jeweilige Schülergruppe konfiguriert ist.

Klassenraum mit Netz-PCs	Wie im Klassenraum-Modell und die Möglichkeit für jede/n Schüler/in, an einem eigenen Rechner im Klassenraum zu arbeiten.	Auf jedem Klassentisch steht ein Netz-PC für jede/n Schüler/in zur Verfügung. Die Programme sind ausschließlich auf dem Server des Schul-LANs abgelegt (Zugriff auf Drucker, Scanner usw.) und es besteht die Zugriffsmöglichkeit auf externe Netzquellen von jedem Arbeitsplatz aus.
Laptop für alle	Kombination von schulischem und heimischem Lernen durch den Laptop als portables Arbeitsmittel. Der Computer wird zum zentralen und universellen Arbeitsmittel, mit dem auch individuelle Hausarbeiten und Gruppenarbeiten erledigt, Klassenarbeiten geschrieben und Prüfungen abgelegt werden können.	Jede/r Schüler/in (und auch jede/r Lehrer/in) erhält einen Laptop für den schulischen und außerschulischen Gebrauch. Die Geräte sind ans Schul-LAN (mit Zugriff auf Drucker, Scanner usw.) angeschlossen. Für den Zugriff von zu Hause ist zusätzlich ein Dial-In-Server notwendig.

(Quelle: Enquetekommission »Zukunft der Medien in Wirtschaft und Gesellschaft« 1998, S. 135)

für unsere Gesellschaft wären diese Probleme jedoch zu handhaben. Im internationalen Vergleich zeigt sich, wie mangelhaft trotz großer finanzieller Anstrengungen die Ausstattung der meisten Schulen und der mit Jugendarbeit befassten Institutionen mit Soft- und Hardware ist: Nur 16% aller deutschen Schulen hatten 1998 Zugang zum Internet, verglichen mit 83% in Großbritannien und 91% in Schweden (www.bertelsmann-stiftung.de). Nach einer Studie des Europäischen Medieninstituts teilten sich 1996 in Deutschland 63 Schüler einen PC, in Frankreich 30, in Großbritannien 18, in den USA neun und in Schweden sogar nur sieben.

Die digitale Revolution kommt in den Schulen so langsam voran wie die Datenpakete im Internet zur Hauptnutzungszeit.[1] Die Aufgabe ist freilich gewaltig. Die Bertelsmann-Stiftung hat einmal errechnen lassen, welche Kosten auf das deutsche Bildungssystem für die Ausstattung der Schulen mit Computern zukommen und dafür mehrere Modelle mit unterschiedlicher Ausstattung entwickelt (vgl. Kubicek/Breiter 1998 sowie den Abschlussbericht der Enquetekommission »Zukunft der Medien in Wirtschaft und Gesellschaft« 1998, S. 134ff.).

Wieviel die unterschiedlichen Ausstattungsmodelle kosten, ist den beiden Schaubildern 2 und 3 zu entnehmen. Da sich die Preise für Computer und Zubehör fast täglich ändern, verstehen sich die Kostenangaben relativ zum Preis eines Computerraums (= 100%). Nach einer Schätzung der Unternehmensberatung McKinsey (1999) kostet die Ausstattung der 40.000 deutschen Schulen mit Computerräumen ohne Software- und laufende Kosten etwa 9 Mrd. DM.

Neben den einmaligen Anschaffungskosten fallen in den unterschiedlichen Modellen nicht unerhebliche laufende Kosten an. Während die einmaligen Kosten für Hard- und Software von den Schulen leicht einzuschätzen sind, werden die laufenden Kosten,

---

1 Man kann in der Tat den Eindruck gewinnen, dass das Internet langsamer geworden ist, da die durch den Ausbau der Netze bedingten Geschwindigkeitsvorteile durch die höhere Netzlast des grafischen WWW – von Audio- oder Videostreaming gar nicht zu reden – wieder aufgezehrt werden.

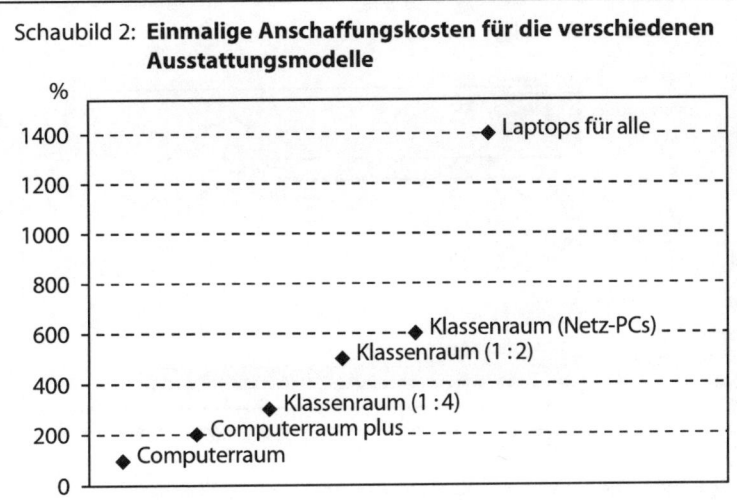

Schaubild 2: **Einmalige Anschaffungskosten für die verschiedenen Ausstattungsmodelle**

(Quelle: Enquetekommission »Zukunft der Medien in Wirtschaft und Gesellschaft« 1998, 136)

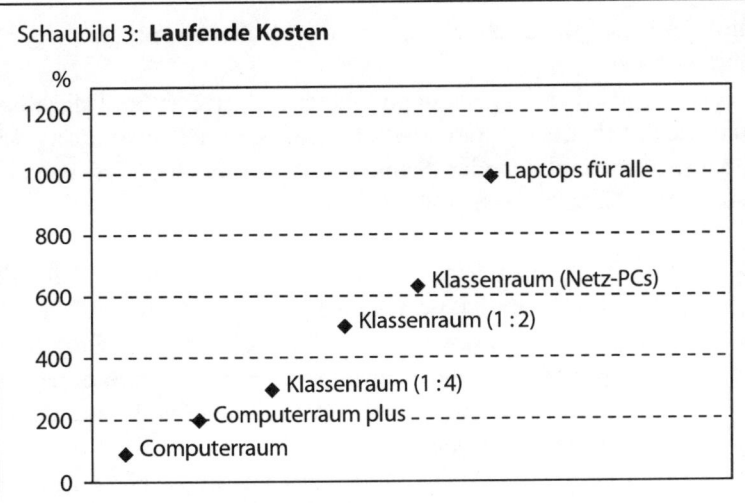

Schaubild 3: **Laufende Kosten**

(Quelle: Enquetekommission »Zukunft der Medien in Wirtschaft und Gesellschaft« 1998, 136)

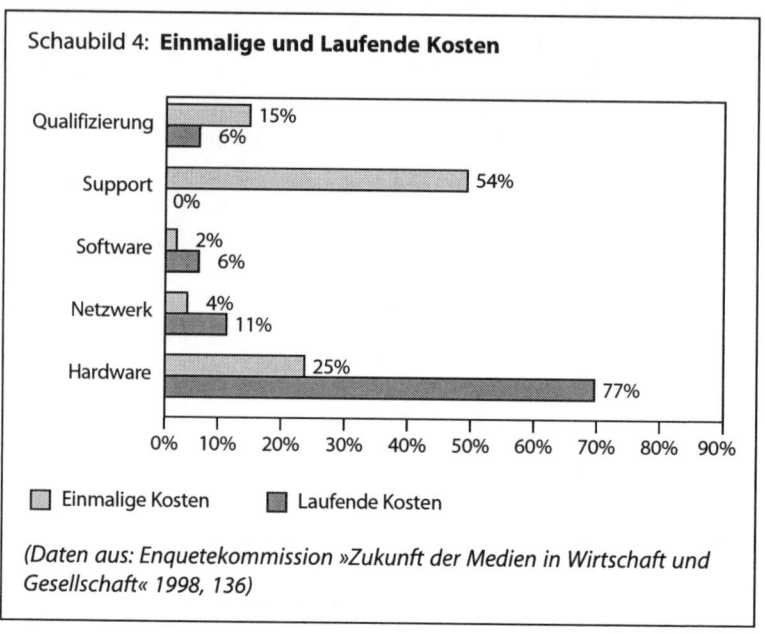

Schaubild 4: **Einmalige und Laufende Kosten**

Qualifizierung: 15% / 6%
Support: 54% / 0%
Software: 2% / 6%
Netzwerk: 4% / 11%
Hardware: 25% / 77%

■ Einmalige Kosten ■ Laufende Kosten

(Daten aus: Enquetekommission »Zukunft der Medien in Wirtschaft und Gesellschaft« 1998, 136)

insbesondere für Qualifizierung und technischen Support, leicht unterschätzt.

Nach dem bereits genannten Gutachten verteilen sich die Kosten wie in Schaubild 4 dargestellt. Die Kosten einer Ausstattung der 35.000 allgemeinbildenden Schulen mit Computern wird in dem genannten Gutachten wie folgt berechnet:

- Für Grundschulen wird von einem Klassenraum-Modell mit sechs Rechnern pro Klasse ausgegangen;
- für Haupt- und Realschulen sowie Gesamtschulen wird das Modell »Computerraum Plus« angenommen, mit zwei Räumen (je 16 Rechner), einem Medienraum (8 Rechner) und je zwei Geräten in den Klassenzimmern;
- für Gymnasien das gleiche Modell mit vier Räumen (wegen der höheren Schülerzahl) und statt des Medienraums mit drei Klassensätzen mit mobilen Rechnern für Projektarbeiten.

Unter Berücksichtigung der vorhandenen Ausstattung und kosten-senkender Maßnahmen (Mengenrabatte für Großeinkäufe, Nutzung kommunaler Netze etc.) wären bei einer Streckung der Ausstattung über fünf Jahre im ersten Jahr 3,3 Mrd. DM bzw. 360 DM pro Schüler aufzuwenden, bei linearer Extrapolation wären im fünften Jahr sogar 6,9 Mrd. DM oder 749 DM pro Schüler (vgl. Enquetekommission 1998, S. 137).

Diese Kosten muss man im Zusammenhang mit den insgesamt zur Verfügung stehenden Mitteln der öffentlichen Haushalte für allgemeinbildende Schulen sehen. Laut Statistischem Bundesamt betrugen diese Grundmittel 1996 (einschließlich Verwaltungskosten) 99,5 Mrd. DM, wovon 4,4 Mrd. DM für den laufenden Sachaufwand, eine Milliarde DM für den Erwerb von beweglichem Sachvermögen und 237 Millionen für die Lehrerfortbildung ausgegeben wurden. Etwa drei Viertel der Bildungsausgaben der öffentlichen Hände sind durch Personalausgaben gebunden. Nach Angaben des Instituts für Bildungsmedien wurden für Lernmittel 1996 von den Bundesländern insgesamt 532 Millionen aufgewendet. »Für die skizzierte Ausstattung zur Realisierung eines integrierten Technikeinsatzes müssten die gesamten zur Verfügung stehenden Grundmittel im ersten Jahr um etwa 3% und im fünften Jahr um etwa 7% erhöht werden. An dieser Relation wird deutlich, dass eine Finanzierung über die Bildungsetats aus den laufenden Haushaltsansätzen unrealistisch ist« (Enquetekommission 1998, S. 137).

Abgesehen von der Kostenfrage ist vor allem die Qualifizierung der Lehrerschaft ein Problem, das sowohl die Aus- wie auch die Weiterbildung berührt. Zum einen sind hier die Universitäten und Pädagogischen Hochschulen gefordert, auch durch Einrichtung entsprechender Professuren sicherzustellen, dass künftigen Lehrern und Lehrerinnen wenigstens ein solides – nicht nur medientechnisch oder bildungstechnologisch verkürztes – Grundwissen über (neue) Medien vermittelt wird. Medienpädagogik sollte daher auch als verpflichtender Bestandteil in beide Phasen der Lehrerausbildung – in fachspezifischer Ausprägung und fächerübergreifend – aufgenommen werden. Zum anderen stellt sich die Frage der Fortbildung der jetzigen Lehrergeneration. Derzeit setzt man auf die Weiterbildung einzelner Lehrer aus den Kollegien und erhofft davon auch Multiplikatoreffekte. Angesichts der außerordentlich dynamischen Entwicklung im Medienbereich wäre darüber nachzudenken, ob die ständige Aktualisierung des Wissens durch Outsourcing-Modelle – also die fallweise Hinzuziehung schulexterner Spezialisten – nicht effektiver gesichert werden könnte.

Ein weiterer Aspekt betrifft die Einbettung neuer Medien in die Organisation von Unterricht. Wir kennen das Problem von Schulfernsehen, Videoproduktionsstudios, Bildschirmtext und Sprachlabor:»Wann immer neue Medien zur Einführung anstanden, wurde ihr Einsatz im Bildungssystem gefordert und in Pilotprojekten erprobt. Von den hohen Erwartungen an größere Lernmotivation, Chancengleichheit, Lernerfolge u.a.m. war nach einiger Zeit meistens keine Rede mehr. (...) Sie sind Fremdkörper im Organismus Schule geblieben.« (Kubicek/Breiter 1998, S. 121). Die informationstechnologische Grundbildung hingegen ist als weiteres Fach zum Fächerkanon additiv hinzugekommen. Es kommt jedoch gerade darauf an, in Zukunft den Einsatz neuer Medien in schulische Unterrichtsroutinen einzubetten, wenn es nicht bei schönen Blütenträumen bleiben soll.

Aus pädagogischer Sicht ist auch der Bereich der Lernsoftware noch defizitär. Hier scheint Medienkompetenz bislang nicht einmal bei den Anbietern ausreichend vorhanden zu sein, die noch in den 1990er-Jahren simple Trainingsprogramme auf dem lerntheoretischen Stand des programmierten Unterrichts der 1960er-Jahre zuhauf auf den Markt werfen, die weder selbstbestimmtes noch lernerorientiertes Lernen ermöglichen, aber dafür schön bunt und animiert sind. Von den etwa 3000 angebotenen Lernprogrammen für Kinder beurteilte Horb (1995) allenfalls 100 als »pädagogisch akzeptabel oder interessant«. Die überwiegende Mehrheit bestand aus mehr oder weniger phantasielosen Drill- und Übungsprogrammen, die der Vielfalt des Lernens nicht gerecht werden, aber ohne ausreichende Beteiligung pädagogischer Fachleute wohl billiger produziert werden können. Inzwischen sind allerdings auch eine ganze Reihe guter Programme auf dem Markt.[1]

---

1   Zu didaktischen Anforderungen an Lernsoftware sowie ihrer lerntheoretischen Fundierung siehe z.b. Baumgartner 1995; Baumgartner/Payr 1992.

Diese Lernsoftware richtet sich in erster Linie an private Anwender. In den Schulen ebenso wie in der Jugendarbeit sieht die Situation anders aus. Pädagogische Kompetenz ist dort ohne Zweifel
vorhanden – nicht immer medienpädagogische und medientechni-
sche Kompetenz und derzeit noch selten fundierte Kenntnisse speziell über die neuen Medien. Das eigentliche Problem liegt aber
darin, dass sich die Produktion von Lernsoftware für den Bildungs-
sektor für die Verlage wirtschaftlich nicht lohnt. Die eher kleinen
und finanziell schwachen Schulbuchverlage als klassische Anbieter
von Lernmedien sind auf die neuen Medien kaum eingestellt. Abgesehen von einigen ambitionierten Pilotprojekten halten sie sich
auf Grund der Kosten für Multimediaprojekte stark zurück. Sie besitzen in der Regel auch nicht die technische Kompetenz. Ich spreche daher von einem »Kompetenzgap« zwischen den Verlagen mit
ihrer pädagogisch-didaktischen Kompetenz, aber ohne technisches
Know-how, und Softwareproduzenten mit technischem Wissen,
aber ohne pädagogische Kompetenz.

Einige Hoffnungen richten sich heute darauf, dass Lehrer ihre
selbsterstellten, besonders gelungenen Unterrichtsentwürfe und
Materialien (Bestpractice-Beispiele) im Internet zur Verfügung stellen, wo sie über zentrale Bildungsserver jederzeit abgerufen werden
können. Die Idee ist in der Tat bestechend – allein die Erinnerung
an das Scheitern der »Leuchtturm«-Projekte vergangener Jahre
stimmt skeptisch. Auch bei diesem Konzept ging es darum, gute
Materialien (noch ganz klassisch in Papierform) zu entwickeln, die
dann als leuchtende Vorbilder die pädagogische Landschaft erhellen
sollten. Es ist derzeit noch kaum abzuschätzen, ob allein der er-
leichterte Distributionsweg über das Internet dieser alten Idee zu
neuem Glanz verhilft, oder ob nicht ganz andere Gründe für das
Scheitern des Konzepts verantwortlich waren.

Weitere Probleme stellen sich den Schulen auf rechtlicher[1] und
organisatorischer Ebene. Zum einen kommen die 45-Minuten-
Blöcke dem Einsatz neuer Medien nicht gerade entgegen. Zum anderen werden finanzielle und personale Ressourcen verlagert von

---

1 Zu Rechtsfragen beim Einsatz von E-Mail, Newsgroups und WWW in
   Schulen siehe Bizer 1998; zu Rechtsfragen bei Onlinemedien Scherer 1996.

pädagogischen zu technischen und administrativen Aufgaben. Die Verwaltung der AV-Medien ist ja bislang in den meisten Schulen mit Hilfe von Anrechnungen auf das Deputat eines technisch versierten Kollegen organisiert worden. Im Zusammenhang mit der Neuregelung der Deputatsnachlässe in Zeiten noch knapper gewordender finanzieller Mittel und eines noch geringeren Anteils des Bildungssektors am Gesamtbudget der öffentlichen Haushalte ist vielerorts die geregelte Betreuung der Mediensammlung weggefallen. Dieser Umstand ist für die Implementierung der neuen Medien – man denke etwa auch an den notwendigen Aufbau und die Pflege eines eigenen Schul-Servers – problematisch, da hier eine kompetente und ständig ansprechbare Betreuung unumgänglich ist, wenn nicht nur computerbegeisterte und -versierte Lehrer und Lehrerinnen sie nutzen sollen.

Denn die technischen Probleme sind – entgegen den Beteuerungen der Computerindustrie – noch immer immens. So zeigen die regelmäßigen Kauftests der Zeitschrift »c't – computer technik«, dass es weitgehend eine Frage des Zufalls ist, ob man ein halbwegs stabil und akzeptabel arbeitendes Computersystem erwirbt. Hard- und Software-Inkompatibilitäten sind an der Tagesordnung. Wer häufig Programme installiert – etwa zu Testzwecken auf ihre pädagogische Eignung – kennt sich bald aus mit »schweren Ausnahmefehlern«, mit Programm- und Systemabstürzen aufgrund von Treiberkonflikten und Ähnlichem. Vor allem die De-Installation von Programmen bereitet Probleme, da sich meist nicht alle Programmteile automatisch entfernen lassen und für den Anwender kaum bis gar nicht nachvollziehbar ist, in welche Verzeichnisse sich die Software mit einzelnen Dateien unter Windows eingenistet hat. Diese Altdateien blähen nicht nur das System auf, sondern sind auch eine ständige Quelle von Softwareproblemen. Mehr Anwenderfreundlichkeit ist daher von der Computerindustrie dringend zu fordern, damit das alltägliche Leiden an den Unzulänglichkeiten der Technik ein Ende hat.

Desillusionierend ist für schulische Medienerziehung heute zu konstatieren, dass vornehmlich der Zufall regiert bei der Frage, ob Schülern und Schülerinnen hier eine annähernd homogene Kompetenz vermittelt wird wie in anderen Bereichen. Gibt es auch hier eine gewisse Bandbreite, die abhängig ist von der Lehrperson und der Ausstattung der Schule, so ist sie im Bereich der Medienerziehung erheblich höher, da sowohl die Kompetenzen der Lehrkräfte als auch die Ausstattungen der einzelnen Schulen stärker variieren.

Dennoch könnte prinzipiell die Schule »als Ort medienpädagogischen Handelns Wirkung entfalten, wenn sie die Aufgabe erhält, über die Tradierung kanonisierter und fachlich geordneter Wissensbestände hinaus Deutungs- und Handlungswissen für Lebensbewältigung und Lebensgestaltung der nachwachsenden Generation zu vermitteln, (und/R.V.) wenn ihr zugetraut wird, Handlungsdispositionen aufzubauen, die im außerschulischen Lebensalltag aktuell und zugleich längerfristig wirksam werden können« (Knauf 1994, S. 271). Wenn man Medienkompetenz als umfassende Handlungskompetenz in Form von Handlungswissen begreift, dann wäre eine denkbare Möglichkeit der Transformation medienpädagogischer Konzepte in den Schulunterricht, die Medienerziehung – wie in Lehrplänen seit den 1980er-Jahren enthalten – als übergreifendes Prinzip von Unterricht zu konzeptualisieren. Curricular war Medienerziehung schon in den Bildungsplänen der späten 1970er, spätestens jedoch in den meisten Bundesländern zu Beginn der 1980er-Jahre insbesondere im Deutsch-, Kunst- und sozialwissenschaftlichen Unterricht verortet. Nun ist aber – wie die Erfahrungen zeigen – die Implementierung von Medienpädagogik über die Lehrpläne gescheitert, da sie im schulischen Alltag nur rudimentär umgesetzt worden ist.

Deshalb ist zu überlegen, auf welchem anderen Wege Medienkompetenz Eingang in die Schule finden könnte. Trotz der Einschränkungen fachspezifischer Zugriffe plädieren Gast/Marci-Boehnke (1996, S. 48) für ein fachspezifisches Curriculum, da das bloße Postulat fächerübergreifenden Unterrichts erfahrungsgemäß wirkungslos bleibe. Grunder (1997, S. 288) schlägt die Anbindung an die Didaktik vor, denn je stärker es gelänge, die medienpädagogische Diskussion an die Fachdidaktiken anzubinden, desto eher hätten medienpädagogische Inhalte eine Chance, auch fächerübergreifendes Unterrichtsthema zu werden. Das ist schon deswegen sinnvoll, weil erfahrungsgemäß die Fortbildungsbereitschaft von Lehrerinnen und Lehrern im Bereich der Fachdidaktiken erheblich höher ist als im Bereich allgemeiner, übergreifender Themen. Zu beachten ist dabei aber die traditionelle Verortung des Mediums als bloße Vermittlungshilfe in der didaktischen Tradition, die ein Umdenken in den Fachdidaktiken notwendig macht.

Vor allem aber sind diese Überlegungen zu kombinieren mit methodischen Fragen. Versteht man Medienkompetenz strukturell als Fähigkeit zum Umgang mit Wissen, handelt es sich dabei um eine spezifische Form des Handlungswissens. Vor dem Hintergrund dieses Verständnisses von Medienkompetenz gewinnen neben der curricularen Verortung und der Anbindung der medienpädagogischen Diskussion an den didaktischen Diskurs Fragen der Unterrichtsgestaltung an Bedeutung. Handlungsorientierte Unterrichtsmethoden drängen sich hierbei geradezu auf. Denn die Aufgabenbereiche handlungsorientierter Medienerziehung in der Schule (vgl. dazu: Tulodziecki 1997, S. 142 ff.) erstrecken sich neben medienkundlichen, medienkritischen und diversen handlungspraktischen Inhalten vor allem auf eine die gesamte Persönlichkeit bildende umfassende Aufgabe. Mit diesem holistischen Verständnis schulischer Medienerziehung ist der Anschluss an die Kompetenzdebatte evident. Denn der Kompetenzbegriff verweist ja auf eine spezifische »Qualität von Wissen, die nicht inhaltlich oder sachlich bestimmt, sondern höher aggregiert ist« (Dewe/Sander 1996, S. 128). Anders gesagt: Es geht nicht um den Erwerb konkreter Handlungsmuster, sondern um den Erwerb von Strukturen.

Berücksichtigt man methodische Fragen bei der Diskussion um schulische Medienerziehung stärker, ergeben sich für die Schule neue Chancen in ihrem medienpädagogischen Bemühen (vgl. Mägdefrau/Vollbrecht 1998). Ein Verständnis von Medienkompetenz als Handlungskompetenz hat zur Konsequenz, dass das Medium selbst nicht mehr unbedingt im Zentrum der Überlegung stehen muss. Geht es nicht gerade um Medienanalyse und Medienkritik, also Bereiche, bei denen die zentrale Stellung des Mediums nicht aufgehoben werden kann, sondern geht es beispielsweise um kritische Mediennutzung oder Handlungsalternativen, kann die Entwicklungsförderung als »übergreifende Aufgabe der Medienpädagogik« (Tulodziecki 1997, S. 239) quasi en passant bei der Behandlung ganz anderer Unterrichtsthemen greifen. Voraussetzung hierfür ist jedoch, in der Ausbildung der Lehrerinnen und Lehrer bereits beim Studium der Fachdidaktiken medienpädagogische Aspekte stets mitzuberücksichtigen, so dass sie analog zu inhaltlichen und didaktischen sowie Beurteilungs- und Bewertungsaspekten im Rahmen methodischer Überlegungen bei der Planung von Unterricht mitbedacht werden. Entscheidungen über Mediennutzung im Unterricht betreffen bisher in der Regel Unterrichtsmedien in ihrer funktionalen Bedeutung als Vermittlungshilfe. Medienpädagogische Überlegungen kämen somit in den Rang der klassischen Bedingungs- und Entscheidungsfelder in der Unterrichtsplanung.

Am Beispiel des baden-württembergischen Lehrplans, der ein »Einfließen unterschiedlicher fachlicher Bezüge in die schulische Aufarbeitung lebenspraktischer Themenkomplexe« vorsieht (Knauf 1994, S. 280), lässt sich zeigen, dass Medienerziehung dort noch vor allem inhaltlich angebunden wird. Mägdefrau/Vollbrecht (1998) vertreten dagegen die Ansicht, dass gelingende schulische Medienerziehung nur zum Teil inhaltlich angebunden werden sollte und in einem zweiten wesentlichen Aspekt bei der Unterrichtsmethodik verortet werden muss. Im Gegensatz zu anderen übergreifenden Themen der Lehrpläne wie zum Beispiel der Verkehrserziehung oder dem europäischen Gedanken, die inhaltliche Anknüpfungspunkte nahelegen, haben Themen wie die Medienerziehung oder beispielsweise auch die Friedenserziehung eindeutig Bezüge zu Inhalten verschiedener Fächer wie auch zum Bereich der Methodik. Während Knauf bemängelt, dass »die Zuordnung der Medienerziehung zu den verschiedenen Fachlehrplänen (...) es weitgehend unmöglich (macht/R.V.), dass sich spezifische medienpädagogische Methodenkonzepte entwickeln konnten« (Knauf 1994, S. 280), also die Medienerziehung lieber fächerübergreifend angesiedelt sehen möchte, liegt Mägdefrau/Vollbrecht zufolge die Chance zur Entwicklung medienpädagogischer Methodenkonzepte eher in einer Neupositionierung medienpädagogisch relevanter Entscheidungen bei der Unterrichtsplanung und damit in den einzelnen Fachdidaktiken.

Ähnlich plädiert auch Wermke für die Fachintegration der Medien, die sich an »Schlüsselfragen« orientieren sollte und nicht an einzelnen Themen oder Medien. Von den Lehrerinnen und Lehrern fordert eine solche Integration, »dass sie gerade auch dann, wenn Medien explizit nicht genannt werden, fachliche Zusammenhänge feststellen und im Unterricht herstellen« (Wermke 1997, S. 28; vgl. auch Spanhel 1999).

Im Rahmen von Lehreraus- und -fortbildung ist neben der inhaltlichen und methodischen Verortung Medienkompetenz in den Kontext umfassender Informationen über die Veränderungen jugendlicher Lebenswelten zu stellen. Die differierenden medialen Generationenerfahrungen sind zu thematisieren und reflexiv zugänglich zu machen, so dass auch eigene innere Widerstände gegen die neuen Medien abgebaut werden können. Ganz wichtig ist dabei das Prinzip »learning by doing«, denn gegenüber Medien, mit denen man selbst einmal gearbeitet hat, kann man eher Widerstände abbauen. Diese Erfahrung aus der Lehrerfortbildung zeigt einmal mehr, dass es sich im Fall der Medienkompetenz um eine Handlungskompetenz handelt. Lehrerinnen und Lehrer sind darauf vorzubereiten, dass es im Bereich Medien ein Voneinander-Lernen gibt, das neue Unterrichtsstrukturen notwendig macht. Darin liegen aber auch enorme Chancen für schülerorientierten Unterricht.

Daneben sind »Kenntnisse der Medienproduktion und -gestaltung, des Medienverhaltens und der Medienwirkung, des technischen Medienumgangs und neuerer medienpädagogischer Konzepte« (Knauf 1997, S. 280) sowie die weiteren oben bereits genannten »Dimensionen« der Medienkompetenz zu vermitteln. Wenn die Widerstände der Kollegien gegen die neuen Herausforderungen durch Medien aufgegeben werden, kann »medienpädagogisches Handeln in der Schule in Zukunft nicht als nebensächliches, sondern als selbstverständliches pädagogisches Handeln verstanden« (Schill/Wagner 1997, S. 284) werden, eine Vorstellung, die nahe legt, medienpädagogisches Handeln in der Schule überhaupt im Kontext pädagogischen Handelns zu diskutieren. Noch einmal sei betont, dass damit auch eine Veränderung der Lehrerrolle einhergeht, denn »Schüler sind nicht mehr Konsumenten, sondern Mitgestalter von Unterricht, und Lehrer müssen lernen, Bildungsprozesse zu moderieren« (Schnoor 1998, S. 102).

Notwendig wären dann auch – wie Kübler einfordert – offene Diskurse über erforderliche Qualifikationen und Ziele, über die Aufgaben und Legitimation öffentlicher Bildung und privater Wissensvermittlung, über das Verhältnis von Kognition, Emotion und Handeln sowie ein stärkerer Austausch zwischen Disziplinen wie der Entwicklungs- und Wahrnehmungspsychologie, der Sozialisationsforschung, der Medienforschung, Fachdidaktiken und medienspezifischer Unterrichtsforschung darüber, welchen Anteil Medien an der kognitiven, sozialen und emotionalen Entwicklung heute haben. »Versuche, mittels sogenannter Medientaxonomien (einen Überblick dazu geben Heidt/Schwittmann 1976, S. 123ff.) Prognosen über Lernformen und -resultate zu formulieren, gelten heute als gescheitert, aber heute werden sie von Multimedia-Adepten noch viel unbedachter und ohne Rückgriff auf jene Erfahrungen vertreten« (Kübler 1996a, S. 208). Schulische Medienpädagogik muss sich daher ebenso mit pädagogischen Problemen, Fragen und Zielen beschäftigen wie mit den Medien selbst. Medienkompetenz liefert dafür einen theoretischen Rahmen.

Der Philosoph und Computerexperte Joseph Weizenbaum hat einmal die These vertreten, »dass es im Bereich menschlicher Probleme nichts gibt, was als Lösung bezeichnet werden kann. Menschliche Probleme werden nicht ›gelöst‹« (Weizenbaum 1984a, S. 165), sondern in andere Probleme verwandelt, mit denen sich leichter leben lässt – so wie eine Ehescheidung keine wirkliche »Lösung« für Eheprobleme sein kann, sondern nur die Verwandlung eines Problems in ein anderes, welches erträglicher zu sein verspricht. »Die Sprachverbindung ›Problem‹ und ›Lösung‹ impliziert die Reduktion aller menschlichen Konflikte auf technische Fragen, für die dann nur noch entsprechende technische Lösungen gesucht und natürlich auch gefunden werden« (ebd.). Ein Beispiel dafür ist der Versuch, das Problem des Jugendschutzes im Internet durch technische Filterprogramme lösen zu wollen, statt medienpädagogisch mit den Jugendlichen zu arbeiten und ihre Medienkompetenz zu stärken.

In unserer an der instrumentellen Vernunft ausgerichteten Gesellschaft kann der Computer als eine Lösung solcher Probleme verstanden werden. »Die Mentalität, die diesen Zustand hervorbringt und nährt, ist genau die gleiche, die menschliche und politische Probleme in technische Probleme verwandelt und dann technische Lösungen vorschlägt. Eine nicht immer unbeabsichtigte Folge dieser Verwandlung besteht darin, dass die Aufmerksamkeit von realen Konflikten und realen Interessengegensätzen abgelenkt wird. So bemüht man sich fast überall auf der Welt um die Einführung des Computers in die Schule. Wenn jedoch erst einmal das mit Hilfe informationstheoretischer Termini gesponnene Gewebe der abstrakten Charakterisierung des Bildungsprozesses vor unseren Augen zerrissen wird, wenn die Realität des Alltags beispielsweise an den amerikanischen höheren Schulen dargelegt wird, dann wird offensichtlich, dass die Probleme, vor die Erzieher und Lehrer sich überall gestellt sehen, politischer, finanzieller und geistiger Natur sind« (Weizenbaum 1984, S. 39f.).

Es ist angesichts des rasanten gesellschaftlichen Wandels der Arbeitsgesellschaft unbedingt erforderlich, dass die Schulen sich den neuen Medien nicht verweigern, sondern die Schüler angemessen darauf vorbereiten. Gleichzeitig ist jedoch davor zu warnen, den bildungstechnologischen Aspekt computerunterstützten Unterrichts überzubetonen, weil dabei leicht übersehen wird, dass die pädagogischen Probleme der Schule heute ganz andere sind.

Medienkompetenz in der Jugend- und Erwachsenenbildung

Viele der bereits genannten Argumente lassen sich ohne weiteres auf die Jugend- und Erwachsenenbildung übertragen. Daher beschränke ich mich hier auf einige zusätzliche Aspekte. Ein theoriestrategischer Vorteil des Konzepts Medienkompetenz liegt in der hervorragenden Anschlussfähigkeit an pädagogische Diskurse in der Erwachsenenbildung. Dewe/Sander zufolge wird in impliziten Bildungsprozessen »im erfolgreichen Fall eine generative Regelstruktur erworben, gewissermaßen eine Handlungsgrammatik, auf deren Basis der Vollzug kompetenter Handlungen erst aussichtsreich wird. Diese lassen sich aber kaum als kognitiv-expliziter Wissensbestand bzw. als Technologie erwerben. (...) Regeln werden (erst/R.V.) in ihrem sozialen Gebrauch, in der konkreten sozialen

Situation verständlich. Dieser Diskrepanz zwischen kognitiv-explizitem und struktural-implizitem Wissen entspricht in der Alltags- und Berufserfahrung die Differenz zwischen rationaler Einsicht und formaler Kenntnis einerseits und faktischem, situativen Können andererseits: ›Medienkompetenz‹ schließt stets ein ›Können‹ ein. Ihre Vermittlung ist über explizite Formen des Lernens nur sehr unvollständig möglich, da Medienkompetenz bedingt, den strukturellen Kern von Theorie- und Technologieangeboten immer wieder für jede konkrete Situation des Handelns neu zu rekonstruieren« (Dewe/Sander 1996, S. 129).

Medienkompetenz ist damit auf ähnlicher Ebene angesiedelt wie der Begriff der Schlüsselqualifikation in der Jugend-/Erwachsenenbildung und qualifikationsorientierten Weiterbildung. Auch dabei geht es nicht um die Vermittlung von Faktenwissen, sondern um die Befähigung zum adäquaten Erwerb von Wissen und die Anwendung von Verweisungswissen (vgl. Arnold 1991, S. 70ff.). Umgekehrt hat sich die Debatte um Schlüsselqualifikationen gerade im Bereich der neuen Medien (vgl. Petsch/Tietgens et al. 1989) hin zum Begriff einer »Erschließungskompetenz« (Tietgens 1989) bewegt, worunter »die Fähigkeit einer autonomen, sach- und situationsadäquaten Erschließung von Fertigkeiten und Wissensbeständen« (Dewe/Sander 1996, S. 132) zu verstehen ist. Die Vermittlungsfunktion der Erwachsenenbildung in Bezug auf konkrete Inhalte tritt dabei zurück gegenüber dieser Erschließungskompetenz, die durch geeignete Bildungsmaßnahmen und didaktische Konzepte wie offene Curricula, themen- und teilnehmerzentrierte Ansätze, handlungs- und erfahrungsorientierte Lernformen und Konzepte einer »impliziten Didaktik« (Burkart 1985) ausgebildet und unterstützt werden soll.

Medienkompetenz darf daher nicht funktional-technologisch verkürzt verstanden werden, da sie mehr umfasst als inhaltlich bestimmte Qualifikationen für z.B. derzeit noch spekulativ gedachte Fähigkeiten, um in einer möglichen Informationsgesellschaft bestehen zu können. So ist auch der Vermittlung rein technischer Fertigkeiten im Umgang mit dem Computer in der Vergangenheit zu viel Bedeutung zugemessen worden. Dieses technische Wissen (»Computerführerschein«) wird nicht nur durch kurze Halbwertzeiten entwertet, sondern auch grundsätzlich durch die Entwicklung intuitiver Benutzeroberflächen und anwenderorientiertem Software-Design[1] nebensächlicher, wenngleich nicht überflüssig. Solche »intuitiven« Benutzeroberflächen simulieren eine dem Anwender schon bekannte Realität und ermöglichen so eine »Ad-hoc-Bedienung über Wissenstransfer« (Dewe/Sander 1996, S. 126). Mit der neuen Norm ISO 13407 »Benutzerorientierte Gestaltung interaktiver Systeme« wird Systementwicklern erstmals abverlangt, interaktive Systeme so zu entwickeln, dass sie sich dem Benutzer anpassen und nicht umgekehrt (vgl. Geis/Hartwig 1998, S. 168ff.), was in der Praxis bislang bekanntlich anders aussah. Ausdrücklich zu begrüßen ist die in der Norm enthaltene Forderung, auch Endanwender frühzeitig in den Gestaltungsprozess einzubinden.

Jede Mediennutzung ist als sinnhaftes und sinnkonstituierendes soziales Handeln in je spezifischen sozialen und räumlichen Kontexten zu verstehen. Auf diesen Kontextbezug verweist im Übrigen auch das Konzept von »Medienwelten« (Baacke et al. 1991), in dem Mediennutzung nicht isoliert, sondern unter Einbeziehung der Erfahrungs- und Handlungszusammenhänge der Mediennutzer betrachtet wird. Medienkompetenz lässt sich dann ähnlich wie Schlüsselqualifikationen ausdifferenzieren als Sach-, Selbst- und Sozialkompetenz (vgl. dazu: Dewe/Sander 1996, S. 137):

- *Sachkompetenz* bezieht sich auf »die Fähigkeit, sich autonom die notwendigen Kenntnisse anzueignen, um mit unbekannten Medien und neuen Medieninhalten umgehen zu können« (Dewe/Sander 1996, S. 138f.).
- *Selbstkompetenz* ist deshalb von großer Bedeutung, weil »erst die Fähigkeit des Sich-Selbst-Befähigens (Tietgens 1989) eine

---

1 Mit Fragen der Benutzerfreundlichkeit oder Gebrauchstauglichkeit von Software und medialen Benutzeroberflächen befasst sich die neue Richtung der Usability-Forschung, auch »Human Computer Interaction« (HCI) genannt (vgl. z.B. Keeker, K.: Improving Web Site Usability and Appereal – Guidelines compiled by MSN Usability Research. URL: www.microsoft.com/workshop/author/plan/improvingsiteusa-f.htm oder die Nutzerstudie von J. Nielson unter: www.useit.com

adäquate »Selbstrekrutierung« von medialem Sachwissen ermöglicht« (ebd.). Eingeschlossen darin ist die Fähigkeit entscheiden zu können, wann die Hinzuziehung professioneller Lehrkräfte notwendig ist.

- *Sozialkompetenz* bezieht sich auf die Auswirkungen von Medien und Mediennutzung »im Sinne sozialer Integration und Verständigung« (ebd.). Beispielsweise lebt mit dem Internet ja wieder die alte Utopie einer Medienöffentlichkeit als Gegenöffentlichkeit auf, die allen Nutzern nicht nur passive Teilnahme sondern auch aktive Gestaltungsmöglichkeiten eröffnet.

Entscheidend ist, dass die Unterstützung und Ausbildung einer umfassenden Medienkompetenz nicht dirigistisch in den Alltag der Mediennutzer eingreift, sondern ihnen hilft, nach eigenen Maßstäben ihre Mediennutzung im Prozess der Ich-Entwicklung einzusetzen. Freilich gilt für die Erwachsenenbildung hier ebenso wie für den Schulunterricht, dass die Effektivität mit zunehmender Entfernung vom Alltag der Klientel sinkt. Dagegen koppelt Medienkompetenz »als bildungstheoretisches Konzept und Ziel an diesen Alltag an; sie bezieht sich einerseits auf alltagsrelevante Erfahrungsdimensionen und wird darüber auch sozialisatorisch entwickelt« (Dewe/Sander 1996, S. 140).

Vor allem im Bereich der neuen Medien – mit ihren Möglichkeiten größerer Interaktivität und der Individualisierung von Lernprozessen – bieten sich Konzepte selbstorganisierten Lernens an, die die Adressaten von Lernprozessen und ihre Eigenaktivitäten in den Mittelpunkt stellen. Adressatenorientierung, Selbststeuerung und didaktische Strukturierung sind im Konzept der Medienkompetenz aufgehoben. Das grundsätzliche Spannungsverhältnis zwischen Selbststeuerung des Lernens mit Medien einerseits und didaktischer Strukturierung andererseits wird dabei nicht geleugnet. *Didaktisch handeln* heißt in diesem Verständnis, Lernen zu ermöglichen, was in deutlichem Gegensatz zu einer Auffassung steht, derzufolge Lernen durch Lehren gewissermaßen erzeugt wird. Gerade beim selbstorganisierten Lernen kommt jedoch der anwendungsorientierten und adressatengerechten Gestaltung von Studieninhalten speziell beim selbstgesteuerten Lernen mit Medien besondere

Bedeutung zu. Dies setzt Medienkompetenz voraus – bei den Nutzern und insbesondere bei denjenigen, die Lehr- und Lernmaterialien entwickeln.

Aus Sicht der Eltern erwachsen mit dem Internet neue Medien-Nutzungswünsche ihrer Kinder. Ein Problem ist darin zu sehen, dass Eltern auf Grund fehlender Kompetenzen in diesem Bereich mit erzieherischen Fragen überfordert sind. Computer (soweit nicht bloß für Spiele genutzt) und Internet besitzen bei Eltern ein positiveres Image als viele andere Medien, da ein Deutungsmuster über deren Nützlichkeit für das spätere Berufsleben vorherrscht. Eltern erleben die neuen Medien daher als Problemfeld von erwünschter Kompetenzaneignung durch die Kinder einerseits, vermuteten schädlichen Wirkungen andererseits. Die Kinder und Jugendlichen stehen diesen Medien ihrerseits unbefangen und naiv gegenüber. Die Eltern werden, zumindest sofern sie den gehobenen Bildungsschichten angehören, versuchen, die Multimedia- und Internetnutzung ihrer Kinder zu kontrollieren oder zu reglementieren, dabei aber (wie bei anderen Medien) mit einer reinen Kontrollorientierung weitgehend scheitern.

Der Jugendarbeit wie auch der Schule kommt daher die Aufgabe zu, Kindern und Jugendlichen eine sinnvolle Nutzung neuer Medien nahe zu bringen, die im Unterschied zu bloßen Unterhaltungsangeboten nicht von allen Kindern und Jugendlichen umstandslos entdeckt wird. Lehrmaterialien werden sich freilich im Internet erst durchsetzen können, wenn die Rechteverwertung geklärt ist und ebenso einfache wie sichere Abrechnungsverfahren etabliert werden können. Dies gilt übrigens für fast jede Art »wertvoller« Information.

In der Pädagogik findet das Internet als Lernmedium verhaltene Zustimmung. Das Spektrum reicht von euphorischen Visionen, in denen Lernen fast nur noch multimedial gedacht wird, bis zu einer inzwischen seltener anzutreffenden Verweigerungshaltung. Exemplarisch zeigt sich das in den Schulen. Erste Erfahrungen des Projekts »Schulen ans Netz« zeigen, dass häufig ein, zwei Kollegen an der Schule sich für die Computer zuständig fühlen und sehr engagiert sind. Andere sind interessiert, fühlen sich aber überfordert, und der Rest nimmt oft bloß zur Kenntnis, dass die Schule jetzt am

Netz ist, bezweifeln aber, dass sich der hohe Aufwand im Hinblick auf die pädagogischen Ziele lohnt. Es kommt daher nicht nur darauf an, die weitgehenden technischen Möglichkeiten der neuen Medien auf pädagogischer Ebene zu thematisieren, sondern darauf, an konkreten pädagogischen Zielsetzungen zu zeigen, wo und wie ein besseres Lernergebnis mit vertretbarem Aufwand erreichbar ist. Die Diskussion muss deshalb von der Technikdiskussion (Schulen ans Netz, Jugendarbeit ans Netz) verlagert werden auf die pädagogischen Inhalte, also auf die Frage, *was wir durch den Einsatz des Internets und anderer neuer Medientechnologien an pädagogischen Zielen besser, schneller oder billiger erreichen können.*

Wenn das stimmt, was wir heute über Mediensozialisation annehmen, dass nämlich Medien unsere Welterfahrung immer mehr bestimmen, dann steht außer Frage, dass auch die Jugendarbeit sich mit neuen Medien und insbesondere dem Internet auseinandersetzen muss. Der vom Deutschen Bundesjugendring eingerichtete Server »Jugend und Jugendarbeit« ist daher als Schritt in die richtige Richtung anzusehen. Angesichts der heute für Jugendliche noch beschränkten Zugangsmöglichkeiten zum Internet ist es ganz generell erforderlich, Jugendlichen die Möglichkeit zu geben, Erfahrungen und Kompetenzen mit neuen Medien zu erwerben – insbesondere gilt dies aber in einer kompensatorischen Perspektive für diejenigen Jugendlichen, die von ihrer sozialen und familialen Herkunft her schlechtere Zugangschancen haben als andere. Wegen des starken Interesses der Jugendlichen am Internet bietet sich der Jugendarbeit dadurch auch eine besondere Chance, neue Klientele für sich zu gewinnen. Voraussetzungen für die Jugendarbeit im Internet sind:

- Erstens eine entsprechende technische Ausstattung und die Regelung der Kostenfrage für die laufenden (Online- und Provider-)Kosten – angesichts der Haushaltslage der öffentlichen Kassen ein großes Problem. Wünschenswert ist natürlich eine ähnliche politische und finanzielle Unterstützung wie bei »Schulen ans Netz«. Beispielhaft ist hier die technische und logistische Unterstützung, die dem Projekt »Schulen ans Netz« von der Computerzeitschrift »c't – magazin für computer technik« gewährt wird[1]. Die technische Fachkonferenz des »Schulen ans Netz e.v.« in Rostock hat hierzu deutlich gemacht, dass vor Ort sehr viele praktische Probleme auftauchen (dazu: Kossel 1997, S. 282ff.);

- zweitens eine entsprechende Aus- und Fortbildung von Mitarbeitern im Hinblick auf Hard- und Software ebenso wie für medienpädagogische Fragestellungen;
- drittens (und vor allem) eine Klärung der (pädagogischen) Ziele, die die jeweilige Institution mit dem Internet erreichen will – von einer bloßen Selbstdarstellung der Institution im Internet (eigene Homepage) bis zur Nutzung der verschiedenen Dienste durch Jugendliche mit auszuformulierendem pädagogischen Anspruch;
- viertens ist es notwendig, pädagogische Konzepte für die Jugendarbeit im Netz zu entwickeln und sich darüber – auch mittels eigener Bildungsserver – auszutauschen;
- fünftens sind vor Ort eine Menge Detailfragen zu klären: Wer ist in der Institution zuständig nicht nur für den Aufbau eines Angebots, sondern auch für dessen arbeitsintensive Pflege? Wie wird der Zugang für Jugendliche geregelt und wie stellt man z.B. sicher, dass die Mädchen nicht zu kurz kommen? Sollen die Kosten auf die Jugendlichen umgelegt werden, und wenn ja nach welchem Modus? Wie gewährleistet man Datenschutz und Datensicherheit nach außen und gegenüber den eigenen Nutzern? Und schließlich: Wie geht man mit problematischen Inhalten in den Netzen um – konkret: will man (immer auch problematische) Kontrollsoftware – generell oder für bestimmte Altersgruppen – einsetzen oder gibt man den Netzzugang frei, und wie fängt man dann gegebenenfalls Konflikte mit den Eltern und eventuell auch den Trägern ab?

Zu berücksichtigen ist ferner, dass die Jugendarbeit auch hier in direkte Konkurrenz zu kommerziellen Anbietern tritt, die die großen Trends vorgeben. Das Projekt eines gemeinnützigen Online-Infor-

---

1 c't stellt linuxbasierte Serversoftware, Schulungen und eine eigene Hotline für Nachfragen bei Problemen zur Verfügung.

mationsdienstes wie es die »Hamburger Öffentlichen Bücherhallen« planten (inzwischen aufgegeben und mit ähnlichem Konzept weiterverfolgt vom Hamburger Amt für Jugend), konkurrierte beispielsweise mit dem lokalen Service- und Informationsdienst des Springer-Verlags (12,95 DM Grundgebühr pro Monat inklusive zwei Freistunden). Bei solchen Konkurrenzangeboten zieht Kübler den Schluss, dass »für spezielle Angebote für Jugendliche wohl nur noch die üblichen Nischen der Jugendpflege und -politik (übrig) bleiben (dürften). Die lassen sich aber letztlich nicht rechnen« (Kübler 1997, S. 7). Berücksichtigen muss man freilich auch, dass sich die Marktsituation in Großstädten anders darstellt als in Mittel- und Kleinstädten oder auf dem Land.

Lernen mit neuen Medien: Wissensstrukturierung durch Hypertext

Die Entscheidung für den Einsatz von Lernmedien wird in der Schule traditionell im Rahmen der didaktischen Überlegungen zu einer Unterrichtseinheit getroffen. Das ist bei neuen Medien prinzipiell nicht anders. Ihre Komplexität erlaubt es aber weit mehr als wir es bislang gewohnt sind, didaktische Vorentscheidungen bereits in die Entwicklung von Lernmedien zu verlagern – unabhängig davon, ob man kommerzielle Lernprogramme verwendet oder eigene Lernmaterialien erarbeitet (z.B. van Lück 1997). Diskutiert wird heute, welche Vorteile der Einsatz multimedialer Materialien für das Lernen hat und wie diese Materialien zu gestalten sind (vgl. Issing/Klimsa [Hrsg.] 1995; Lewalter 1997; Weidenmann 1994, 1997).

Entscheidend für die Frage, ob dieses Material unterrichtstauglich ist, ist (selbstverständlich neben den Inhalten) das didaktische Design einer Lernsoftware. Gewiss haben auch Schulbücher eine didaktische Strukturierung und sie bieten durch die Einbeziehung von Bildern sogar eine Vorform von Multimedia. Sie besitzen jedoch nicht die für digitale Medien typischen Möglichkeiten der Interaktivität sowie der Vernetzung einzelner Wissensbestände, die die Linearität und Sequentialität eines Textmediums überwinden. Genau diese Eigenschaften gilt es für Lernprozesse fruchtbar zu machen.

Erfahrungen aus dem amerikanischen Projekt »Headstart«, bei dem mit multimedialen Lernformen Bildungsdefizite bestimmter Bevölkerungsgruppen kompensiert werden sollten, zeigen, dass die Lerneffektivität sich nur bei denjenigen steigern ließ, die bereits bessere Bildungsvoraussetzungen mitbrachten (vgl. Zimmer 1998, S. 148).[1] Das lässt sich damit erklären, dass diese Schüler von vornherein über eine genügend stabile Wissensstruktur verfügten, die die Orientierung beim interaktiven Umgang mit multimedialen Lernmaterialien stützt. Daraus lässt sich folgern, dass Lernmaterialien so aufgebaut sein müssen, dass Lernende deren implizite Wissensstruktur automatisch miterwerben können. Der theoretische Anschluss an die Kompetenzdebatte ist evident.

Hier interessiert vor allem der Vernetzungsaspekt von Wissensbeständen, der unter dem Begriff *Hypertext* diskutiert wird. Dass man von Hypertext und nicht von Hypermedia spricht, resultiert daraus, dass die damals utopische Idee einer Verknüpfung weltweiter Wissensbestände bereits in den 1940er Jahren entwickelt wurde (Bush 1945) und damals Multimedialität noch kein Thema war. Mit digitalen Medien lässt sich Hypertext dagegen problemlos umsetzen. Dabei ist auch völlig unerheblich, ob ausschließlich Texte miteinander verknüpft werden oder auch Grafiken, Bilder, Bildfolgen, Töne, Tonfolgen oder Videos. So basiert beispielsweise das World Wide Web auf einer Hypertextstruktur und standardisierten Übertragungsprotokollen (http = Hypertext Transfer Protocol) für die Übermittlung von Hypertextdokumenten. Mit heute verfügbaren so genannten Autorensystemen lassen sich Hypertextdokumente ebenso leicht erstellen wie normale Texte mit einer herkömmlichen Textverarbeitung.

Für pädagogische Anwendungen ist interessant, dass sich damit nicht nur Internetseiten erstellen lassen, sondern auf gleiche Weise multimediale Lernumgebungen, die zum Beispiel auf einem Schulserver, dem Rechner im Klassenzimmer oder auch auf CD-ROM (sofern man über einen CD-Brenner verfügt) abgelegt und

---

1 Dieses Ergebnis überrascht nicht, sondern bestätigt ältere Forschungen zum kompensatorischen Lernen, wie sie beim Fernsehen etwa zur »Sesamstraße« durchgeführt worden sind.

von dort abgefragt werden können. Die Erstellung solcher Materialien ist heute weniger ein technisches als ein didaktisches Problem. Allerdings ist der Aufwand für die Erstellung umfangreicher Lernumgebungen nicht zu unterschätzen und im Falle der Verwendung urheberrechtlich geschützten Materials sind auch rechtliche Fragen zu beachten.

Die Frage des didaktischen Designs betrifft einerseits die Gestaltung der Benutzeroberfläche und damit die Anwenderfreundlichkeit (Usability), andererseits die didaktische Strukturierung des Materials, also die Frage, welche Wissenselemente mit anderen auf welche Weise verknüpft werden, um optimale Lernwege für unterschiedliche Anwender zu ermöglichen.

In einem auf Hypertext basierenden Multimedia-Lexikon beispielsweise können wir unter dem Suchbegriff »Johann Sebastian Bach« nicht nur einen Text über die »Kunst der Fuge« lesen, sondern per Mausklick auch noch den Ausschnitt einer Komposition hören (Tonfolge) und einen Blick auf die Partitur werfen (Bild oder Bildfolge bzw. Video, wenn Ton und Bild synchronisiert sind). Genau wie herkömmliche Lexika arbeitet ein solches Multimedia-Lexikon mit Verweisen. Statt konventionell unter einem Verweis-Stichwort nachzuschlagen, muss hier ein Suchbegriff eingegeben werden. Im Prinzip handelt es sich also um eine Datenbank mit Suchfunktion. Viel komfortabler ist es jedoch, durch bloßes Anklicken eines Wortes oder Icons (Symbols), z.B. des im Text vorkommenden Begriffs »Fuge«, *direkt* zu diesem Stichwort zu gelangen – und möglichst ebenso einfach auch wieder zurück, denn eigentlich galt im Beispiel das Interesse dem Komponisten.

Dazu müssen die Verweisstellen miteinander verknüpft sein. Hypertext bezeichnet solche Verknüpfungs- oder Vernetzungsstrukturen. Die Vernetzungsstruktur selbst ist sinnhaltig, da ja nicht Beliebiges miteinander verknüpft wird, und liegt als »Übertext« (unsichtbar) über dem eigentlichen Text. Die Grundidee von Hypertext besteht nun darin, die semantischen Beziehungen innerhalb einer Textstruktur (allgemeiner: innerhalb eines oder mehrerer Wissensobjekte) programmtechnisch zu unterstützen. Gegenüber herkömmlichen Texten verlagert sich dadurch der Schwerpunkt von einer sequentiellen Anordnung – die ja auch in Büchern ganz traditionell unterbrochen wird von Anmerkungen, Fußnoten oder Quellenhinweisen – zu den semantischen Beziehungen zu anderen Texten bzw. Textstellen (vgl. Kuhlen et al. 1989, S. 296). Multimedia-Dokumente bestehen aus Hypertext-Vernetzungsstrukturen. Um die Vernetzung zu erzielen, werden mittels Hypertextprogrammen sogenannte »links« (Zeiger, Verweise) auf »hotwords« (Wörter, Bilder oder Icons) gelegt, die auf »anchors« (Anker) als Zieldokumente verweisen. Hotwords bezeichnen die jeweiligen Sprungstellen, von denen ein Verweis (link) zu einem Verweisziel (anchor) führt, wenn das »hotword« mit der Maus angeklickt wird. Im Falle von »named anchors« ist das Verweisziel nicht ein Zieldokument als Ganzes, sondern eine bestimmte Stelle dieses Dokuments. Natürlich muss man dem Nutzer mitteilen, wo überall Verweise existieren. Zu diesem Zweck werden die Verweisstellen farblich oder graphisch hervorgehoben.

Hypertexte ermöglichen durch ihre Vernetzungsstruktur nicht nur eine Begriffssuche, wie man sie von Datenbanken her kennt, sondern darüber hinaus – und das macht Hypertext eigentlich aus – assoziative Suchformen. Inzwischen liegen Erfahrungen mit pädagogischen Anwendungen vor. Im schulischen Bereich hat z.B. das »Landesinstitut für Schule und Weiterbildung« in Soest Hypertext-Datenbestände für die Grundschule zu verschiedenen Themen aufgebaut und in Modellversuchen erprobt (Landesinstitut 1994).

Die Wahl des Grundschulbereichs ist wohl kein Zufall. Einerseits reagieren gerade jüngere Kinder auf einen Wechsel der Präsentationsformen von Lerninhalten positiv. Andererseits umgeht man im Grundschulbereich am elegantesten das Problem, dass die Informationsinhalte, ohne unzulässige Reduktion bis hin zur Banalisierung (wie sie bei komplexem, reflexiven Wissen auftreten kann) in Kauf zu nehmen, in relativ kleine Module aufgespalten werden müssen, die möglichst auf eine Bildschirmseite passen sollten, da lange Texte am Bildschirm ungern gelesen werden.

Lernen mit digitalen Medien ist keineswegs zwangsläufig billiger als Präsenzunterricht. Dies liegt vor allem daran, dass der Vorbereitungsaufwand für das digitale Lehr- und Lernmaterial meist sehr hoch ist. Daher werden heute vorzugsweise Kurse zu spezifischen Themen aus einzelnen Modulen zusammengestellt. Wissen zu modularisieren, dürfte in anwendungsnahen Wissensgebieten einfacher sein als bei allgemeinbildenden Inhalten. Für Weiterbildungszwecke ist der Ansatz daher geeigneter als beispielsweise im allgemeinbildenden Schulunterricht, wobei auch hier vor allem in den naturwissenschaftlichen Fächern zahlreiche Anwendungsmöglichkeiten denkbar sind. Ein Vorteil der Module liegt darin, dass sie in verschiedenen Kursen eingesetzt werden können, so dass Einspareffekte erzielt werden. Wegen der kurzen Halbwertzeit des Wissens veralten Wissensmodule allerdings relativ schnell. Die Frage, für welche Anwendungsgebiete solche Module erstellt werden, muss angesichts der Kosten für die ständige Aktualisierung und damit auch für die Akzeptanz der Module sorgfältig beantwortet werden.

Trotz aller Rückkopplungsmöglichkeiten, mit der gute Lernprogramme heute ausgestattet sind, um die Lernenden über den Fortgang ihrer Wissensaneignung zu informieren, werden diese Programme noch immer *für* Lernende – also in der Tradition von Lehrmaterialien – erstellt. Meines Erachtens wird damit das Potential der neuen Medien nicht ausgeschöpft. Es käme vielmehr darauf an, solche Programme *für* und *von* Lernenden zu erstellen – also die didaktische Top-down-Strategie durch eine Bottom-up-Strategie zu ergänzen. Damit ist gemeint, dass die Lernenden ein einmal konzipiertes Programm verändern und erweitern können. Dabei muss die ständige Verbesserung, Aktualisierung und Weiterentwicklung des Lernmaterials durch die Nutzer selbst angezielt werden. So kann eine ständig wachsende, *reflexive Wissensbasis*, eine hypertextgestützte *Topologie des Wissens* entstehen, die die Erfahrungen der Lernenden mit dem Lernprogramm einbezieht.

Noch vor wenigen Jahren wären dafür spezifische HTML-Kenntnisse der Anwender notwendig gewesen. Heutige Autorenprogramme verwenden dagegen so starke und leicht erlernbare Tools, die in Lernprogramme aufgenommen werden könnten, so dass ein solches Konzept heute umsetzbar ist. Ein Problem dieses Konzepts liegt in der individuell unterschiedlichen Qualität der vorgenommenen Ergänzungen und Veränderungen. Daher ist es sinnvoll, ein Bewertungssystem in das Lernprogramm aufzunehmen. Beispielsweise könnte jeder Anwender analog zur Bewertung von Restaurants und Hotels als Qualitätsmerkmal einen oder mehrere Sterne vergeben, so dass spätere Anwender von den Erfahrungen profitieren können.

Eine weitere Einschränkung der Einsatzmöglichkeit von Hypertext besteht darin, dass es offensichtlich Textsorten gibt, die dem Medium entgegenkommen (wie z.b. Lexika, technisches Wissen) oder aber ihm entgegenstehen. Zur Vermittlung komplexer Argumentationen beispielsweise eignen sich Hypertexte weniger als zur Veranschaulichung von Zusammenhängen in einem begrenzten und gut strukturierbaren Themenfeld. Bei einer größeren Zahl von Informationsobjekten ist daher neben den referentiellen Verknüpfungen eine hierarchisierende oder klassifikatorische Gliederung des Materials unbedingt notwendig (vgl. Kuhlen et al. 1989, S. 301).

Für den Anwender ist – wir kennen das vom Internet – oft nicht erkennbar, ob es sinnvoll ist, diesem oder jenem Verweis nachzugehen, da man erst im Nachhinein seine Qualität beurteilen kann. Eine Netzstruktur ist komplexer und damit auch unübersichtlicher als ein linearer Text, bietet durch ihre Verknüpfungen jedoch auch mehr Information. Pointiert ließe sich sagen, dass ein gewisses Maß an Unübersichtlichkeit sogar erwünscht ist. Nimmt man lernerorientiertes Lernen nämlich ernst, darf es vorab keine Festlegung des einzig richtigen Lernwegs geben. Für Anwender gilt vielmehr: *der Umweg ist dein Freund* – jedenfalls dort, wo er nicht in einen Irrgarten führt, sondern zu weiteren Informationen, die dem jeweiligen Anwender bei seiner Fragestellung weiterhelfen können.

Dennoch ist auf jeden Fall der Einwand ernst zu nehmen, dass gerade Kinder im unübersichtlichen Hypertext den Überblick verlieren können, dass »mangelnde Intelligenz, mangelndes Abstraktions- oder Kombinationsvermögen Orientierungslosigkeit verursachen« (Gattermann 1993). Daher ist es wichtig, bereits vor Arbeitsbeginn gemeinsam mit den Lernenden Frage- oder Problemstellungen zu entwickeln und zu formulieren. Das Problem eines »getting lost in hyperspace« (wie es in Anspielung auf Science-Fiction-Filme heißt) tritt unter dieser Bedingung nicht auf. Die Kinder gehen dann in der Regel sehr strategisch und zielgerichtet vor, während es durchaus vorkommen kann, dass sie »wahllos in der Datenbank ›umherwandern‹, wenn sie keine Frage haben« (Landesinstitut 1994, S. 149). Wie wichtig eine einfache Navigation ist, zeigen immer wieder Online-Umfragen, die als größtes Problemfeld der Anwender neben dem Schutz der Privatsphäre die Orientierung bei der Navigation im Netz ausmachen (vgl. z.B. GVU 1997).[1] Unter didaktischen Gesichtspunkten bieten sich – gerade beim Interneteinsatz für jüngere Schüler – »guided tours« an. Wie in einem Reiseführer bestimmte Routen vorgeschlagen werden, von denen man selbstverständlich auch abweichen kann, können bei solchen guided tours bestimmte Verweise empfohlen werden. Pädagogen und Pädagoginnen, die diese didaktische Strukturierung vornehmen, werden so zu »trail blazern«, zu Expeditionsleitern und Reiseführern, die gangbare Wege durch das Labyrinth vorzeichnen (vgl. z.B. Bolz 1993, S. 22).

Das Protokollieren des Suchweges kann darüber hinaus helfen, von problemunangemessenen Nebenwegen wieder zur ursprünglichen Fragestellung zurückzufinden. Generell unerwünscht sind Nebenwege nicht, denn auch dort kann »inzidentiell« (durch die Auseinandersetzung mit Details) gelernt werden. In Anspielung auf eine Erzählung von Horace Walpole (»Die drei Prinzen von Serendip«) spricht man beim Browsing in Hypertext-Strukturen von einem möglichen »Serendipity-Effekt«, um den glücklichen Umstand zu bezeichnen, dass durch Zufall etwas Wertvolles entdeckt und gelernt wird, während man etwas anderes sucht. In pädagogischen Kontexten wird man eher geneigt sein, dem Zufall durch eine geeignete didaktische Strukturierung, z.B. mit fachübergreifenden Inhalten, etwas nachzuhelfen.[2]

---

1 Zu neueren Konzepten der Visualisierung von Wissen s. Vollbrecht 2000.
2 Nebenbei sei angemerkt, dass die Walpole-Erzählung auf einen älteren Roman des Italieners Cristoforo Armeno zurückgeht, in der ›serendipity‹ für die Fähigkeit steht, aus kleinsten Hinweisen den richtigen Schluss zu ziehen. Was bei Walpole zum Zufallstreffer wird, ist also eigentlich ein Triumph des Scharfsinns.

Drei weitere Problemfelder kann ich hier nur kurz anreißen:

- Fragen der Akzeptanz,
- die Differenz von Wissen und Information sowie
- Selektionsprobleme im Hinblick darauf, welche Informationen und welche Vernetzungen in den Hypertext aufgenommen werden (und welche nicht).

Fragen der Akzeptanz

Zu Akzeptanzproblemen liegen inzwischen Forschungsergebnisse vor. Etwas verkürzt lässt sich sagen: Nutzer akzeptieren Hypertext-Lernsysteme in der Regel unter den Bedingungen, dass

- diese relevanten Stoff in verständlicher Weise vermitteln,
- dabei verschiedene Darstellungsformen gezielt und angemessen einsetzen,
- eine einfache und intuitive Benutzeroberfläche sowie übersichtliche und handhabbare Orientierungs- und Navigationsmöglichkeiten aufweisen und
- eine Selbstkontrolle der Lernfortschritte ermöglichen (vgl. Reeves 1991, S. 61ff.).

Weitere Voraussetzungen für die Akzeptanz sehen Glowalla/Schoop darin, dass die Lehrenden bereits an der Entwicklung des Lernsystems beteiligt oder zumindest frühzeitig mit dessen Funktionsweise vertraut gemacht werden, eine Einbettung der Lerninhalte in bestehende Curricula erfolgt und natürlich die technischen Voraussetzungen im Bildungsbetrieb bereitgestellt werden (vgl. Glowalla/ Schoop 1992, S. 26).

Es ist daher wichtig, nicht nur die technischen Möglichkeiten des Mediums zu sehen, sondern darüber hinaus zu beachten, inwieweit diese Möglichkeiten mit den Bedürfnissen und Interessen der Lehrenden und Lernenden korrespondieren. Zu fragen wäre insbesondere auch nach geschlechtsspezifischen Unterschieden in der Nutzung, wie sie bekanntlich bei den meisten Medien auftreten.

Die Differenz von Wissen und Information

Häufig anzutreffen ist die Vorstellung, dass komplexes Wissen externalisierbar sei, auf technischen Speichermedien auf Abruf bereitstehe und quasi en bloc in die eigene Vorstellungswelt integrierbar sei. Paradigmatisch für diese Position ist der Medienphilosoph Flusser: »Elektronische Gedächtnisse sind bequemer als zerebrale informierbar, sie haben eine größere Lagerkapazität, sie können die in ihnen gelagerten Informationen besser bewahren, die einzelnen Informationen sind von dort bequemer abrufbar, und man kann unschwer die Information von einem Gedächtnis auf ein anderes übertragen. All diese (und andere) Vorteile werden dazu führen, dass künftig die erworbenen Informationen (Daten) nicht mehr in Gehirnen, sondern dort gelagert werden. Dadurch werden die Gehirne für andere Funktionen freigelegt werden. Man wird nicht mehr Daten zu lernen haben, sondern das zweckmäßige Speichern, Abrufen und Variieren von Daten. Nicht mehr das Repertoire, sondern die Struktur von Systemen. Dieses Prozessieren von Daten, das bisher von der Notwendigkeit der Datenerwerbung gebremst war, heißt ›Kreativität‹ und es ist daher mit einer wahren Explosion der menschlichen Kreativität zu rechnen« (Flusser 1989, S. 41f.).

Gespeicherte Information ist jedoch keineswegs dasselbe wie erworbenes Wissen, zu dem Information erst durch Akte der Bedeutungsgebung werden kann. Solche Bedeutungszuschreibungen verweisen wiederum auf den sozialen Kontext der Nutzer und ihre jeweiligen Lernbiografien. »In Informationssystemen gespeichertes Wissen enthält (...) gerade nicht die individuellen Konnotationen, die mit selbst erworbenem Wissen verknüpft sind« (vgl. Gödert/ Kübler 1993, S. 152).

Die Frage der Selektion

Dieses Problemfeld steht in Zusammenhang mit den anfangs angesprochenen Anforderungen an Modularisierbarkeit und dem Medium »entgegenkommende« Textsorten. Es stellt sich die generelle Frage, ob nicht letztlich die Darstellbarkeit zum möglicherweise entscheidenden Auswahlkriterium für Information wird – wie wir es von Fernsehnachrichten her kennen, die ja nicht zuletzt im Hinblick auf vorhandenes Bildmaterial selektiert werden. Auch die Auswahl der Hypertext-Verweise aus der Fülle aller möglichen Verweise birgt Probleme – und führt zu den Fragen, wer die Hypertextstruktur letztlich verantwortet und welche Möglichkeit zur Veränderung und Ergänzung den Nutzern eingeräumt wird.

Theorien und Konzepte der Medienwirkungsforschung

Neben der Fragestellung, wie Medien für (schulische) Lernprozesse genutzt werden können, ist ein zweites Hauptthema der Medienpädagogik die Frage nach den Wirkungen von Medien. Zu keinem anderen Medienthema ist so viel geforscht worden, und es sind auch wohl bei keinem anderen die Befunde derart widersprüchlich, dass sie sich für die nichtwissenschaftliche Öffentlichkeit in dem ironischen Satz zusammenfassen lassen: »Fernsehen kann schaden und nutzen. Es könnte aber auch umgekehrt sein« (Müller-Gerbes 1989, S. 12).

Wie im ersten Kapitel dargestellt, verlagerte sich die Perspektive der Medienpädagogik vom Medium und den Medieninhalten zum Mediennutzer (Rezipienten). Entsprechend verschiebt sich tendenziell der Ansatz des Kinder- und Jugendmedienschutzes von der Intervention (Kontrolle und Verbote) zur Prävention (Befähigung zu selbstreflexiver Mediennutzung). Diese Entwicklung resultiert natürlich nicht nur aus Fortschritten im pädagogischen Denken – Kinder und Jugendliche werden nicht länger ausschließlich als Opfer der Medien gesehen –, sondern auch aus der (erzwungenen) Einsicht, dass angesichts der Allgegenwart von Medien in unserer Gesellschaft eine bloße Kontrollorientierung viel zu kurz greift. Man sollte sich jedoch darüber im Klaren sein, dass in der Öffentlichkeit ein bewahrpädagogisches Denken noch immer vorherrscht.

Im Alltag sind uns eine ganze Reihe von Wirkungsvorstellungen geläufig (vgl. Kübler 1995, S. 6). Beispielsweise wird vermutet, dass allein die große Zahl des Angebots bzw. der Nachfrage wirken muss: Wenn so viele Gewalttaten im Fernsehen zu sehen sind, dann kann das nicht ohne Wirkung bleiben. Interessanterweise schließen sich Befragte, die diese Ansicht vertreten, selbst aus diesem Wirkungszusammenhang meist aus – sich selbst gesteht man genügend

Widerstandskraft gegenüber den schädlichen Einflüssen der Medien zu (»Dritte-Person-Effekt«).

Eine andere Vermutung bezieht sich auf die Inhalte der Medien. Darstellungen, die derart gewalttätig sind, müssen auch zur Gewalt führen. Ein weiteres Quantitätsargument setzt an den Kosten an: Wenn für Werbung derart viel Geld ausgegeben wird, dann muss sie auch wirken. Häufig findet sich auch die Übertragung der eigenen Empfindung auf andere. Wenn mich selbst diese Darstellung so betroffen macht, dann muss das für andere auch gelten. Wenn es so einfach wäre, hätte die Medienforschung wohl keine Probleme mit der Wirkungsfrage. Was unter Medienwirkung verstanden werden kann und mit welchen theoretischen Ansätzen versucht wurde, gesicherte Ergebnisse zu finden, ist Thema dieses Kapitels.

Das Kaffeehausmodell

Schauen wir noch einmal zurück ins 19. Jahrhundert, in die Zeit der Entstehung der Massenpresse als erstem Massenmedium. Die ersten deutschen Zeitungen entstanden bereits im 17. Jahrhundert, aber erst die Erfindungen der Schnellpresse (1814), der Rotationsdruckmaschine (1860), des Bildzeilenzerlegers (1884) und der Linotype-Setzmaschine (1886) sowie Fortschritte in der Papierherstellung (vor allem der Holzschliff und damit der Wechsel vom knapp werdenden Grundstoff Lumpen zu Holz) ermöglichen die großen Auflagen, die Zeitungen zum Massenmedium machen. Da Zeitungen sich an ein erwachsenes Publikum richteten, ging es nicht um Wirkungen von »Schmutz und Schund« oder von Gewalt, sondern um die Frage, wie die politische Meinungsbildung durch Zeitungen beeinflusst wird. In den 1970er-Jahren wird diese Frage mit der Theorie der Schweigespirale (S. 126f.) wieder aufgegriffen.

Frühe Vorstellungen über Medienwirkungen in diesem Sinn lehnen sich an das so genannte *Kaffeehausmodell* an, wie es z.B. Habermas im »Strukturwandel der Öffentlichkeit« (1962) beschreibt. Zu Grunde gelegt wird ein Idealbild der liberalen, bürgerlichen Öffentlichkeit als jenem allgemein zugänglichen Bereich, in dem rational über das im allgemeinen (öffentlichen) Interesse praktisch Notwendige befunden werden soll. Der Massenpresse kam dabei die Funktion der Vermittlung von Informationen und vor allem von Meinungen zu. Aufgabe der Zeitungen war es demnach, die politischen Themen in die Kaffeehäuser und bürgerlichen Salons (als Kristallisationskerne bürgerlicher Öffentlichkeit) zu tragen, in denen ein politisch- und kulturräsonierendes Publikum die unterschiedlichen politischen Standpunkte debattieren und so öffentliche Meinungen etablieren sollte.

Diesem Kaffeehausmodell liegt die demokratietheoretische Vorstellung zu Grunde, dass die Regierung Vorschläge vorlegt, das Parlament darüber debattiert, die Presse diese weitervermittelt und die Bürger darüber in den Cafés, Bars und Salons (also nicht bloß in privatem Rahmen, sondern öffentlich) diskutieren. Die sich aus diesen Diskussionen entwickelnde *öffentliche Meinung* soll dann in nicht genau angebbaren Rückkopplungsprozessen die politischen Entscheidungsträger wieder erreichen und im Sinne des Allgemeininteresses beeinflussen (Katz 1988, S. 191). Das Kaffeehausmodell der Medienwirkung lässt sich also durch die Verbindung von politischen Entscheidungsträgern, Presse, räsonierendem Publikum und öffentlicher Meinung charakterisieren. Funktion und Wirkung der Medien bestehen in der möglichst ungefilterten Weitergabe von Themen der Regierung an die Bürger und der Rückkopplung der öffentlichen Meinung an die Regierung.

Dieses Kommunikationsmodell war bereits für die damalige zeitgeschichtliche Situation zu einseitig und zu harmlos. Schon im 19. Jahrhundert wurde bezweifelt, dass das Volk fähig und in der Lage sei, die Rolle auszufüllen, die ihm die Demokratietheorie zubilligte. Selbst für das bürgerliche Publikum führte die Entwicklung zu einer Spaltung »in Minderheiten von nichtöffentlich räsonierenden Spezialisten und in die große Masse von öffentlich rezipierenden Konsumenten« (Habermas 1962, S. 210).

Bedeutsam wird die Vorstellung von Gesellschaft als einer Massengesellschaft. Die Presse wird dementsprechend nicht mehr als Mittel im Dienste der politischen Willensbildung der Citoyens gesehen, sondern als mächtiges Instrument zur Beeinflussung der Volksmassen. Der Begriff »Masse« hat zum Ende des 19. Jahrhunderts äußerst bedrohliche Konnotationen. Die durch die Industrialisierung bewirkte Veränderung der ständisch organisierten Gesellschaft hatte mit der Industriearbeiterschaft nicht nur eine völlig neue Klasse hervorgebracht, die die Vorrechte von Adel und Bürgertum in Frage stellte, sondern mit der Aufhebung ständischer Bindungen (z.b. Bindung an die Scholle; Leibeigenschaft) war eine immense Landflucht und Verstädterung mit allen daraus resultierenden sozialen Problemen[1] ausgelöst worden. Zeitungen, die nun prinzipiell in der Lage waren, die »entrechteten Massen« zu organisieren, schienen jetzt für die Aufrechterhaltung der sozialen Ordnung äußerst gefährlich zu sein und wurden mittels Pressegesetzen, Zensur und Verboten diszipliniert.

Während Wirkungen vorher in der bloß dienenden, meinungsvermittelnden Funktion der Presse gesehen werden, verschiebt sich nun – verbunden mit einem kulturpessimistisch aufgeladenen Massenbegriff – das zugeschriebene Machtverhältnis zwischen Mensch und Medium. Nicht das bürgerliche Individuum als Bestandteil eines Publikums bedient sich der Presse, sondern die Massenpresse hat es jetzt in der Hand, die Meinungen der Massen zu beeinflussen oder gar gleichzuschalten. Diese Vorstellung omnipotenter Medien bezeichnet man als *Allmachtsthese der Medienwirkung.*

Anfänge der Medienwirkungsforschung – Die Allmachtsthese der Medienwirkung

Diese *Allmachtsthese der Medienwirkung* wird von der Medienwirkungsforschung in der ganzen ersten Hälfte des 20. Jahrhunderts vertreten. Lasswell etwa beschrieb die Massenmedien als »new hammer and anvil of social solidarity« (Lasswell 1927, S. 221). Man kann wohl unterstellen, dass am Nachweis starker Medienwirkun-

---

1 Zur Verschärfung dieser Probleme führte 1883 der Zusammenbruch von Wirtschaft und Börse, der das Ende des Booms der »Gründerzeit« markiert. Dieser war seinerseits finanziert durch die Reparationszahlungen in Höhe von fünf Milliarden Goldmark, die Frankreich nach dem verlorenen Krieg (1870/71) an das Deutsche Reich hatte zahlen müssen.

gen auch die Auftraggeber der frühen Medienforschung (Propaganda- und Werbewirkungsforschung) interessiert waren, die natürlich den Nachweis erwarteten, dass ihre finanziellen Aufwendungen auch tatsächlich Effekte zeigten. Aber auch die historischen Erfahrungen mit der Hugenberg-Presse im Ersten Weltkrieg oder der Instrumentalisierung des Radios als Propagandainstrument im Nazi-Deutschland sprachen für die Plausibilität der These.

Die Wirkungstheorien folgen dem kausalen *Reiz-Reaktions-Modell* des damals modernen Behaviorismus. Ausgehend von einem mechanistischen Stimulus-Response-Modell schloss man vom Medieninhalt direkt und linear auf die Medienwirkung beim Rezipienten. Der massenmediale Inhalt als Stimulus trifft auf eine Masse von Millionen voneinander isolierter Individuen, die als Leser, Kinobesucher oder Radiohörer diese Botschaften aufnehmen. Sie stellen im Sinne der vom Kommunikator intendierten Richtung einen direkten und mächtigen Antrieb zur Tat dar und bewirken eine sofortige Reaktion (vgl. z.B.: Katz/Lazarsfeld 1962, S. 20). Wirkung (Reaktion) wird dabei verstanden als Veränderung, sei es des Wissens, der Einstellung oder des Verhaltens. Unterstellt wird dabei, dass gleiche Stimuli gleiche Wirkung haben, und dass die erzielten Wirkungen vollständig durch die kommunikative Stimulation erzielt werden, also keine sozialen oder situativen Randbedingungen mitwirken. Die zentrale Problemstellung der Medienforschung dieser Zeit lässt sich zusammenfassen in der Frage:»What do the media do to the people?« (Katz/Foulkes, S. 1962, S. 378). Die Rezipienten erscheinen als passive Opfer allmächtiger Medien. Obwohl derart simplifizierende Vorstellungen vom Wirkungsprozess der Medien längst überholt sind, erfreuen sich ähnliche Argumentationsmuster vor allem bei kulturpessimistisch eingestellten (Populär-)Autoren noch heute ausgesprochener Beliebtheit.

Ein frühes, aus der Telegrafie stammendes Wirkungsmodell lässt sich als *Kanalmodell* charakterisieren. Dieses Modell unterstellt, dass die übermittelten Zeichen wie elektrische Impulse durch Kanäle fließen, möglicherweise »verunreinigt« durch Kanalstörungen, auch umgelenkt oder beschleunigt, und den Adressaten im jeweils aktuellen Aggregatzustand erreichen. Die Nachrichteningenieure Shannon und Weaver entwickelten nach dieser Vorstellung ihre

»mathematische Theorie der Kommunikation«, die eigentlich dazu dienen sollte, Prognosen von Kanalstörungen zu erstellen und so die Wahrscheinlichkeit einer identischen Signalübertragung zu berechnen.

Ein weiteres populäres Modell ist das sogenannte »*Container-Modell*«. Mit ihm verbindet sich die Vorstellung, dass die übertragenen Inhalte wie in einem Container vom Sender zum Empfänger transportiert werden. Es unterstellt implizit, dass Sender und Empfänger dann völlig identische Vorstellungen über die jeweils übermittelten Inhalte haben werden. Gleiches gilt für die – ebenfalls heute noch beliebte – Verwendung der Metaphern »Transfer« oder »Übermittlung« im Rahmen von Wirkungsprozessen.

Dem Stimulus-Response-Modell folgt auch die aus den 1940er-Jahren stammende, ironisch als »*Kanonentheorie*« der Kommunikation bezeichnete Wirkungsannahme, wonach Medienwirkungen wie physikalische Krafteinflüsse zu verstehen sind. Der Kommunikator zielt auf den Empfänger. Sofern er ihn trifft, stellt sich die Wirkung ein: »At that time, the audience was typically thought of as a sitting target: if a communicator could hit, he would affect it (…) I have elsewhere called this the Bullet Theory of Communication« (Schramm/Roberts 1972, S. 8). Verbunden damit war die Vorstellung, dass sich einzelne Wirkungsvariablen isolieren ließen, was beispielsweise Carl I. Hovland in zahlreichen Reihenexperimenten zu belegen versuchte (Hovland et al. 1949; 1953).

Das erweiterte Wirkungsmodell: Intervenierende Variablen der Medienwirkung

Seit den 1920er-Jahren erfolgt eine Verfeinerung und Ausdifferenzierung dieses Wirkungsansatzes. Dem seinerzeit neuesten Stand psychologischer Forschung entsprechend wurden im Rahmen des behavioristischen Modells zunehmend intervenierende Variablen wie individuelle Unterschiede hinsichtlich der Persönlichkeitsorganisation, der psychischen Struktur, der Motivation und Einstellung der Rezipienten etc. berücksichtigt. Diese S-O-R-Modelle (S = Stimulus, O = Organismus, R = Reaktion) und ebenso Konzepte, die sozial-kategoriale Merkmale wie Alter, Geschlecht, Beruf, Konfession etc. als intervenierende Variablen aufnehmen, berücksichtigen zwar individuelle bzw. sozialstrukturelle Variationen der Medienwirkung in ihrem Erklärungspotential. Sie bleiben aber weiterhin einseitig, da sie die Vorstellung eines Einwegflusses der Massenkommunikation zu Grunde legen und keinerlei Rückkopplungsprozesse beachten (Kunczik 1977, S. 116).

Lasswell-Formel

Diese Einseitigkeit zeigt sich auch noch im klassischen Paradigma der Massenkommunikationsforschung, der so genannten Lasswell-Formel: »*Who says what in which channel to whom with what effect?*« (Lasswell 1948, S. 37).

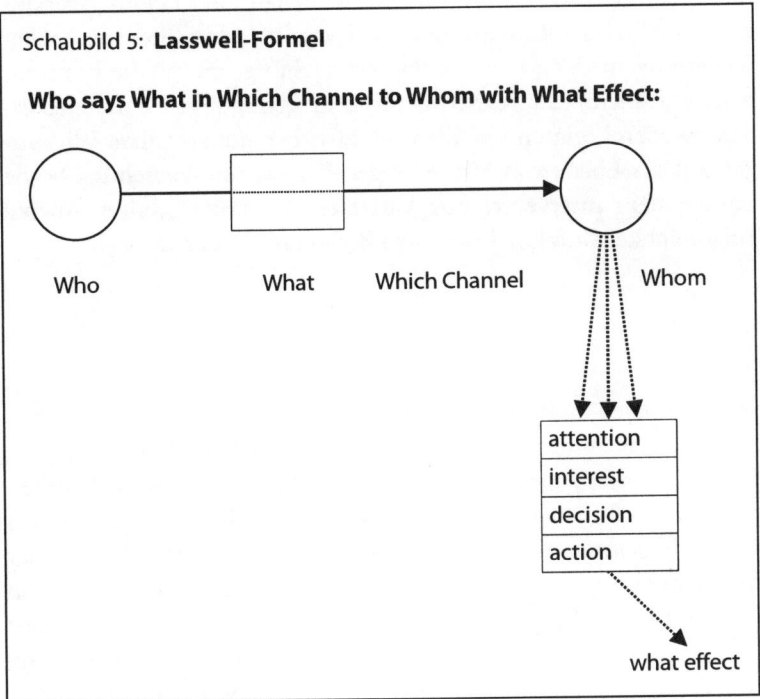

Schaubild 5: **Lasswell-Formel**

Who says What in Which Channel to Whom with What Effect:

Who   What   Which Channel   Whom

attention
interest
decision
action

what effect

Lasswell entwickelt damit ein Kommunikationsmodell, das dem Rezipienten eine gewisse Wahlfreiheit (Selektivität) zugesteht, da er unter verschiedenen Medien und innerhalb eines Mediums unter verschiedenen Aussagen wählen kann. Darüber hinaus differenziert er den Begriff der Wirkung in fünf Bereiche (features): Aufmerksamkeit, Verstehen, Affekt, Bewertung und Handlung. Diese Bereiche wurden von anderen Autoren im Sinne eines gestuften Entscheidungsmodells geordnet als Abfolge von Aufmerksamkeit (attention), Interesse (interest), Entscheidung (decision), Handeln (action), die entscheidend für die Wirkung sein sollten.

Der Allmachtsanspruch der Medien ist damit erschüttert: gleiche Aussagen müssen nicht gleiche Wirkungen verursachen: Der Rezipient hat die Freiheit der Wahl für bestimmte Aussagen (Symbolfolgen) der Medien; Symbole können nun für die verschiedenen Rezipienten etwas Unterschiedliches bedeuten; und die Interpretation der Aussage kann auf unterschiedlichen Stufen des Entscheidungsprozesses zu unterschiedlichen Entscheidungsverläufen führen. Das Lasswell-Modell war von 1946 bis 1959 von großer Bedeutung in der Medienwirkungsforschung, die methodisch damals vor allem Laborexperimente und Befragungen einsetzte. Erfasst werden konnten vor allem kurzfristige und singuläre Wirkungen auf der Ebene von Einstellungen. Die weitere Forschung bezog immer mehr intervenierende Variablen ein. Dazu gehören sowohl Persönlichkeitsmerkmale als auch Bedingungen der Umwelt.

Kampagnenforschung

In den 1940er- und 1950er-Jahren untersuchte man (Wahl-) Kampagnen, massenmediale Wirkungen konzertierter Aktionen, in denen Meinungen, Einstellungen und das Verhalten von Individuen gezielt beeinflusst werden sollten. Ein Standardbeispiel dieser Kampagnenforschung im Rahmen der genannten Konzepte »starker Medienwirkungen« ist die Studie »Mass persuasion« von Merton (1946). In dieser Untersuchung wurde in den USA der Erfolg einer Radiosendung während des Zweiten Weltkriegs zur Unterstützung des Verkaufs von Kriegsanleihen analysiert. Die patriotischen Appelle einer Radiosprecherin mit positivem Image beim Publikum führten nach Ansicht der Autoren bei den Hörern zum Aufbau von Schuldgefühlen, selbst nicht genug zum Gewinn des Krieges beizutragen. Durch den Kauf von Kriegsanleihen soll dieses Schuldgefühl dann eine karthartische Läuterung erfahren haben (Merton 1971, S. 54f.; orig. 1946).

Eine Studie von Cantril (1966; orig. 1940) untersuchte die Publikumsreaktionen auf ein von Orson Wells sehr realistisch inszeniertes Radiohörspiel über »Die Invasion vom Mars«. Diese Science-Fiction-Geschichte soll am 30. Oktober 1938 Tausende von Amerikanern, die die Sendung als Nachrichtenbeitrag missverstanden, in Panik versetzt haben. Holzer (1969, S. 60) und Sherif/Sherif (1969, S. 522) sehen in diesem Ereignis das prägnanteste Beispiel massenmedial erzeugter Angst- und Panikprovokation. In einer Neubewertung der Ergebnisse von Cantril kommt Kunczik (1977, S. 117f.) allerdings zu dem Schluss, dass die angebliche Panik sich ganz überwiegend in den Berichten der Massenmedien abspielte. Für diese Deutung sprechen auch die Ergebnisse einer Untersuchung von Rosengren et al. (1974) über die so genannte »Barsebäck-Panik«. Auch hier erwies sich eine »Panik« der Bevölkerung durch eine realistisch aufgemachte Sendung des Schwedischen Rundfunks im November 1973 über einen angeblichen Kernkraftwerksunfall in Barsebäck bei näherer Betrachtung als journalistische Fiktion. Die Annahme starker Medienwirkungen ließ sich nicht aufrechterhalten und musste revidiert werden.

Meinungsführer

Das wichtigste und überraschendste Ergebnis der Kampagnenforschung besteht darin, dass sich die Medien als weit weniger wirkungsvoll erwiesen haben, als ursprünglich angenommen wurde. Aus heutiger Sicht besteht der Wert dieser älteren Untersuchungen vor allem darin, die Gründe für das Scheitern so vieler Kampagnen aufgezeigt zu haben. Bedeutsam in diesem Zusammenhang sind die Konzepte »Selektivität« und »interpersonale Beziehungen« (Katz 1988, S. 190ff.).

Ein selektives Verhalten in der Auswahl von Medienangeboten, in der Wahrnehmung und Erinnerung steht dem direkten Wirkungsmechanismus zwischen Medienbotschaft und Rezipienten entgegen. Beispielsweise kann gezeigt werden, dass solchen Botschaften, die eine vorgefasste Meinung beeinträchtigen könnten, mit Vermeidung, Widerstand oder gar Verkehrung in gegenteilige Aussagen begegnet wird (vgl. Schramm/Roberts 1971, die verschiedene Beispiele für selektives Verhalten anführen).

Die Rolle der zwischenmenschlichen Beziehungen im Wirkungsprozess der Medien entdeckten Lazarsfeld/Berelsen/Gaudet (1944) bei der Untersuchung einer Wahlkampagne zur Präsidentschaftswahl in den USA. Als weit einflussreicher als die Wahlpropaganda der Medien erwies sich der *Face-to-face-Kontakt* mit anderen Personen in den Primärgruppen (Familie, Freundeskreis). Darüber hinaus zeigte sich, dass in diesen Gruppen *Meinungsführer* (opinion leaders) mit besseren oder umfangreicheren Informationen andere Personen ihrer unmittelbaren Umgebung beeinflussten.

Two-step-flow of Communication

Dieser Befund ist die Grundlage für die Hypothese des Zweistufenflusses der Kommunikation (two-step-flow of communication): »Ideas often flow from radio and print to the opinion leaders and from them to the less active sections of the population« (Lazarsfeld et al. 1948, S. 151). Die Annahme der starken Medienwirkungen war damit durch ein Modell der begrenzten Effekte abgelöst. Die Medien treffen keineswegs auf ein atomisiertes Massenpublikum, sondern auf Individuen, die eingebunden sind in ein Netz von Sozial- und Kommunikationsbeziehungen, die die Wirkung der Medien begrenzen und abfedern.

In der Folge wurde in den so genannten »Columbia Studien zum persönlichen Einfluss« (Lazarsfeld/Berelson/Gaudet 1944, Merton 1949, Berelson/Lazarsfeld/McPhee 1954, Katz/Lazarsfeld 1955, Mc Phee/Glaser 1962, Coleman/Katz/Menzel 1966) versucht, das Konzept des Meinungsführers unter Einbeziehung von Ergebnissen der soziologischen Kleingruppenforschung weiter auszudifferenzieren. In diesen Studien konnte beispielsweise gezeigt werden, dass Meinungsführer keineswegs formale »Führer« oder Personen sind, die generell ein hohes Sozialprestige besitzen. Ihr Einfluss verläuft vielmehr innerhalb jeweils homogener Milieus. Meinungsführer konzentrieren sich in der Regel auch nur auf einen »Einflussbereich«, d.h. auf ein Gebiet, in dem sie kompetent und (medial) informiert sind. Sie verfügen über gute Kontakt- und Kommunikationsfähigkeiten und richten sich normativ an ihren sozialen Bezugsgruppen aus.

Nach neuerem Erkenntnisstand beziehen Menschen die Informationen selbst meist direkt aus den Massenmedien. Für die Bewertung der Informationen im Hinblick auf Richtigkeit und Wichtigkeit werden jedoch auch die Meinungen anderer hinzugezogen. Wesentlich für die Übernahme von Meinungen ist die Glaubwürdigkeit der opinion-leader – gleichgültig, ob dies nun persönliche Bekannte oder aus den Medien bekannte Personen sind. In individualisierten Gesellschaften, in denen die Integration in Nachbarschaften und Milieus gering ist, ist bei fortschreitender Medialisierung daher mit einer stärkeren Wirkung der Medien zu rechnen (vgl. Merten 1994b, S. 317).

Zwischenfazit zum älteren Wirkungsmodell

Fassen wir noch einmal wesentliche Annahmen des älteren Wirkungsmodells zusammen: Hauptgegenstand der Medienforschung sind die Inhalte der Medien und deren Wirkungen beim Rezipienten. Der Rezipient wird zunächst als vollkommen passives Wesen verstanden, während den Massenmedien eine fast omnipotente Wirkung zugesprochen wird (Allmachts-These). Wirkungen werden definiert als *Veränderungen von Verhaltensweisen, Einstellungen, Meinungen und Kenntnissen der Rezipienten durch Medieneinflüsse*, und zwischen Medieninhalten und Wirkungen wird eine lineare, monokausale Beziehung angenommen. Teichert und Renckstorf haben dieses relativ einfache Modell medialer Kommunikationsprozesse folgendermaßen beschrieben: »Massenkommunikation wurde verstanden als Überredungszusammenhang, als Persuasionsprozess, in dessen Verlauf einige wenige Kommunikatoren sich absichtsvoll und schöpferisch betätigten, während die Masse der Rezipienten absichts- und ziellos auf die Botschaften der Medien wartete, um darauf reagieren zu können« (Teichert/Renckstorf 1974, S. 139). Kurz gesagt implizieren die älteren Wirkungsmodelle folgende Annahmen:

- »Kommunikationsvorgänge sind asymmetrisch; ein aktives Kommunikationssubjekt sendet Stimuli aus, auf die dann die Rezipienten als passive Kommunikationsobjekte reagieren. Das Publikum ist dem Massenmedium (fast) schutzlos ausgeliefert.
- *Ein* Individuum trifft mit *einem* Medienangebot zusammen. Daraus folgt, dass die Medieninhalte auch als einzelne, getrennte Stimuli zu betrachten sind und die Wirkungen relativ unabhängig von den übrigen inhaltlichen Kontexten der Medien und sonstigen sozialen Kontexten untersucht werden können.
- Kommunikation wird als intendiert betrachtet, sie geschieht absichtlich, zielgerichtet, will bestimmte Wirkungen erreichen.

Kommunikationsvorgänge sind episodisch; sie besitzen eine zeitliche Begrenzung und verschiedene Kommunikationsepisoden haben jeweils isolierte und voneinander unabhängige Wirkungen« (Sander/Vollbrecht 1987, S. 15).

Im erweiterten Wirkungsmodell werden zusätzlich folgende mediatisierende Faktoren berücksichtigt:

- *Prädispositionen* der Rezipienten und davon abgeleitet:
  - selektive Zuwendung (*Selektive Exposure*)
  - selektive Wahrnehmung (*Selective Perception*)
  - selektive Erinnerung (*Selective Retention*)
- *Normative Einflüsse* von Primär-, Sekundär-, Referenzgruppen
- *Interpersonale Verbreitung* der massenmedialen Aussagen
- *Meinungsführerschaft* (Gate-Keeper, One-Step-Flow of Communication, Two-Step-Flow of Communication, Netzwerke)
- *Struktur kommerzieller Massenkommunikation* in einer freien Marktwirtschaft (vgl. Klapper 1960).

Das Wirkungsmodell beschränkt sich auf kurzfristige Wirkungen persuasiver Kommunikation auf die Einstellungen und Meinungen der Rezipienten. Als Klappers »unumstößliche Erkenntnisse« gelten die folgenden Aussagen (vgl. Schenk 1987):

- Persuasive Massenkommunikation *verstärkt* im Allgemeinen die Einstellungen, Meinungen und Verhaltensdispositionen, die die Rezipienten bereits besitzen.
- Massenkommunikation führt in den seltensten Fällen zur *Umkehrung* von Einstellungen.
- Massenkommunikation verstärkt oder verringert eher die *Intensität* (»Minor Change«) bestehender Einstellungen, als dass Einstellungen ganz aufgegeben würden oder eine »Bekehrung« einträte.
- Massenkommunikation ist wirksam bei der *Kreierung* von Einstellungen und Meinungen zu Themen, über die der Rezipient noch keine Meinung besitzt.

Mit den Annahmen der klassischen Wirkungsmodelle geht eine hauptsächliche Untersuchung der Medieninhalte durch die Medienwirkungsforschung einher. Medienwirkungen werden als Endergebnis einer Kausalkette gesehen, wobei es leicht zu einer Verwechselung von Ursachen und Wirkungen kommt: So werden z.B. soziale Isolation und Passivität, die möglicherweise gesellschaftliche Ursachen haben und die mit hohem Fernsehkonsum verbunden sein können, dem hohen Fernsehkonsum angelastet. Etwaige Indikatoren für persönliche und gesellschaftliche Verhältnisse werden also als Verursacher interpretiert. Den Vorstellungen von der Allmacht der Massenmedien und von Kommunikation als einem episodischen und individuellen Vorgang kommen kulturkritische Tendenzen der Dissoziierung von Gesellschaft und Massenmedien entgegen. Medien drängen als »fremdartige« Wesen von außen in die Gesellschaft ein und verändern »ursprüngliche« Kommunikation und Interaktion, so dass auch die Wirklichkeit, die sie vermitteln, nur zweitrangig sein kann.

Wie problematisch es ist, Medienwirkungen mit einem Kausalitätsmodell zu erklären, erläutert Merten (1991, S. 42ff.). Zunächst einmal stellen sich für die Identifikation von Wirkungen folgende Fragen:»Welche Bedingungen und Variablen bewirken eine Wirkung? Kann diese Wirkung nur durch bestimmte Variablen im Kommunikationsprozess ausgelöst werden, oder gibt es dazu äquivalente Wirkgrößen? Sind diese nur innerhalb des Kommunikationsprozesses zulässig oder kann und muss man sie auch außerhalb des Kommunikationsprozesses – als operative Randbedingungen – suchen?« (Merten 1991, S. 42). Ein Problemfall ist auch der empirische Befund einer Konstanz der Meinung (»No Effect«), der als Indikator für Verstärkung verwendet wird. Was zeichnet dann *Wirkungslosigkeit* aus? Damit stellt sich die grundlegende Frage nach der Gültigkeit des Kausalitätsprinzips. Denn Kausalität lässt sich streng genommen nicht beweisen, sondern nur als Ex-ante-Annahme unterstellen. Beweisen ließe sich allenfalls Nichtkausalität.

Aber auch unter der Annahme von Kausalität müssen zumindest die vier folgenden Bedingungen erfüllt sein: die »verursachte Größe« muss zeitlich vor der »bewirkten Größe« liegen (temporale Antezedenz der Ursache vor der Wirkung) und der Zusammenhang zwischen beiden Größen (Korrelation) muss überzufällig sein, das heißt, signifikant hinsichtlich eines vorgegebenen Signifikanzniveaus. Diese beiden Fragen sind empirisch noch relativ einfach zu handhaben. Schwieriger ist die Frage, ob der Zusammenhang auch valide ist, ob also nicht etwa nur eine Scheinkorrelation vorliegt, die auf weitere Variablen zurückzuführen ist. Beispielsweise findet sich Gewalt ja nicht nur in den Medien, sondern generell in jeder Gesellschaft. In der empirischen Forschung stellt sich nun das Problem, ob z.B. eine ermittelte Gewaltbereitschaft auf vorhergehenden Medienkonsum zurückzuführen ist, oder ob andere Erklärungsvariablen (etwa die spezifische soziale Situation) die berechnete Korrelation zwischen Gewaltbereitschaft und Medienkonsum aufheben. Die eigentliche Schwierigkeit liegt dabei im Auffinden dieser Drittvariablen und nicht in der statistischen Berechnung ihres Effekts. Die vierte Bedingung ist raum-zeitliche Indifferenz, denn ein kausaler Zusammenhang muss immer und überall gelten. Das ist für Wirkungsprozesse jedoch eine gewagte Annahme. Merten verweist dazu auf das anschauliche Beispiel der von Paul F. Lazarsfeld und seinen Mitarbeitern 1944 formulierten These vom

Zwei-Stufen-Fluss der Kommunikation (S. 108). Diese These ist von anderen Wissenschaftlern in späteren Jahren wiederholt überprüft, aber nicht bestätigt worden und wurde deshalb schließlich verworfen. »Es lässt sich jedoch zeigen, dass für das Nicht-mehr-Zutreffen dieser Hypothese die seit 1944 stark veränderte Medienausstattung und das geänderte Medienverhalten der Rezipienten verantwortlich zu machen sind« (Merten 1991, S. 610ff.).

»Streng kausale Annahmen«, so Merten resümierend, »kann man für die Wirkungsforschung nicht aufrechterhalten« (Merten 1991, S. 43). Hypothesen über Wirkungen sind vielmehr zu charakterisieren als »stochastisch, weil Wirkungen nur mit angebbarer Wahrscheinlichkeit, nicht jedoch »sicher« eintreten; bedingt, weil nur unter bestimmten, gleichen Randbedingungen auch gleiche Wirkungen auftreten werden (Ceteris-paribus-Klausel)«, sowie substituierbar. »Die Annahme der Substituierbarkeit ist die brisanteste: Sie unterstellt in letzter Konsequenz, dass Wirkungen gegebenenfalls mehrere, zueinander funktional-äquivalente Ursachen haben können. Analog zur Ceteris-paribus-Klausel kann man also ex post immer auf die Behauptung solcher Faktoren ausweichen«.

Neuere Ansätze der Wirkungsforschung

Im Licht neuerer Forschungen musste das Meinungsführerkonzept revidiert werden. Angriffsflächen boten sowohl die »*Relaisfunktion*« als auch die »*Verstärkerfunktion*« der Meinungsführer (Arndt 1967, S. 457). Im Gegensatz zur postulierten Zweistufigkeit des Kommunikationsflusses zeigte die Diffusionsforschung, dass die massenmedialen Botschaften ihre Empfänger überwiegend auf direktem Weg erreichen (one-step-flow of communication). Besonders empfänglich für direkten Medieneinfluss sind aber nur diejenigen Rezipienten, die kommunikativ so inaktiv sind (*non-discussants*), dass interpersonaler Einfluss nicht zum Tragen kommen kann (Robinson 1976/77). Meinungsführer bringen ihr Einflusspotenzial dagegen vor allem auf den letzten Stufen des Diffusionsprozesses zur Geltung. Im Zuge der Bewertung und Einstellungsbildung spielt die interpersonale Kommunikation eine weit größere Rolle als bei der

Erstinformation. Auch die grobe Zweiteilung des Publikums in Meinungsführer und Gefolgschaften lässt sich nicht aufrechterhalten. Angemessener ist das Konzept eines Austauschs zwischen Meinungsgebern (opinion giver) und -empfängern (opinion receiver), wobei die Meinungsführerrolle wechseln kann (Troldahl/van Dam 1965, Robinson 1976/77, Schwarzenauer 1976, Schenk 1985). Zusammenfassend lässt sich der Informationsfluss beschreiben als direkte Medienverbindung, die sowohl zu »Austauschern« als auch einseitigen Meinungsführern und Empfängern sowie zu non-discussants reicht, wobei die Medienwirkung durch Beeinflussungsprozesse interpersonaler Kommunikation jeweils in spezifischer Weise abgefedert wird.

Network-Analysen

Während forschungsgeschichtlich die bislang beschriebenen Konzepte vom Uses-and-gratifications-approach (S. 115) abgelöst wurden, gab es in den 1970er- und 1980er-Jahren Anschlussversuche im Rahmen der Analyse interpersonaler Kommunikationsnetze, z.b. in der neueren Wähler- und Kommunikationsforschung (Robinson 1976/77, Noelle-Neumann 1980, Rogers/Kincaid 1981, Feist/Liepelt 1983, Schenk 1993). Diese Hinwendung zu Network-Analysen resultiert aus der Notwendigkeit, den bislang völlig unzureichend berücksichtigten »sozialen Kontext«, die »soziale Umgebung« oder »Sozialökologie der Mediennutzung« (Baacke/Sander/Vollbrecht 1988) in medientheoretische Überlegungen einzubeziehen – und zwar nicht nur als intervenierende Variablen, sondern als konstitutive Faktoren spezifischer Nutzungsformen und Auswirkungen.

Network-Analysen zeigen, dass neben den zentral in der Gruppe verankerten Meinungsführern auch sogenannte »Brücken« (Becker 1970) in häufig marginaler Position im Netz von Bedeutung für den Informationsfluss sind. Die zentralen Meinungsführer scheinen eher für den Informationsfluss innerhalb von Gruppen (Intragruppenfluss) zuständig zu sein, während »Brücken« den Informationsaustausch zwischen Gruppen (Intergruppenfluss) steuern (Weimann 1982, S. 771ff.). Im Unterschied zu Primärgruppen verfügen Netze neben »starken« sozialen Beziehungen (strong ties) auch über eine Vielzahl »schwacher« Bindungen (weak ties), die einen wichtigen Beitrag für den Transfer von Information und Einfluss über Gruppengrenzen hinweg leisten (Granovetter 1973). Massenkommunikation trifft folglich weder auf ein atomisiertes Massenpublikum (Konzept der starken Wirkungen) noch auf weitgehend homogene Gruppen, die die Wirkungen der Medien begrenzen (Lazarsfeld et al. 1948, S. 137ff.), sondern auf Individuen in unterschiedlich dichten sozialen Netzen.

Dabei ist die Wirkung der Massenmedien auf solche Individuen, die in weniger dicht geknüpfte (loosely-knit) Netze eingebunden sind, stärker als auf jene, die sich in dichteren (closely-knit) Netzen befinden, da bei letzteren die interpersonale Kommunikation als stabiler Anker für die Meinungsbildung wirksam wird (Beinstein 1977). Anders gesagt: Der Einfluss der Massenmedien nimmt dort zu, wo sich die Netze auflockern und wo schwache Beziehungen die Gruppengrenzen durchkreuzen und gegen die Uniformität der Gruppenmeinungen wirken (Schenk 1989, S. 414). Interessant sind diese Befunde vor dem Hintergrund der Individualisierungsthese (Beck 1986), die für Gesellschaften unseres Typs soziale Organisationsformen in locker gefügten sozialen Netzen impliziert und damit die Annahme eines generell zunehmenden Einflusses der Massenmedien nahe legt (Baacke/Sander/Vollbrecht 1990, S. 86f.).

Der Uses-and-gratifications-approach

Das Kausalmodell und die Medienzentrierung der älteren Wirkungsforschung überwindet der Uses-and-gratifications-approach (deutsch meist kurz als Nutzen-Ansatz bezeichnet), indem er nicht nach Wirkungen der Medien, sondern nach dem Nutzen fragt, der sich für die Rezipienten aus der jeweiligen Mediennutzung ergibt.[1]

---

1 Zur Rezeptionsmotivation medialer Unterhaltungsangebote im Kontext unterschiedlicher Theorien siehe Vorderer 1996.

Die Frage: »Was machen die Medien mit ihren Nutzern?« wird also abgelöst durch die Fragestellung aus umgekehrter Perspektive: »Warum wenden sich Menschen bestimmten Medien und Medieninhalten zu?« Es wird ja niemand gezwungen, sich beispielsweise mit Gewalt überfrachtete Splattervideos anzuschauen. Für die Medienpädagogik bedeutet dies, dass nun die Mediennutzer und ihre Bedürfnisse in den Mittelpunkt des Wirkungsgeschehens gestellt und ernst genommen werden und nicht nur die normativ durchaus kritisierbaren Medieninhalte.

Auch beim Nutzenansatz ist das Konzept »Selektivität« von großer Bedeutung, denn Mediennutzer sind nicht als passive Opfer der Medien zu verstehen, die bedingungslos konsumieren, was ihnen vorgesetzt wird. Noch für die trivialsten Angebote ist vielmehr anzunehmen, dass Mediennutzer nach ihren jeweiligen Bedürfnissen auswählen. Im Uses-and-gratifications-approach (Katz et al. 1973) wird Selektion daher anders gesehen als bislang. Sie ist nicht mehr eine bloße Störgröße, die die Medienwirkung in ihrer Richtung ablenkt, sondern aktive Auswahl des Mediennutzers zur Steigerung seines psychischen Wohlbefindens. Das Programm des Uses-and-gratifications-approach fassen Katz et al. zusammen: »the approach simply represents an attempt to explain something of the way in which individuals use communications, among other resources in their environment, to satisfy their needs and to achieve their goals and to do so by simply asking them« (Katz et al. 1974, S. 21).

Die dem Mediennutzer zugebilligte »aktive« Rolle gilt allerdings nur in einem beschränkten, funktionalistischen Sinn (Kline 1972, S. 26). Nutzen als Auswahl-, Entscheidungs- und damit auch »Wirkungs«-Kriterium von Medienkommunikation meint ausschließlich funktionalen Nutzen. So verstanden liegt »Nutzen« jenseits der eigenen Definition der Subjekte, nämlich als physisches und psychisches Wohlbefinden, Umweltanpassung oder gesellschaftliche Notwendigkeit, die durch strukturelle Lebensumstände vorgegeben ist. Der Mediennutzer ist zwar nicht mehr bloßes Opfer der Medienkommunikation, sondern Mitspieler; allerdings kann er keineswegs völlig frei und eigenverantwortlich entscheiden.

Aus heutiger Sicht zu kritisieren sind folgende Aspekte des Nutzen-Ansatzes: Durch seine ausschließliche Rezipientenorientierung werden die ebenfalls wichtigen Medieninhalte vernachlässigt. Die Rezeptionssituation wird noch immer zu isoliert betrachtet. Darüber hinaus bleiben neben den untersuchten Nutzenerwägungen weiterhin viele Faktoren unberücksichtigt, z.b. emotionale Zustände des Rezipienten, Wissensbestände, sozialer und gesellschaftlicher Kontext etc. Zudem ist der Nutzen-Ansatz forschungspraktisch schwer umzusetzen, da zur Abschätzung der Medienwirkungen die Bedürfniskonstellationen des jeweiligen Publikums erhoben werden müssten, was zumindest problematisch – wenn nicht unmöglich – ist (vgl. Sander/Vollbrecht 1994, S. 367). Die Entdeckung »aktiver« Anteile beim Rezipienten ist jedoch als deutlicher Fortschritt zu bewerten.

Der dynamisch-transaktionale Ansatz

Aus interaktionistischer Perspektive betrachtet der dynamisch-transaktionale Ansatz (Früh/Schönbach 1982, S. 1984) Medienkommunikation als einen *Prozess des Aushandelns zwischen den Interessen des Kommunikators und des Rezipienten, an dem beide Seiten sowohl aktiv als auch passiv beteiligt sind.* Dieser Ansatz stellt eine Weiterentwicklung der so genannten transaktionalen Ansätze (Davison 1959; Bauer 1964) dar, die Massenkommunikation ebenfalls als einen Prozess der Wechselwirkung sehen. Unter Transaktion versteht man in der Kommunikationsforschung eine medienvermittelte Interaktion. Als »dynamischer« Anteil wird nun zusätzlich die Zeitkomponente, also der prozedurale Charakter von Medienwirkungen berücksichtigt.

Die Verteilung aktiver und passiver Anteile zeigt sich z.B. beim Kommunikator darin, dass er insofern aktiv ist, als er die Medieninhalte auswählt und so auf das Publikum abstimmt, dass er seinen Erfolg (z.B. die Einschaltquote) optimiert. Andererseits muss er aber auch bestimmte Randbedingungen berücksichtigen, die seine Handlungsmöglichkeiten einschränken, und ist insofern auch passiv. Zum Beispiel kann ein Fernsehsender nicht beliebig lange Werbeblöcke ausstrahlen und muss mit seinen Beiträgen den Geschmack des Publikums treffen, um keine Zuschauer zu verlieren.

Auf der anderen Seite ist auch der Rezipient aktiv und kann in einem umfassenderen Sinn als im funktionalistischen Nutzenansatz Medien und Medieninhalte frei auswählen. Andererseits ist er auch passiv, da er nur aus dem jeweils vorhandenen Medienangebot auswählen kann und zudem ansozialisierten Gewohnheiten (Habitualisierungen) folgt – beispielsweise immer zum Frühstück das Radio einschaltet.

Mit dieser Verteilung der Wirkungsanteile auf Kommunikator und Rezipient verbindet der dynamisch-transaktionale Ansatz die gegensätzlichen Perspektiven von Wirkungs- und Nutzen-Ansatz. Er nimmt jedoch drei wesentliche Erweiterungen vor. Der Rezipient ist ja keine Tabula rasa, sondern verfügt über reichhaltige Wissensbestände (wie trivial sie im Einzelnen vielleicht auch sein mögen). Dieses »Vorwissen« beeinflusst einerseits die Akzeptanz und Aufnahme von Medienbotschaften und wird andererseits durch sie verändert oder erweitert. Der zweite Aspekt betrifft die durch Habitualisierungen eingeschränkte freie Wahl des Mediennutzers, die ihm – soweit Habitualisierungen wirksam werden – lediglich »pseudo-aktives« Handeln ermöglichen. Zum dritten wird auch die Zeitperspektive einbezogen, wodurch nun Kumulierungseffekte zeitlich auseinanderliegender Medienrezeptionen sowie der Prozesscharakter eines Kommunikationsvorgangs Berücksichtigung finden.

Wendet sich z.B. ein Mediennutzer einer Fernsehsendung zu, so verändert sich während der Fernsehsendung durch das hinzukommende Wissen und die steigende oder sinkende Spannung ständig seine Motivation, die Sendung weiter anzuschauen. Die veränderte Motivation wiederum wirkt sich auf die Intensität der weiteren Rezeption und damit auf die weitere »Wirkung« der Sendung aus. Nutzung wie auch Wirkung einer Medienbotschaft werden damit aus ihrer ehemals statisch gedachten Gestalt gelöst und als dynamisches Phänomen betrachtet, das sich zu jedem Zeitpunkt der Medienrezeption plötzlich ändern kann – und zwar auf Grund der Medienbotschaft oder durch Einflüsse, die gar nichts mit der isolierten Situation Medium-Rezipient zu tun haben, z.B. Reaktionen anderer anwesender Zuschauer. Der dynamisch-transaktionale Ansatz stellt eine echte Weiterentwicklung traditioneller Wirkungs-

und Nutzen-Ansätze dar. Allerdings bedingt seine Komplexität auch eine erschwerte forschungspraktische Umsetzung, worauf Früh und Schönbach auch hinweisen (Früh/Schönbach 1982, S. 85).

Latente Wirkungen von Medienkommunikation

Konzepte und Theorien latenter Medienwirkungen stellen nicht die individuellen Wirkungen auf einzelne Nutzer in den Vordergrund, sondern interessieren sich für die (gesellschaftlichen) Folgen des bloßen Vorhandenseins von Massenmedien. Großen Einfluss auf die Medienpädagogik gegen Ende der 1960er- und in den 1970er-Jahren hatten die ideologiekritischen Ansätze materialistischer Medientheorien und vor allem die Kritische Theorie der Frankfurter Schule.

Materialistische Medientheorien – Kritische Theorie der Gesellschaft

Im Gefolge der 1968er-Studentenbewegung kommt es zur Wiederentdeckung der Kritischen Theorie, die in den 1930er- und 1940er-Jahren am Frankfurter *Institut für Sozialforschung* entwickelt wurde und neben Bezügen zum Materialismus auch stark von der Psychoanalyse beeinflusst war. Vor allem Theodor W. Adorno und Max Horkheimer wiesen auf den (von den »wahren« Bedürfnissen der Menschen) »entfremdenden« und anti-aufklärerischen Warencharakter von Massenkultur und Massenmedien (Kulturindustrie) hin. Grundlegend für diese Medienauffassung ist die unter dem Eindruck des Faschismus und der Exilerfahrungen in den USA von Horkheimer und Adorno verfasste »Dialektik der Aufklärung« (1969, orig. 1947). Die auf dem »Zirkel von Manipulation und rückwirkendem Bedürfnis« (Adorno/Horkheimer 1969, S. 109) beruhende Funktionsweise der Kulturindustrie beschreibt Adorno im »Résumé über Kulturindustrie« (1967) so: »Der Gesamteffekt der Kulturindustrie ist der einer Anti-Aufklärung; in ihr wird, wie Horkheimer und ich es nannten, Aufklärung, nämlich die fortschreitende technische Naturbeherrschung, zum Massenbetrug, zum Mittel der Fesselung des Bewusstseins. Sie verhindert die Bildung autonomer, selbstständiger, bewusst urteilender und sich entscheidender Individuen. Die aber wären die Voraussetzung einer demokratischen Gesellschaft, die nur in Mündigen sich erhalten und entfalten kann« (Adorno 1967, S. 69f.).

Die Kulturindustriethese basiert auf fünf grundlegenden Annahmen. Zunächst einmal wird ein passiver Rezipient unterstellt, dessen Subjektivität sich allein über seine Kaufentscheidungen definiert (Passivitätsthese). Zweitens entscheidet letztlich allein die Kulturindustrie nicht nur über das Angebot am Markt, sondern auch über die Nachfrage durch manipulative Werbemaßnahmen, die Bedürfnisse erst rückwirkend erzeugen (Manipulationsthese). Drittens werden durch zunehmende Monopolisierung der Produktionsmittel auch die hergestellten Kulturwaren (z.B. Fernsehsendungen unterschiedlicher Programmanbieter) qualitativ immer homogener, auch wenn der Anschein von Konkurrenz und Ausweichmöglichkeit erhalten bleibt (Konformitätsthese). Viertens totalisieren die in den Erzeugnissen der Kulturindustrie transportierten Ideologien alle Lebensbereiche nach Maßgabe des Kapitals (Totalisierungsthese) und fünftens ist die Kulturindustrie ihrem Ursprung und Wesen nach zutiefst amerikanisch und kolonialisiert den Rest der Welt durch den amerikanischen »way of life« (Kulturimperialismusthese).

Für Horkheimer und Adorno ist durch die Massenproduktion von Kultur, die damit zu einer gewöhnlichen Ware wird, die künstlerische Kreativität ausschließlich den Gesetzen der Profitmaximierung unterworfen. Einen abweichenden Standpunkt vertritt Walter Benjamin: Erst die technische Reproduzierbarkeit von Kulturwaren ermöglicht eine Entauratisierung des Kunstwerks (Benjamin 1980) und damit auch demokratisierte Rezeptionsweisen – für Adorno ist dies nicht verbunden mit einer Demokratisierung von Bildung, sondern ihrem Niedergang.

Die hellsichtigen Analysen der Kritischen Theorie sind auch heute noch lesenswert im Hinblick auf den formal-ideologischen Charakter der Massenmedien und den Verwertungszusammenhang von Medien und Trivialkultur. Aus heutiger Sicht vernachlässigen sie jedoch die Perspektive der lebensweltlichen Sinnkonstitution, halten an der Allmachtsthese der Massenmedien fest und begeben sich mit der Kategorie der Entfremdung in die Aporie der Unterscheidung wahrer und falscher Bedürfnisse. Antiquiert ist es aus heutiger Sicht, die Funktion von Massenmedien als bloße Strategie im Dienste kapitalistischer Herrschaftsinteressen zu sehen und damit eine einseitige Schuldzuweisung vorzunehmen, denn »gerade infolge der Ausbreitung der Massenkultur kann man nicht mehr Subjekte ausfindig machen, die schuld sind. Die Macher sind selbst schon Getriebene der Entwicklung« (Welsch 1991, S. 37). Die ehemals große Attraktivität dieses Ansatzes für medien- und gesellschaftskritische Pädagogen ist auch aus diesem Grund und mit dem Aufkommen lebensweltbezogener Theorieansätze zurückgegangen.

McLuhan: »The Medium ist the Message« und »The Global Village«

Zur gleichen Zeit – also Ende der 1960er-Jahre – entwickelte in den USA der Literaturwissenschaftler Marshall McLuhan (allerdings ohne gesellschaftskritische Konnotationen) eine Theorie gesellschaftlichen Wandels, die sich zentral auf Medien bezieht und die neuen Entwicklungen weniger kritisiert als vielmehr beschreibt und deutet. Für McLuhan sind Medien nicht wie für die Kritische Theorie Manipulationsinstrumente in der Hand der Herrschenden, sondern stellen vor allem eine Erweiterung der menschlichen Sinne dar. Seine essayistisch angelegten Bücher über »Die Gutenberg-Galaxis – Das Ende des Buchzeitalters«, »The Global Village«, »Die magischen Kanäle – Understanding Media« und »The Medium is the Message« waren damals außerordentlich populär.

Seine wichtigste Erkenntnis lässt sich in dem vielzitierten Satz zusammenfassen: »The Medium is the Message«, mit dem auch eins seiner Werke betitelt ist, wobei die Doppeldeutigkeit des (gesprochenen) Wortes Message/Massage im deutschen Buchtitel aufscheint als »Das Medium ist die Massage« (McLuhan/Fiore 1969). Gemeint ist damit, dass es gar nicht auf die Medieninhalte ankommt, sondern auf die bloße Existenz der Medien, die die Form der Wahrnehmung von Welt verändert. Die Medien selbst sind die eigentliche Botschaft oder gar die Matrix aller Botschaften, die durch das Medium transportiert werden. Medien mögen jeden Tag eine neue Sau durch das globale Dorf treiben – wer erinnert sich noch an die Themen des letzten Jahres? – entscheidend ist, dass sie es tun. Allein durch ihre Existenz verändern Medien unsere Weltwahrnehmung und unseren Alltag, der – überspitzt gesagt – zum medialen Massagesalon mutiert.

McLuhans Erkenntnis ist deshalb bedeutsam, weil sich die philosophischen Wirklichkeitsbeschreibungen bislang frei geglaubt hatten von einer Prägung des Denkens durch die verwendeten Medien (der Mündlichkeit oder der Schriftlichkeit): »Der Sinn sollte im Urzustand mediumfrei existieren und erst nachträglich durch die Einspeisung in Medien eine Verbreitung und Entfremdung erfahren – so dachte man von Platon bis Hegel und weit darüber hinaus« (Welsch 1995, S. 81). Dieser reine, zeichenfreie Sinn entpuppte sich mit Derridas Nachweis, »dass Sinn sich stets der Einschreibung in Medien verdankt und dass die Medialität zum Sinn nicht erst nachträglich und äußerlich hinzutritt, sondern von Anfang an für Sinn konstitutiv ist, dass sie produktive Bedeutung für Sinnprozesse hat« (ebd., S. 82) als Phantom.

Die in den 1960er-Jahren von Marshall McLuhan entwickelte Kommunikations-Vision vom »Global Village« scheint vielen mittlerweile eingelöst zu sein. Genauer betrachtet gilt dies jedoch nur für die weiterentwickelten Gesellschaften. Weltweit gesehen haben etwa 50% der Menschen noch nie ein Telefon in Händen gehalten, und 80% haben noch nie einen Taschenrechner bedient. In Bhutan beispielsweise wurde das Fernsehen erst im Juni 1999 eingeführt – ausschließlich terrestrisch via Antenne zu empfangen, da das Geld für die Miete eines Satellitenkanals nicht vorhanden ist. Der Empfang fremder Programme via Satellit war vorher verboten, wurde jedoch nicht verfolgt.

Die These vom globalen Dorf diskutiert man heute unter dem Stichwort »Globalisierung«, die ja im Kern in einer Bewegung der »Entterritorialisierung« besteht. Wirtschaft, Politik und Lebensstile überwinden die Grenzen der alten Nationalstaaten mit dem kulturellen Effekt der anscheinend unausweichlichen Annäherung alles

Fremden und Fernen. Die Medien unterstützen einerseits diese Globalisierungstendenzen, indem sie beispielsweise Lebensstilmuster allgemein zugänglich machen, andererseits aber auch das umgekehrte Phänomen: das kulturelle Fremd- und Fernbleiben von Alteingesessenen und Neubürgern, die als Einwanderer ins Land gekommen sind, ohne heute den mediengestützten ethnischen Raum je verlassen zu müssen, der sie in ihrer imaginären und virtuellen Heimat festhält und dadurch auch integrationshemmend wirkt.

Es ist ein Paradox der Globalisierung, dass sich immer mehr Menschen konfektionierte Versatzstücke fremder Kulturen aneignen, die auf dem globalen Markt frei flottieren. Es ist aber mehr als fraglich, ob man, wie Beck in der Einleitung des Bandes »Politik der Globalisierung« vermutet (vgl. Beck 1998), Indien durch Yogaübungen oder China durch die taiwanesische Küche tatsächlich näher kommen kann. Zudem zeigt sich in ethnographischer Perspektive, dass Menschen, die z.B. dieselben weltweit vermarkteten Filme und Fernsehserien sehen oder dieselbe Popmusik hören, auf Grund unterschiedlicher kultureller Ausgangsbedingungen und Vorerfahrungen, diese Medienangebote unterschiedlich wahrnehmen und interpretieren, wie Liebes/Katz (1988) am Beispiel der Fernsehserie »Dallas« aufgezeigt haben. Sogar die Macht über die Fernbedienung ist kulturell vorgezeichnet (vgl. Lull 1988, S. 237ff.). Während etwa in den USA und Großbritannien die Entscheidungsgewalt über das, was in einer Familie gesehen wird, eher bei den Männern liegt, sind es in den Macho-Kulturen Lateinamerikas die Frauen, da deren unbestrittenes Revier das Heim – einschließlich des Fernsehers – ist (vgl. auch Kleinsteuber 1994, S. 54ff.).

Simulationstheorie

Die Simulationstheorie ist bereits in den 1970er-Jahren entwickelt worden (Baudrillard 1978; 1978a) und wendet sich gegen Thesen McLuhans und die damals einflussreichen materialistischen Medientheorien. Auch wenn erkenntnistheoretisch kein Unterschied auszumachen ist, ob das Material, woraus wir unsere Wirklichkeit konstruieren, aus den Medien bezogen wird oder nicht, sähe dieses

Material in einer Welt ohne Medien wohl anders aus. Der Simulationstheorie geht es im Unterschied zum Konstruktivismus jedoch nicht um die Frage, wie Menschen ihre Wirklichkeit konstruieren, sondern um das Problem, dass auch die Medien ihre eigene Wirklichkeit konstruieren – bis hin zur totalen medialen Simulation, bei der Realität und Fiktion ununterscheidbar werden.

McLuhan hatte behauptet, dass die Medien ganz unabhängig von ihrem Inhalt, also nur aufgrund ihrer technologischen Struktur, die Welt revolutionär verändern und ein neues Zeitalter der unmittelbaren und planetarischen Kommunikation (»Globales Dorf«) einläuten. Aus materialistischer Perspektive werden die Medien durch die »Macht« (Herrschaftsverhältnisse) kontrolliert, sind deshalb undemokratisch, bergen aber zugleich ein demokratisches Potenzial von Rationalität und Universalität der Information. Um dieses Potenzial freizusetzen, müssten die bloßen Distributionsmedien in – wie wir heute sagen würden: interaktive – Kommunikationsmedien verwandelt werden (vgl. Brecht 1932; Enzensberger 1970). Die Simulationstheorie Baudrillards will beide Standpunkte als Illusionen entlarven, was ich hier jedoch nicht weiter vertiefen will, weil heute ein anderer Aspekt bedeutsamer ist.

Die Massenmedien sind ja längst selbst zum Bestandteil von Ereignissen und politischen Prozessen geworden. Sie übermitteln kein ungefiltertes Bild der Welt (Abbildtheorie), sondern vertreten ihrerseits Interessen, konstruieren und simulieren Wirklichkeit. »Hat der Golfkrieg stattgefunden?«, fragte Baudrillard (1991) in einer feuilletonistischen Kommentierung des »Medienereignisses« Golfkrieg, in dem beide Kriegsparteien die Medien in bislang unbekannter Weise für ihre Zwecke instrumentalisiert hatten. Der Ausgangspunkt der Simulationstheoretiker ist nicht eine erkenntnistheoretische Fragestellung, also in diesem Fall die Frage, ob der Krieg nun wirklich stattgefunden hat oder diese Wirklichkeit nur als Konstruktion unterstellt werden kann. Entscheidend ist vielmehr, dass – als Wirkung von Medien – die Realität mit ihrem Bild zusammenfällt, Wirklichkeit nur im Bild »existiert«. Die Medien informieren und desinformieren uns. Sie greifen in ihrer Berichterstattung auf zensiertes Material beider Seiten zurück und erzeugen (simulieren) damit eine eigene Wirklichkeit, deren Bezug zu Realereignissen nicht mehr überprüfbar ist. Wir können den Mediendarstellungen nur noch entnehmen, dass es so gewesen sein könnte, wie die Medien es uns präsentieren – immer unter dem Vorbehalt, dass es möglicherweise auch ganz anders gewesen sein könnte. In der historischen Distanz lässt sich dann vieles (nicht alles) klären, aber »im Rausch der elektronischen Bilder, die sich mit Lichtgeschwindigkeit ausbreiten, hat das Wirkliche keine Zeit zu passieren« (Baudrillard 1991).

In Baudrillards »Aufstand der Zeichen« wird der medialen Formproblematik radikal Vorrang eingeräumt und Fragen der Medienproduktion, -rezeption und -inhalte erscheinen völlig nebensächlich. Das ist besonders bedauerlich, weil – wie auch Weisenbacher anmerkt – »die Notwendigkeit einer Diskussion der Problematik der medialen Form überhaupt nicht zu leugnen (ist/RV) – im Gegenteil, sie ist medientheoretisch dringlicher denn je zuvor« (Weisenbacher 1995, S. 303f.). In der Tat haben wir es ja heute mit der Erfahrung alltäglicher und undurchsichtiger Simulationseffekte der Medien zu tun. Durch die neuen Medien mit ihren vielfältigen Manipulationsmöglichkeiten gewinnt die Frage der Virtualität noch weiter an Aktualität. Die Bedeutung der Simulationstheorie Baudrillards liegt heute aber wohl eher in den Fragen, die sie aufwirft, als in der eingeschlagenen Antwortrichtung.

Der Schreiber
schafft Fakten – das wussten schon die mixtekischen Machthaber zu nutzen. Zuweilen fälschten sie die Genealogie.

Quelle:
König, V. 1998
Aufnahme:
Universitätsbibliothek
Eichstätt

Wesentlich ist, dass unterschiedliche Versionen der Wirklichkeit inzwischen zu unserem Erfahrungsschatz gehören. Wir wissen und müssen heute stets mitberücksichtigen, dass immer auch alternative Weltkonstruktionen möglich sind. Unsere Wirklichkeitsauffassung öffnet sich auf eine Vielzahl anderer Welten hin, wodurch unsere »gewohnte Realerfahrung (…) ihren Ausschließlichkeitsanspruch (verliert/RV) – wenn auch nicht ihre Priorität« (Welsch 1995, S. 83).

Konzept der Schweigespirale

Im Anschluss an die soziologische Kleingruppenforschung, insbesondere an experimentelle Befunde des Sozialpsychologen Asch (1952) über konformes Verhalten, entwickelte Noelle-Neumann zu Beginn der 1970er-Jahre ihre Theorie der Schweigespirale. Der politische Hintergrund ist darin zu sehen, dass die öffentliche Meinung dieser Zeit von politisch mehrheitlich »links« stehenden Journalisten geprägt wurde, während – so die These Noelle-Neumanns – die Mehrheit der Bevölkerung weit konservativer eingestellt war. Die politischen Wahlergebnisse würden daher durch *konformes Verhalten* der Bevölkerung zur veröffentlichten Meinung verfälscht.

In diesem Sinne bezeichnet sie das Fernsehen als »getarnten Elefanten« (Noelle-Neumann 1970). Damit ist gemeint, dass das Fernsehen in der Lage ist, eine öffentliche Meinung zu produzieren, indem in einem »doppelten Meinungsklima« (Fernsehjournalisten vs. Mehrheitsbevölkerung) ein bestimmter Standpunkt als Mehrheitsmeinung suggeriert wird. Weil die Meinungsbildung in der Bevölkerung, so Noelle-Neumann, durch Umweltbeobachtung, also durch Ko-Orientierung (vgl. Newcomb 1953) bestimmt wird, der Einzelne sich also an der Mehrheitsmeinung seiner Umwelt orientiert, schließt er sich dieser medialen Mehrheitsmeinung an, die er nun auch ohne Furcht vor sozialer Isolation vertreten kann.

Dies führt zu einem sich selbst verstärkenden Prozess, der als »Schweigespirale« (Noelle-Neumann 1974/1980) bezeichnet wird, weil die tatsächliche Mehrheitsmeinung nicht mehr geäußert wird, und bedingt letztlich eine Veränderung der Mehrheitsmeinung in

Richtung der medial vorgespiegelten Meinungsverteilung. Ob nun das Fernsehen tatsächlich in der Lage ist, Mehrheitsmeinungen zu produzieren, bleibt fraglich, denn dazu müsste der »Koorientierungspartner« Fernsehen eine vorrangige Stellung vor den anderen Koorientierungspartnern (Mitmenschen) haben. Zudem steht die Annahme einer Schweigespirale in Widerspruch zu Ergebnissen aus Konformitätsexperimenten, in denen ein Großteil der Versuchspersonen (etwa zwei Drittel) dem Gruppendruck sehr wohl widerstehen konnte (McDavid/Harari 1968), so dass auch die Medienbeeinflussung durch Suggestion einer Mehrheitsmeinung großenteils wirkungslos bliebe. Kritisch angemerkt wurde auch das problematische Verhältnis von Einstellung und Verhalten (z.B. Triandis 1975; Stroebe 1980), das in diesem Ansatz nicht genügend reflektiert wird. Bekanntlich lässt sich aus Einstellungen nicht umstandslos auf tatsächliches Verhalten schließen.

Die Agenda-setting-Hypothese

Wie auch die Theorie der Schweigespirale geht die Agenda-setting-Hypothese (vgl. Weiss 1980) von der Annahme aus, dass Medien erheblichen Einfluss auf die öffentliche Meinung haben. Der Unterschied ist darin zu sehen, dass beim Agenda-setting nicht die Übernahme von *Meinungen* aus den Medien postuliert wird, sondern die von *Themen*. Die Medien geben durch ihre Themenauswahl vor, worüber die Menschen reden, und damit auch, was auf die politische Tagesordnung (Agenda) kommt.

Mit der Betonung von Themen- und Ereignissetzung schließt die Agenda-setting-Hypothese an die so genannte *Gate-keeper-Forschung* an, die sich mit der Frage beschäftigt, auf welche Weise Informationen überhaupt in die Massenmedien gelangen. Letztere benennt vor allem drei wichtige Selektionsmechanismen: Erstens die Größe einer Medienorganisation, die entscheidend ist für den Grad der Abhängigkeit von Nachrichtenagenturen und die Stärke eigener Redaktionen. Zweitens Zeitdruck und Platzmangel (Aktualität und Exklusivität der Informationen sowie ihre »Konkurrenz« hinsichtlich Bedeutsamkeit) sowie drittens die spezifische »Medien-Eignung« des berichteten Ereignisses, also bei Fernsehnachrichten beispielsweise die Frage, ob Bildmaterial vorliegt oder die Nachricht nur verlesen werden kann.

Die Agenda-setting-Hypothese scheint auf den ersten Blick eine gewisse Plausibilität für sich in Anspruch nehmen zu können. Genauer betrachtet postuliert der Ansatz jedoch unter Verweis auf die (oben kritisierte) kausale Zurechnung, dass exakt diejenigen Themen, die die Medien verbreiten, später in den Köpfen der Rezipienten wirksam würden (vgl. Edelstein 1983). Die Thematisierungsfunktion ist sicher für einzelne Themen durchaus zutreffend, jedoch nicht in der überzogenen Generalisierung. Ob meinungsstarke Minderheiten sich mittels agenda-setting durchsetzen, bleibt eine empirisch offene Frage. Zutreffend scheint mir die logische Umkehrung der Agenda-setting-Hypothese zu sein: Themen und Meinungen, die von den Medien nicht aufgegriffen werden, haben in unserer Medienwelt keine Chance auf öffentliche Wahrnehmung. Das ist durchaus von Bedeutung, denn damit verknüpft sich die Frage, wie z.B. kleine oppositionelle Strömungen, Splitterparteien oder genereller: neue Ideen oder wichtige Ereignisse z.b. in Entwicklungsländern (das »globale Dorf« ist ja wohl eher eine Fiktion) öffentliches Interesse hervorrufen können, wenn die Medien sie nicht wahrnehmen oder als für ihr Publikum uninteressant bewerten (siehe auch Sarcinelli [Hrsg.] 1998).

Wie unvollständig in den Medien über wichtige Themen berichtet wird, zeigt beispielsweise die »Initiative Nachrichtenaufklärung« des Sonderforschungsbereichs Bildschirmmedien an der Universität GH Siegen. Sie wählt jährlich die »Topten der wichtigsten, in den Medien vernachlässigten Themen«. Im Jahr 1998 lagen (hätten Sie's gewusst?) auf den ersten Plätzen:

- die Möglichkeit einer Aktivierung der Freisprecheinrichtung von ISDN-Telefonen durch von außen durchgeführte technische Manipulation, so dass jede Unterhaltung im Umkreis des Telefons – auch bei aufgelegtem Hörer – abgehört werden kann;
- das »Echolon-System« (siehe dazu das Kapitel »Gesellschaftliche Aspekte der Medienwelt«, S. 214f.) des US-Geheimdienstes »National Security Agency« (NSA), mit dem Kommunikationssatel-

liten angezapft werden, um Telefongespräche, E-Mails, Faxe etc.
in Europa auszuspähen;
- die Lagerung strategischer Atomwaffen in Rheinland-Pfalz;
- die von der Bundesregierung verweigerte Entschädigung für die Opfer des SS-Massakers in Distimo (Griechenland);
- Misshandlungen von Ausländern in der Abschiebehaft durch deutsche Polizisten.

Increasing-knowledge-gap-Hypothese

Mit der Wissenskluft-Hypothese (Increasing-knowledge-gap-Hypothese) werden nichtintendierte Folgen medialer Informationsvermittlung beschrieben, die darin bestehen, dass die sowieso schon besser informierten Bevölkerungsschichten von weiteren Informationen mehr profitieren als andere, wodurch sich die Informationsunterschiede in der Bevölkerung weiter vergrößern. Man hatte schon relativ früh herausgefunden, dass die Informationsvermittlung über Medien bei verschiedenen Bevölkerungsgruppen zu unterschiedlichen Ergebnissen führt (vgl. Hyman/Sheatsley 1947). Die Hypothese der Minnesota-Forschungsgruppe lautete: »Wenn der Informationsfluss von Massenmedien in ein Sozialsystem wächst, tendieren Bevölkerungssegmente mit höherem sozioökonomischem Status zu einer rascheren Aneignung dieser Information als die statusniedrigeren Segmente, so dass die Wissenskluft zwischen diesen Segmenten tendenziell zu- statt abnimmt« (Tichenor/Donohue/Olien 1970). Der Grund dieser unterschiedlichen Rezeption und Verarbeitung derselben Information wird auf schon bestehende soziostrukturelle Eigenarten des Umgangs mit Medien zurückgeführt.

Der Ausbau des Mediensystems führt daher nicht zu Egalisierungen, sondern verschärft noch einmal bereits bestehende Ungleichheiten.[1] So meint Saxer: »Alles spricht dafür, dass sich auch

---

1 Zur Wissenskluft-Hypothese und der Gefahr wachsender Informationsdefizite bei bestimmten gesellschaftlichen Gruppen als Folge der Einführung neuer Medien vgl. auch Bonfadelli 1980, S. 173ff.

bei dieser Erweiterung des Mediensystems der alte kommunikationsbiblische Satz bestätigen wird, dass demjenigen, der schon hat, auch noch gegeben wird. Neuerungen im Medienbereich werden regelmäßig (...) vorrangig und zuerst von jenen genutzt, die ohnehin schon zu den Multi-channel-people, zu den Kommunikationsreichen gehören; und diese verstehen es, neue Informationskanäle rascher und effizienter für die Befriedigung ihrer Bedürfnisse zu verwenden als diejenigen mit geringer Kommunikationskompetenz. Und Kommunikationskompetenz korreliert bekanntlich stark mit Bildung« (Saxer 1983, S. 24).

Entscheidend ist nicht der unbestrittene Befund einer tatsächlich vorhandenen Wissenskluft, sondern die schwer nachzuweisende (und entsprechend umstrittene) Annahme einer Vergrößerung dieser Unterschiede. Besserer Bildungshintergrund (verbunden mit höherem Aspirationsniveau) und eine sozialökologisch abwechslungsreich ausgestattete Umwelt legen einen eher aktivselegierenden Medienumgang nahe. Umgekehrt: Je schlechter gebildet Jugendliche sind, je weniger Anregungen sie in der Familie, in der Schule und in der Freizeit erfahren, je schlechtere Zukunftsaussichten sie haben, desto eher neigen sie dazu, sich durch Medienkonsum eher von solchen Problemen abzulenken und in der vorhandenen Situation festzufahren. Im Bereich der Medienkultur existiert damit eine Kluft zwischen zwei Bevölkerungsgruppen, die durch das Hinzukommen weiterer Medien eher tiefer zu werden droht.

Die Ausgangsthese der Wissenskluftforschung wird heute als präzisierungs-, differenzierungs-, aber auch erweiterungsbedürftig angesehen (Saxer 1988, S. 145). Nicht nur der sozioökonomische Status bzw. die formale Bildung (wie in der ursprünglichen Formulierung der Hypothese) sind entscheidend für die Entstehung von Wissensklüften, sondern weitere Variablen beeinflussen ebenfalls die Stärke und Dynamik von Wissensklüften im Zeitablauf. Bonfadelli (1994) unterscheidet drei Ebenen von Faktoren und Prozessen, die hier zusammenwirken: Auf der Ebene des *Entstehens von Wissensklüften* sind soziale Kommunikationsbarrieren auszumachen, die den Zugang zu medienvermittelten Informationen erschweren. Im *Verlauf von Wissensklüften* wirkt verstärkend, dass die sowieso schon »Informationsreichen« (Mittelschichten) die Medien etwas stärker informationsorientiert und weniger unterhaltungs-orientiert (Unterschichten) nutzen. Schließlich spielen auf der *Ebene des Rezeptionsprozesses* die unterschiedlichen Motivationen sowie kognitive Faktoren eine Rolle, also etwa Vorwissen, Er-wartungshaltungen und kognitive Kompetenzen (Bonfadelli 994, S. 226ff.).

Je nach Lebensdienlichkeit des Wissens lässt sich auch zwischen verschiedenen Typen von Wissensklüften unterscheiden (Bentele 1985, S. 95), und statt von *defizitärer* Wissensaneignung eher von einer *differentiellen* Wissensaneignung reden. Die Defizitthese wird dabei durch eine Differenzthese ersetzt, die zwar ebenfalls unter-schiedliche Nutzungsstile behauptet, diese jedoch nicht in einer Rangfolge als besser oder schlechter bewertet. Ein Internetnutzer mag ja prinzipiell mehr Informationsquellen zur Verfügung haben als jemand, der dieses Medium nicht nutzt. Inwieweit und ob über-haupt dieser optionale Informationsvorsprung sich in der Lebens-welt entscheidend auswirkt, sei einmal dahingestellt.

Ein interessantes Nebenergebnis der Wissenskluftforschung ist darin zu sehen, dass auch gegenläufige Prozesse zu beobachten sind, die in Richtung einer Einebnung von Wissensunterschieden wirken. Solche Angleichungen im Informationsstand ergeben sich beispielsweise durch persönliche Gespräche, persönliche Betroffen-heit oder auch intensive und langanhaltende Berichterstattung zu einem Thema, die allesamt den medialen Informationsvorsprung der Informationsreicheren verringern (durch Anhebung im unteren Segment). Eine intensive und konstante Berichterstattung führt zu einem so genannten »ceiling effect«. Damit wird der Sachverhalt bezeichnet, dass weitere Informationen in den Medien den Infor-mationsstand in der Bevölkerung nicht weiter anheben, da inzwi-schen (fast) alle die relevanten Informationen zu einem Thema mitbekommen haben. Ebenfalls angleichend (durch Absenkung im oberen Segment) wirkt sich eine nachlassende öffentliche Aufmerk-samkeit gegenüber einem Thema aus: Der Sachverhalt gerät dann auch bei den Informationsreichen in Vergessenheit. Die jeweilige Wahrscheinlichkeit und Wechselwirkung solcher Effekte abzuschät-zen, dürfte allerdings äußerst schwierig sein.

Cultural Studies/Kulturtheoretischer Ansatz

Ein gegen die Medien häufig vorgebrachter Einwand beruht auf einer Gegenüberstellung primärer und sekundärer (oder: vermittelter) Erfahrung. Medienerfahrungen seien bloß vermittelte Erfahrungen, denen nicht die gleiche Authentizität zukomme wie direkten Erfahrungen. Diese Auffassung ist jedoch erkenntnistheoretisch naiv, da auch die so genannten unvermittelten Erfahrungen immer schon in einem erlernten Interpretationskontext gemacht und gedeutet werden. Der Unterschied besteht in dieser Hinsicht eher darin, dass Medien spezifische Bedeutungsangebote zur Verfügung stellen, die wir so auch in der Wirklichkeit unserer Lebenswelt vorfinden können oder auch nicht. Den Medien kommt eine wichtige Rolle dabei zu, wie das kulturelle Sinnangebot sich darbietet, denn es sind heute wesentlich die Medien, über die Bedeutungen in Umlauf gebracht werden.

In den Forschungsarbeiten des *Centers of Contemporary Cultural Studies* (z.B. Hebdidge 1983) wird unterstellt, dass diese Bedeutungen umkämpft seien – insbesondere zwischen der hegemonialen Kultur und dagegen opponierenden Subkulturen der Jugendlichen. In Deutschland lassen sich dagegen solche Bedeutungsdifferenzen und symbolischen »Kämpfe« weniger deutlich an Klassen- oder Schichtgrenzen ausmachen. Wir können aber z.b. in Wahlkampfzeiten gut verfolgen, wie politische Begriffe und Felder von unterschiedlichen politischen Richtungen besetzt und mit Bedeutungen aufgeladen werden. Wir haben es also mit unterschiedlichen, miteinander konkurrierenden Bedeutungsangeboten und Interpretationen zu tun, die durchaus unterschiedliche Chancen haben, öffentlich wahrgenommen und dadurch wirksam zu werden, dass Menschen sie in ihren Alltag übernehmen.

Medien wirken demnach nicht direkt durch ihre Inhalte, sondern durch die Passung ihrer Bedeutungsangebote für die jeweiligen Mediennutzer. Nach dem französischen Linguisten Ducrot (ausführlich bei Salecl 1994, S. 42ff.) richtet sich jede (Medien-)Aussage an einen (mit dieser Aussage konstruierten) Adressaten, den man sich – wie den »generalisierten Anderen« im Symbolischen Interaktionismus (siehe dazu Mead 1968) – als eine diskursive Position vorstellen kann: »Der Diskurs richtet sich nicht an ein gegebenes Individuum, sondern schafft selbst den Ort des Adressaten – es hängt vom Empfänger ab, ob er sich an diesem Ort wiedererkennt« (Salecl 1994, S. 45). Medienwirkungen hängen also davon ab, ob mit einem Bedeutungsangebot ein »idealer Ort seiner möglichen Fortsetzung« (ebd., S. 46) konstruiert wird, anders gesagt, ob es Anschlussmöglichkeiten für diese Position in der Vorstellungswelt des Adressaten gibt. Entscheidend ist also nicht, dass etwa Bilder direkt zur Identifikation angeboten werden, sondern ob und wie diese Bilder zu unserer psychischen Realität passen und dann entsprechend dieser Realität gedeutet werden.[1]

Die Cultural Studies beziehen sich also auf die Ebene der Sinnkonstitution und (sub-)kulturellen Zeichenverwendung. Sie versuchen zu erfassen, »wie das Alltagsleben von Menschen durch und mittels der Kultur artikuliert wird, wie sie durch die besonderen Strukturen und Kräfte, die ihr Leben immer in widersprüchlicher Weise organisieren, zur Handlung befähigt oder unfähig werden, und wie ihr Alltagsleben selbst mit den und durch die Strukturen der ökonomischen und politischen Macht artikuliert wird« (Grossberg 1997, S. 14).

Die Kultivierungsthese

Die Kultivierungsthese von Gerbner unterstellt, dass Medienwirkungen nicht auf einzelne Medieninhalte zurückgeführt werden können, wohl aber auf die durchgängige Präsentation bestimmter Deutungsmuster und Weltbilder. Die These ist vor allem im Kontext der Mediengewaltforschung diskutiert worden. Die im Vergleich mit der tatsächlichen Kriminalitätsrate extreme Überbetonung von Kriminalität und Gewalt im Fernsehen bedinge ein verstärktes Bedrohungsgefühl im Alltag und erzeuge so die »angsterregende Welt des Vielsehers« (Gerbner et al. 1981). Die mangelnde Unterscheidungsfähigkeit zwischen Realität und Medienrealität

---

1 Ein Beispiel dafür ist der Aufsatz von Hipfl (1998) über die »Medien-Identifikationsfigur« Prinzessin Diana.

führe ganz allmählich zur Übernahme der in den Medien vertretenen Sichtweise.

Letztlich resultiert wie bei den älteren Wirkungsansätzen auch bei der Kultivierungsthese die Wirkung ausschließlich aus den Inhalten der Medien. Der Unterschied ist lediglich darin zu sehen, dass die Wirkung nicht direkt erzielt wird (Stimulus-Response), sondern kumulativ, wobei theoretisch unausgesprochen ein Lernen durch Konditionierung unterstellt wird. Die Kritik an den älteren Wirkungsmodellen trifft daher auch auf die Kultivierungsthese zu. Zudem kann bezweifelt werden, ob Gerbner überhaupt Wirkungen der Medien beschreibt. Die Furcht, Opfer von Kriminalität zu werden, hat viele Ursachen. Die ständige Berichterstattung in den Medien (Nachrichten über tatsächliche Verbrechen) kann eine davon sein, die ständige Erinnerung an Gewalt durch fiktive Gewaltdarstellungen eine andere.

Die Kultivierungsthese bindet Wirkungen zudem an die Quantität des Fernsehkonsums. Es sind die Vielseher, die besondere Kriminalitätsfurcht zeigen. Unter Vielsehern findet man jedoch überproportional viele alte Menschen, die generell mehr Angst als z.B. Jugendliche davor haben, Opfer von Verbrechen zu werden (obwohl es real umgekehrt ist) sowie Angehörige der unteren Sozialschichten, die auch in der Realität ein größeres »Opferrisiko« tragen. In einer polemischen Kritik an Gerbner spricht Hirsch (1981) denn auch von »der ›angsterregenden Welt‹ des Nichtsehers«.

Darüber hinaus ist der Ansatz zu einseitig auf das Fernsehen bezogen. Wenn allein die Fülle von Gewaltdarstellungen ausschlaggebend ist, stellt sich doch die Frage, warum niemand z.B. bei den (gut untersuchten) Fans von Horrorvideos (vgl. Vogelgesang 1991) oder den gewalthaltige Spiele bevorzugenden Computerspielern ähnliche Effekte ermitteln konnte. Das könnte man vielleicht mit der Fiktionalität dieser Gewaltdarstellungen begründen. Bei einem derart subtilen Beeinflussungsprozess, wie die Kultivierungsthese ihn annimmt, scheint es aber wenig plausibel und im zu Grunde liegenden lerntheoretischen Modell auch nicht begründbar, warum bei nichtfiktionalen Darstellungen ein Lerneffekt eintritt und bei anderen nicht.

Mediensozialisatorische Ansätze

Ansätze der Mediensozialisation gehen von Medienwirkungen auf Kinder und Jugendliche in dem Sinn aus, dass die Medien neben Familie, Schule und Gleichaltrigengruppen eine weitere Instanz darstellen, die den Sozialisationsprozess entscheidend mitbestimmt. Die ehemals starke (und auch nicht immer unproblematische) Sozialkontrolle der Nachbarschaften nimmt in individualisierten Gesellschaften dagegen ab. Normen, Werte, Wissensbestände und Verhaltensweisen werden heute auch über die Medien vermittelt, so dass sich durchaus von Medienwirkungen sprechen lässt. Das muss indes kein Anlass zur Beunruhigung sein, denn die empirische Medienforschung zeigt immer wieder, dass das größte Einflusspotential (das freilich auch genutzt werden muss!) nach wie vor bei den Eltern liegt. Anders ist dies in den Bereichen, in denen Kinder und Jugendliche den Eltern wenig oder keine Kompetenz unterstellen. Über die jeweils angesagten Musik- und Kleidungsmoden, Freizeitstile mit zugehörigem Habitus entscheiden die medial vermittelten Jugendkulturen.

Die Schlagworte von *Medienkindheit* und *Medienjugend* verweisen auf die Bedeutung von Medien im Sozialisationsprozess, der zum Teil auch ein Prozess der Selbstsozialisation (in der Gleichaltrigengruppe) ist. Die Mediensozialisation hat aber auch Einfluss auf die »alten« Sozialisationsinstanzen Elternhaus und Schule, da die Medien nicht dem dort vertretenen pädagogischen Code folgen (Hengst 1996), sondern ohne Rücksicht darauf – im Rahmen der »Consumer Culture« – die Autonomiebestrebungen der Kinder und Jugendlichen fördern. Kinder müssen heute die Codes beider Bereiche lernen und auseinander halten können. Eltern können ein Lied davon singen, wie virtuos sie zwischen beiden Codes changieren können, wenn sie beispielsweise ihre Forderung nach Kinderschokolade (»Consumer Culture«) mit dem Argument stützen, dass sie doch viel Milch enthält und daher gesund sei (pädagogischer Code) oder eine Fernsehbeschränkung zurückweisen mit der Bemerkung, der Kinderkanal sei doch extra für Kinder da (also pädagogisch wertvoll oder zumindest unbedenklich). In der Schule wirkt sich die Mediensozialisation – neben der verstärkten Notwendigkeit von Medienerziehung – beispielsweise auf didaktische Fragestellungen aus. Kinder stellen heute andere Ansprüche an die mediale Aufbereitung von Lernmaterialien, wie auch ein Vergleich alter und neuerer Schulbücher plausibilisiert.

Mediensozialisation ist nicht nur zu verstehen als »Sozialisation durch Massenkommunikation«, sondern auch als »Sozialisation zur Massenkommunikation« (Bonfadelli 1983, S. 317). Damit ist gemeint, dass Heranwachsende sich über Sozialisationsprozesse selbst die Medienkompetenz aneignen, die es ihnen ermöglicht, Medien für sich zu nutzen, den souveränen Umgang mit ihnen zu erlernen, eine ihnen angemessene Decodierungsfähigkeit zu entwickeln, sie sinnvoll und kreativ in ihrem Alltag einzusetzen – mit der Gefahr zu scheitern und eine bloß konsumtive Rolle einzunehmen.

Mit dem Aufkommen der neuen Medien wurde unter dieser Sozialisationsperspektive gefragt, ob Kinder und Jugendliche nicht durch das vielfältige Medienangebot überfordert würden, ob sie in der Lage seien, die Informationsfülle zu verarbeiten und den technischen Anforderungen einer medientechnologischen Umwelt zu begegnen. Eine wesentliche Sorge betrifft dabei die Frage, ob die noch in ihrer kognitiven, moralischen, emotionalen und physischen Entwicklung stehenden Kinder und Jugendlichen die notwendigen Wahrnehmungskompetenzen und die kognitive und moralische Urteilskraft besitzen, um die Künstlichkeit, Zerrissenheit und Widersprüchlichkeit, Vielschichtigkeit und Permanenz von Information durch ständige Medienkonfrontation für sich sinnvoll in einen Zusammenhang zu bringen. Diese Frage ist noch immer ein zentraler Punkt im Verhältnis Kinder/Jugendliche und Medien und abschließend wohl nicht zu klären. Mediensozialisationstheoretische Studien lassen jedoch den vorläufigen Schluss zu, dass Kinder durchaus in der Lage sind, sich in den wandelnden Medienwelten zu behaupten – jedenfalls dann, wenn eine nicht bewahrpädagogisch, sondern präventiv verstandene Medienpädagogik ihren Sozialisationsprozess begleitet.

Kinder erleben Medien nicht als etwas Fremdes, das von außen in ihre heile Welt eindringt. Daher grenzt Heinz Hengst die Aneignung medialer Kompetenz heutiger Kinder ab von der Medienkompetenz Erwachsener: »Es darf nicht unberücksichtigt bleiben, dass die heutigen Kinder, weil sie in eine mediatisierte und hoch-technisierte Welt hineingeboren werden, die ständigen Veränderungen unterworfen ist, ihre Erfahrungen in einer Weise organisieren, die sich von der Erfahrungsorganisation derer abhebt, die mit dieser Welt erst in einer späteren biographischen Phase konfrontiert werden. Wenn in dieser Welt die Kommunikations- und Technostrukturen der Zukunft vorscheinen, dann sind auch die Erfahrungen, die die heutige Kindergeneration im Umgang mit Medien, Technologien und kommerzieller Kultur macht, möglicherweise ihren künftigen Erfahrungen näher als die eines Großteils der Erwachsenen – und damit auch die, welche die Gesellschaft in den offiziellen Lerninstanzen für sie plant« (Hengst 1985).

Alltags- und lebensweltliche Ansätze

In Anlehnung an das so genannte »Interpretative Paradigma« und die Wiederentdeckung alltags- und lebensweltlicher Theorien sowie hermeneutischer Traditionen, mit denen eine verstärkte Anwendung qualitativer Methoden in sozialwissenschaftlichen Untersuchungen einherging, wurden in den 1980er-Jahren alltags- und lebensweltliche Ansätze entwickelt (vgl. Sander/Vollbrecht 1994, S. 376ff.). Charakterisiert sind diese Ansätze durch die Untersuchung mikro-sozialer Phänomene. Soziale Realität wird nicht über die Untersuchung globaler sozialer Strukturen angegangen, sondern durch die Klärung alltäglicher Lebensabläufe und der Regeln, die das Alltagshandeln organisieren.[1]

Der medienbiographische Ansatz

Der medienbiographische Ansatz stellt sich der Frage, welchen Anteil Medien an der individuellen Konstruktion und Rekonstruktion einer Biographie haben (vgl. Hickethier 1982; Kübler 1982; Sander/

---

1 Zur Bedeutung ethnographischer Ansätze in der Medienforschung siehe Hepp/Winter 1997.

Vollbrecht 1989; Vollbrecht 1993). Er ist kein originär medientheo-
retischer Ansatz, sondern entstammt dem »biographischen Ansatz«
der qualitativen Sozialforschung, die mit qualitativen Methoden
(vornehmlich mit offenen/narrativen Interviews) Strukturen des
Lebenslaufs und individuelle sowie gesellschaftliche biographische
Muster erforscht. Der medienbiographische Ansatz untersucht nun
in einem engeren Sinne, welche Rollen Medien in der biographischen Konstruktion und Rekonstruktion von Biographien spielen.
In einem weiteren Sinne, nämlich lebensweltlich-biographisch, untersucht er auch die Auswirkungen von Medien auf die Gestalt des
Alltags und des Tagesablaufs. Rhythmen und Strukturen des Lebenslaufs werden wohl nicht ganz so stark durch Medien (mit)be-
stimmt wie z.b. durch die Lebensphasen Schulzeit, Ausbildung, Berufsarbeit etc., durch persönliche Ereignisse wie Krankheiten, Hei-
rat oder durch überindividuelle Ereignisse wie Kriege und
Wirtschaftskrisen. Medien nehmen jedoch einen bedeutsamen Anteil an der Strukturierung mikrobiographischer Abläufe, also am
Verlauf des Alltags. Das Fernsehen z.b. übernimmt wesentlich die
Gestaltung der Abende bundesdeutscher Familien, und auch zur
Füllung der »Freizeit« des Alltags werden medienorientierte Be-
schäftigungen zunehmend wichtiger. In welchem Umfang und in
welcher Art die einzelnen Medien dazu genutzt werden, kann bislang nur bruchstückhaft aus den vorliegenden Daten zur Mediennutzung bestimmter Altersgruppen abgelesen werden. Diese Zahlen
sagen jedoch wenig aus über die Strukturierung von Lebensabläu-
fen durch Medien. Eine biographisch orientierte Medienforschung
kann in dieser Frage zu mehr Erkenntnissen führen und zeigen, in
welchem Zusammenhang Medien mit dem Alltag und dem Lebens-
ablauf stehen und wie dieser Zusammenhang von den Individuen
subjektiv gesehen und bewertet wird.

Die verschiedenen Medien besitzen eine sehr unterschiedliche
biographische Relevanz. Daher lassen sich Medienbiographien auch
nicht als Gesamtbiographien rekonstruieren (vgl. Sander/Vollbrecht
1994, S. 377f.). Diese Aussage spricht gegen eine eigenständige, von
der allgemeinen Biographieforschung abgetrennte Medienbiogra-
phieforschung und für die Konzentration auf einzelne Medienbio-
graphiestränge (vgl. Sander/Vollbrecht 1989). Forschungspraktisch

ist das Konzept, das in der Umsetzung einen erheblichen Aufwand mit sich bringt, bislang selten umgesetzt worden.[1]

Der medienökologische Ansatz

Der medienökologische Ansatz basiert ebenfalls auf Theorien der Alltags- und Lebenswelt sowie auf sozialisationstheoretischen Annahmen. Sein Schwerpunkt liegt auf der Einbeziehung des räumlichen und sozialen Kontextes jeder Mediennutzung (vgl. Baacke et al. 1990, Baacke/Kübler 1989, Lüscher/Wehrspaun 1985). Die Auswirkungen dieser Kontexte werden dabei nicht wie im erweiterten Wirkungsansatz als intervenierende Variablen betrachtet. Vielmehr ist der sozialökologische Kontext für die Mediennutzung konstitutiv. Der Begriff »sozialökologisch« soll dabei den sozialen und räumlichen Kontext verdeutlichen (vgl. Baacke 1980). Damit werden Bezüge zu (handlungstheoretischen) Ansätzen der sozialökologischen Sozialisationsforschung aufgenommen.

Der medienökologische Ansatz lässt sich anhand des Modells der »Medienumgebungen« erläutern. Medienumgebungen sind definiert durch ein oder mehrere Medien sowie den räumlichen und sozialen Kontext, in dem sich das oder die Medien befinden. Solche Medienumgebungen können z.B. Kinos, Diskotheken, Spielhallen, Boutiquen, Warenhäuser, reklameübersäte Straßen oder auch private Räume mit Medien sein. Diesen Medienumgebungen ist gemeinsam, dass sich in ihnen die verschiedenen Medien befinden, sie unterscheiden sich jedoch (bezogen auf die Mediennutzung) nach dem Stellenwert der Medien. So fallen Medien in Boutiquen (Rock- und Popmusik, Videoclips) oder in Warenhäusern (Hintergrundmusik, laufende Fernseher, Computer) oft gar nicht auf und definieren auch nicht die Funktion dieser Räume. Diese Räume werden deshalb auch als »unzentrierte« Medienumgebungen be-

---

1 Beispiele für medienbiographische Forschung finden sich bei Baacke/Sander/Vollbrecht 1990 und Barthelmes/Sander 1997. Eine detaillierte Einführung in die unterschiedlichen theoretischen Ausrichtungen des Ansatzes gibt Vollbrecht 1993; siehe auch Hirzinger 1991 und Schneider 1993.

zeichnet. Im Gegensatz dazu steht in den »zentrierten« Medienumgebungen wie z.b. in Bibliotheken oder Kinos das Medium und die Mediennutzung im Mittelpunkt.

Nun bestehen – unmittelbar einsichtig für die unzentrierten Medienumgebungen – diese »Räume« des medienökologischen Ansatzes nicht nur aus den Medien, sondern sie sind durchsetzt von anderen Aktivitäten. In ihnen wird kommuniziert, konsumiert, gelernt, gearbeitet, und dort wird vor allem Freizeit verbracht. Weiter sind diese Räume eingebettet in übergreifende Sozialräume wie Stadtteile, soziale Milieus, Nachbarschaften etc., für den Einzelnen bekannte oder fremde Umgebungen, und in diesen Räumen gelten teilgesellschaftlich und subkulturell eingespielte Verkehrsformen und Verhaltensweisen, die die Mediennutzung beeinflussen und daher mituntersucht werden müssen. Der medienökologische Ansatz grenzt sich damit von Ansätzen der Medienforschung ab, die vorgeben, quasi-objektive Kriterien für die Wirkungen von Medien angeben zu können. Mediennutzung ist immer auch situativ, kulturell und auch emotional gesteuert, und diese Kontexte müssen als Objektbereiche miterhoben werden, will man z.B. Aussagen über die Medialisierung von Kindheit und Jugend machen.

Der strukturanalytische Ansatz

Im strukturanalytischen Ansatz werden Medienwirkungen aus einer rezipientenorientierten Perpektive erfasst, wobei der Rezeptionsprozess aus der Perspektive des Mediennutzers sich als Abfolge von – nicht immer bewussten – Entscheidungsprozessen angesichts materieller, sozialer und persönlicher Rahmenbedingungen beschreiben lässt. Auf Motive der Mediennutzung kann durch die Analyse der Handlungsbedingungen sowie der zur Verfügung stehenden bzw. tatsächlich realisierten Handlungsalternativen rückgeschlossen werden.

Für die Frage der Medienwirkung folgt daraus, dass sie sich weder durch eine bloße Untersuchung der Medieninhalte (die nur ein Aspekt im Entscheidungsprozess sind), noch *direkt* aus Befragungen ermitteln lassen, da die Entscheidungsprozesse zumindest teilweise nichtbewusst sind und daher von den Befragten auch nicht benannt werden können. Zur Klärung der Nutzungsmotive muss das Material daher mit rekonstruktiven Methoden untersucht werden, mit der diese Entscheidungsprozesse offengelegt werden können. Dieser Ansatz medienwissenschaftlicher Forschung wird als »strukturanalytische Rezeptionsforschung« (Charlton/Neumann 1986; 1990; vgl. auch Aufenanger 1990) bezeichnet.

Der Strukturanalytische Ansatz ist wegen seiner Betonung der nichtbewussten Anteile der Medienrezeption sowie vor allem auch forschungsmethodisch interessant. Als Rekonstruktionsmethode wird die »objektive« (oder: strukturale) Hermeneutik nach Oevermann (vgl. Oevermann et al. 1976) bevorzugt. Verwandt ist die strukturanalytische Rezeptionsforschung mit biographischen Ansätzen, bei denen der Sinngehalt des biographischen Materials ebenfalls rekonstruktiv aufgeschlüsselt wird, jedoch meist unter Verwendung anderer Methoden wie z.b. der (nicht psychologisch, sondern soziologisch ausgerichteten Deutungsmusteranalyse (vgl. dazu: Vollbrecht 1993a, S. 44ff.).

Der Konstruktivismus

Der Konstruktivismus ist keine einheitliche Theorie oder gar ein neues Paradigma, sondern lässt sich eher als ein Diskurs kennzeichnen, »in dem viele Stimmen aus ganz unterschiedlichen Disziplinen zu hören sind« (Schmidt 1994, S. 4). Irritierend ist auch die Vielzahl der Konstruktivismen, die an ganz unterschiedlichen erkenntnistheoretischen Positionen ansetzen und lediglich darin übereinstimmen, dass Wirklichkeit nicht einfach als gegeben, sondern als eine Konstruktionsleistung gesehen wird. Wir finden diese Position im Taoismus des Dschuang Dsi (365 bis 290 v.Chr.) – ein Zeitgenosse von Platon und Aristoteles – ebenso im Solipsismus, für den nur das eigene Ich mit seinen Bewusstseinsinhalten einzig wirklich ist, in den sozialphilosophischen Alltagstheorien (Schütz 1932; 1971) sowie der Wissenssoziologie, die gegen den Solipsismus aber betonen, dass der Mensch keine Monade (Einzelwesen) ist, sondern ein soziales Wesen und angewiesen auf diese Sozialität. Wirklichkeitskonstruktion sei daher zu verstehen als »gesellschaftliche Konstruktion der Wirklichkeit« (Berger/Luckmann 1969), die über Kommunikationsprozesse entsteht, aufrechterhalten und weiterentwickelt wird.

Der Schmetterlingstraum des Dschuang Dsi
»Einst träumte Dschuang Dschou, dass er ein Schmetterling sei, ein flatternder Schmetterling, der sich wohl und glücklich fühlte und nicht wusste von Dschuang Dschou. Plötzlich wachte er auf: Da war er wieder wirklich und wahrhaftig Dschuang Dschou. Nun weiß ich nicht, ob Dschuang Dschou geträumt hat, dass er ein Schmetterling sei, oder ob der Schmetterling geträumt hat, dass er Dschuang Dschou sei, obwohl doch zwischen Dschuang Dschou und dem Schmetterling sicher ein Unterschied ist. So ist es mit der Wandlung der Dinge.« (Dschuang 1991, 52)

Unsere naiven Vorstellungen über Wirklichkeit und Welterkenntnis sind auch in der bildenden Kunst in Frage gestellt worden. So zeigt ein bekanntes Schlüsselbild Magrittes mit dem Titel »Der Sprachgebrauch« (1928/29) eine Tabakpfeife, darunter steht geschrieben: »Ceci n'est pas une pipe« (Dies ist keine Pfeife). Das vermeintliche Abbildungsverhältnis zwischen Bild und Wirklichkeit hat Magritte in seinen Bildern immer wieder thematisiert. Medien bilden die Welt nicht ab, sondern erzeugen eine eigene Ebene der Wirklichkeit. So gesehen verdoppeln Medien die Wirklichkeit, konstruieren eine neue Realität.

Im engeren Sinn fasst man heute unter dem Label Konstruktivismus Ansätze wie »den Kognitionstheoretischen Konstruktivismus, den Empirischen Konstruktivismus, den Kognitiven Konstruktivismus, den Erlanger Konstruktivismus, den Radikalen Konstruktivismus usw.« (Schmidt 1994, S. 4). Soweit dieser Konstruktivismus »nichts anderes behauptet als die Unzugänglichkeit der Außenwelt ›an sich‹ und das Eingeschlossensein des Erkennens im kognitiven System, ohne damit dem alten (skeptischen oder solipsistischen) Zweifel zu verfallen, ob es eine Außenwelt überhaupt gibt – insoweit bringt er nichts Neues« (Luhmann 1990, S. 33). Er unterscheidet sich jedoch durch seine »Theorieform«, »die prinzipiell ausgeht von Unterscheidungen (System/Umwelt), operativer Geschlossenheit und Selbstreferenz. Neu – oder zumindest produktiv – scheint mir (Schmidt/R.V.) auch zu sein, dass konstruktivistische Überlegungen zur Erkenntnistheorie durch neuere Forschungsergebnisse der Neuro- und Kognitionswissenschaften gleichsam ›unterfüttert‹ (nicht etwa bewiesen) werden können. Sie stellen einer Erkenntnistheorie die Einsicht zur Verfügung, dass nur geschlossene Systeme erkennen können« (Schmidt 1994, S. 5f.).

Der Konstruktivismus (vgl. von Foerster 1985; Glasersfeld 1987; Schmidt 1988) ist also nicht nur eine Medientheorie, sondern verbindet erkenntnistheoretische Annahmen über »die Wirklichkeit der Medien« (Merten et al. 1994) mit konstruktivistisch/systemtheoretischen Vorstellungen, die die Gesellschaft als Ineinanderwirken und Ausdifferenzierung sozialer Systeme verstehen, deren Elemente Kommunikationen sind (zur Theorie sozialer Systeme siehe Luhmann 1984). Dies lässt sich mit einem Zitat des Biologen und Systemtheoretikers Humberto Maturana (1985) plausibilisieren: »Wir erzeugen (…) buchstäblich die Welt, in der wir leben, indem wir sie leben. (…) Alles, was gesagt wird, wird von einem Beobachter gesagt. Der Beobachter spricht durch seine Äußerungen zu einem anderen Beobachter, der er selbst sein könnte; alles, was den einen Beobachter kennzeichnet, kennzeichnet auch den anderen«.

Aus Sicht des Konstruktivismus stellt sich die Frage nach Medienwirkungen daher nicht vom Medium, sondern von der Wirklichkeitskonstruktion her. Gefragt wird also nicht, wie Medien wirken, sondern wie sich z.B. erklären lässt, dass trotz größter individueller Freiheit der Konstruktion von Wirkungen die gleichen Medienangebote in gleichen Situationen vergleichsweise ähnliche Wirkungen hervorrufen oder eben nicht.

Die grundlegenden Thesen des Konstruktivismus lassen sich so zusammenfassen: In Prozessen der Medienkommunikation findet die »Konstruktion von Wirklichkeit« allein im beobachtenden System (vereinfacht gesagt: dem jeweiligen Medienrezipienten) statt. Das Rezipierte wird damit vom »objektiven« Inhalt der Kommunikation und von äußeren Einwirkungen abgekoppelt. »Sender« und »Empfänger« einer Botschaft besitzen je eigene Wirklichkeitsvorstellungen über die Botschaft, die im Regelfall nicht völlig identisch sind. Falls die Deutungen aber zu weit auseinanderfallen, treten typischerweise Irritationen auf, die durch weitere Kommunikationen behoben werden müssen.

Im Modell des Konstruktivismus werden Informationen nicht über Sinnesorgane in das Gehirn transportiert (wie die Verwendung von Metaphern wie »Transfer« oder das Containermodell unterstellt) und erscheinen dort als Abbild der Realität, das dann abgespeichert wird. Vielmehr ist die individuelle Konstruktion von Realität auch im Kommunikationsprozess ein nach außen abgeschlossener Vorgang, der sich allein im Gehirn vollzieht: »So sehen wir nicht mit dem Auge, sondern oder besser mit den visuellen Zentren des Gehirns. (...) Wahrnehmung ist demnach Bedeutungszuweisung zu an sich bedeutungsfreien neuronalen Prozessen, ist Konstruktion und Interpretation« (Roth 1986).

Das Gehirn (oder auch das Bewusstsein) hat keine Öffnung zur Außenwelt, ist also kein offenes System, das für beliebige Außeneinflüsse offen steht. Vielmehr wird das Bewusstsein systemtheoretisch verstanden als ein geschlossenes selbstreferentielles System, das nur mit seinen eigenen Prozessen operieren kann. Auf Kommunikation übertragen heißt das, dass das Gehirn lediglich seine eigene Kommunikation versteht und praktiziert. Umwelteinflüsse (z.B. Medien) bleiben dem Bewusstsein äußerlich, können aber interne Prozesse anregen. Diese Annahme ist eine Grundvoraussetzung des Konstruktivismus. Das menschliche Gehirn ist nicht in der Lage, äußere »objektive« Wirklichkeiten als solche abzubilden. Wirklichkeit existiert lediglich als eine Konstruktion der menschlichen Gehirntätigkeit.[1]

Wenn Wirklichkeit nur als Konstruktion eines Beobachters (eines beobachtenden Systems) erfahrbar ist, so bedeutet dies, dass es keine systemunabhängige, objektivierbare oder ontologische Realität gibt, sondern so viele Wirklichkeiten wie es beobachtende Systeme gibt. Dennoch ist die Wirklichkeit kein ausschließlich individuelles Phänomen. Indem nämlich subjektiv erzeugte Realitätskon-

---

1 Die Frage, ob eine objektive Wirklichkeit existiert, ist irrelevant, da wir sie nicht erkennen könnten. Die Negierung einer solchen Annahme ist gleichwohl nicht sinnvoll, da sie im Alltagsleben nicht anschlussfähig ist.

struktionen in Kommunikationen und Interaktionen überprüft, gegebenenfalls modifiziert oder verworfen werden, entsteht auf der Ebene der Intersubjektivität gleichzeitig eine Ebene gesellschaftlich konstruierter Realität. Der Konstruktivismus bestreitet auch keineswegs, dass die Außenwelt existiert – sie ist vielmehr eine Grundvoraussetzung der Wirklichkeit der Operationen des Systems selbst: Die beobachtenden Systeme »könnten ohne Welt gar nicht existieren und auch nichts erkennen. Die Welt ist ihnen nur kognitiv unzugänglich« (Luhmann 1990, S. 41).

Der konstruktivistische Ansatz soll an einem Beispiel (vgl. Sander/Vollbrecht 1994, S. 381) plausibilisiert werden: Liest eine Person einen geschriebenen Text, so geht man gemeinhin davon aus, dass (im gelingenden Fall) der Sinn des Textes von dem Leser oder der Leserin erfasst wird. In diesem Verständnis von Texterfassung hat der Text selbst eine große Bedeutung. Anders sieht es aus, wenn man dieses Beispiel in der Sprache und im Verständnis des Konstruktivismus formuliert. Der Konstruktivismus fasst den Verstehensprozess als einen systemischen Prozess auf, der operativ nach außen geschlossen verläuft. Dem Text selbst wird keine objektive Bedeutung zugeschrieben. Dass im Text keine Bedeutung liegt, heißt nicht, dass dieser Text keine eigene objektive Struktur besäße. Da diese aber aufgrund des biologischen Aufbaus des menschlichen Wahrnehmungsapparates nicht erfassbar ist, bleibt für Konstruktivisten die Frage der Objektivität eines Textes irrelevant. Wichtig ist allein, dass die Wahrnehmung des Textes einen Prozess des Verstehens in Gang setzt, der aber allein von Operationen des Gehirns abhängt. Texte werden also nicht verstanden, sondern bringen Bewusstseinsoperationen in Gang und führen indirekt dazu, dass Sinn und Bedeutung erzeugt werden. In der Konsequenz führt das z.B. dazu, dass von Medieninhalten nicht auf Wirkungen bei einzelnen Rezipienten geschlossen werden kann.

In der konstruktivistischen Lernpsychologie werden derzeit vor allem drei Ansätze zum Lernen mit Medien diskutiert: der »Anchored-Instruction-Ansatz«, der »Cognitive-Apprenticeship-Ansatz« sowie der »Cognitive-Flexibility-Ansatz«. Kurz gesagt geht es beim »Anchored-Instruction-Ansatz« (Brandsford et al. 1989) um den Versuch, die Fixierung auf Faktenwissen (Know-that) zu Gunsten der Vermittlung von Problemlösungswissen (Know-how) abzulegen und damit das Transferproblem der Wissensvermittlung angemessener zu lösen. Dabei soll die Auseinandersetzung mit neuem Wissen (Information) durch die Darstellung einer konkreten Problemlösung (als narrativer Anker) eingeleitet werden. Beim »Cognitive-Apprenticeship-Ansatz« (Collins/Brown/Newman 1989) geht es darum, mit dem jeweiligen Lerninhalt auch die Herangehensweise als eine mögliche Lösungsstragie mitzuvermitteln. Lehrerinnen und Lehrer oder andere Experten demonstrieren also ihre Herangehensweise an fachspezifische Fragen, bevor in möglichst realitätsnah angelegten Lernumgebungen die Lernenden selbstständig eigene Problemlösungen erproben. Mit zunehmendem Kompetenzgewinn der Lernenden können die Hilfestellungen dann sukzessive zurückgenommen und die Selbstkontrolle der Lernenden gesteigert werden. Wesentlich ist, dass der Lernprozess durch ständige Diskussionen zwischen Lernenden und Lehrenden begleitet wird (coaching). So können Problemlösungsschritte und Lernerfolge bewusst gemacht werden und sind der Reflexion der Lernenden zugänglich. Dagegen versucht der »Cognitive-Flexibility-Ansatz« (Spiro/Feltovich/Jacobson/Coulson 1992), die Übertragbarkeit von Wissen zu verbessern, indem die zu erlernenden Wissenskonzepte in unterschiedlichen Kontexten unter verschiedenen Zielsetzungen und aus differierenden Perspektiven präsentiert werden. Wichtig für das Ziel kognitiver Flexibilität ist, dass die Lernenden mit möglichst komplexen und realitätsnahen Situationsbeschreibungen konfrontiert werden, da eine zu starke didaktische Reduktion der Lernaufgaben zu wenig differenzierter Wissenskonstruktion führe (siehe auch Gerstenmair/Mandl 1995).

Die Systemtheorie

Die Systemtheorie lässt sich als eine weitere Variante des Konstruktivismus betrachten, auch wenn sie sich in ihren erkenntnistheoretischen Grundlagen etwa vom radikalen Konstruktivismus unterscheidet. Systemtheoretisch betrachtet teilt Kommunikation die Welt nicht mit, sie teilt sie ein, sie differenziert. Kommunikation trifft Unterscheidungen, indem sie über das eine redet und gleichzeitig über alles andere schweigt (vgl. Luhmann/Fuchs 1989, S. 7). Entscheidend für die Realitätssicht ist daher, welchen Leitdifferenzen sie jeweils folgt. Über Benachteiligungen z.b. im Bildungs- und Erwerbsleben kann man – wie in den 1970er-Jahren – anhand der Leitdifferenz »Schicht« diskutieren oder z.b. anhand der Leitdifferenz »Geschlecht«. Je nachdem, welche Leitdifferenz den Diskurs bestimmt, werden unterschiedliche Aspekte der Realität betont – genauer: unterschiedliche Realitäten konstruiert, die zu unterschiedlichen Selbstbeschreibungen der Gesellschaft führen, zu Parallelwelten mit gleichem Anspruch auf Wahrheit.

Auch die Systemtheorie geht davon aus, dass wir das meiste, was wir über die Welt wissen, über sie durch Massenmedien wissen. Man hat davon gehört oder wie Horatio in Shakespeares Tragödie »Hamlet« sagt: »So I have heard, and do in part believe it« (Hamlet I,1). Wir wissen zwar, dass wir den Quellen nicht trauen können, aber dies führt nicht zu nennenswerten Konsequenzen, da wir mangels Alternativen trotzdem darauf setzen müssen, an das Medienwissen anschließen zu können. Ein wesentlicher Grund für unseren Manipulationsverdacht ist wohl darin zu sehen, dass in medienvermittelter Kommunikation keine Interaktionen unter Anwesenden stattfinden können. Ausnahmen sind für einzelne Teilnehmer (z.B. Telefonanrufe bei Ratgeber- und Mitspielsendungen) zwar möglich, stellen aber eine besondere Inszenierung dar, die von den Sendern auch entsprechend gehandhabt wird.

Im Hinblick auf die Realität der Massenmedien unterscheidet Luhmann (1996) zwischen der »Realität der Konstruktion« und der »Konstruktion der Realität«. Die Realität der Massenmedien besteht zunächst einmal in ihren eigenen Operationen, also darin, dass Bücher gedruckt und Beiträge gesendet werden. Die Realität der Konstruktion bezieht sich also auf die in den Medien ablaufenden oder sie durchlaufenden Kommunikationsprozesse (vgl. Luhmann 1996, S. 13). Kommunikation bezeichnet dabei ganz allgemein nicht nur ein Mitteilungshandeln, sondern schließt immer auch Verstehen ein (das also nicht zur Kommunikation gewissermaßen noch hinzukommt), so dass weitere Kommunikationen anschlussfähig sind. In einem zweiten Sinn bezieht sich die Realität der Massenmedien auf das, »was *für sie* oder *durch sie für andere* als Realität *erscheint*. In kantischer Terminologie gesprochen: die Massenmedien erzeugen einer transzendentale Illusion« (Luhmann 1996, S. 14; Herv. i. O.), also gewissermaßen eine Realitätsverdopplung.

Massenmedien sind als beobachtende Systeme genötigt, »zwischen Selbstreferenz und Fremdreferenz zu unterscheiden. Sie können nicht anders. Sie können, und darin liegt zunächst einmal Garantie genug, nicht einfach sich selber für die Wahrheit halten. Sie müssen folglich Realität konstruieren, und zwar im Unterschied zur eigenen Realität noch eine andere.« (ebd., S. 17f.). Die These des operativen Konstruktivismus der Systemtheorie behauptet nun nicht, dass es keine Realität gäbe. Sie setzt vielmehr Welt nicht als Gegenstand, sondern – ähnlich wie die Phänomenologie – als Horizont voraus. Realität bezeichnet dann nur ein internes Korrelat von Systemoperationen und wird systemintern durch Sinngebung erarbeitet. In dieser Perspektive ist es nicht sinnvoll, nach der Verzerrung von Realität in den Medien zu fragen. Die grundlegende Frage ist vielmehr, wie Massenmedien Realität konstruieren.

Das Mediensystem kann nicht unterscheiden zwischen der Welt, wie sie ist, und der Welt, wie sie beobachtet wird. »Es gibt zwar zahlreiche, kulturell bewährte Möglichkeiten der Korrektur von Irrtümern, (…) auch Möglichkeiten der Selbstverdächtigung im Wissen, dass man sich durch latente Interessen oder Motive leiten lässt. (…) Aber dies sind in der operativen Wirklichkeit nur Korrekturvorbehalte, also Zukunftsperspektiven, während in der operativ aktuellen Gegenwart die Welt, wie sie ist, und die Welt, wie sie beobachtet wird, nicht unterschieden werden können« (Luhmann 1996, S. 26f.). Der Selbstbeschreibung des Systems zufolge mögen die Medien die Funktion haben zu erkennen, wie die Welt beschaffen ist, auch wenn ihre Perspektive immer verzerrt und korrekturbedürftig ist. »Ein systemtheoretisch geschulter soziologischer Beobachter wird statt dessen beschreiben, dass und wie das System in selbstkonstruierten Zeithorizonten Operation an Operation anschließt, sich dabei immer erneut auf die eigene Informationslage bezieht, um Neuheiten, Überraschungen und damit Informationswerte ausmachen zu können. Man versteht gut, dass dabei ein Manipulationsverdacht aufkommt« (Luhmann 1996, S. 31). Diese Kritik bleibt jedoch für das System eine folgenlose Privatmeinung, die natürlich – wie jedes beliebige Thema – auch zum Thema massenmedialer Kommunikation gemacht werden kann, denn es gibt keine Sachverhalte, die ihrem Wesen nach ungeeignet wären für die Behandlung in den Massenmedien.

Massenmedien operieren mit dem Code Information/Nichtinformation. Da Informationen sich nicht wiederholen lassen, sondern zu Nichtinformation werden, sobald sie Ereignis sind, verwandeln die Operationen des Systems »ständig und zwangsläufig Information in Nichtinformation« (Luhmann 1996, S. 41; vgl. Luhmann 1995, S. 86). »Als Folge dieser auf Information abstellenden Codierung entsteht in der Gesellschaft eine spezifische Unruhe und Irritierbarkeit, die dann mit der Täglichkeit der Wirksamkeit von Massenmedien und mit ihren unterschiedlichen Programmformen wieder aufgefangen werden kann« (Luhmann 1996, S. 46).

Die Bekanntheit von Ereignissen und Sachverhalten, also der Output des Systems, wird auf der Negativseite des Codes – als Nichtinformation – ständig wieder eingeführt. Durch diese ständige Deaktualisierung von Information veraltet sich das System selbst und zwingt sich dadurch, stets für neue Information zu sorgen. Wiederholungen sind möglich, müssen dann aber die »Reflexivfigur des Informationswerts der Nichtinformation (...) etwa als Indikator von Wichtigkeit und Erinnerungswürdigkeit« (Luhmann 1996, S. 42) verwenden.

Das System der Massenmedien verwendet – wie bereits gesagt – als Code die Unterscheidung von Information und Nichtinformation. Information bezeichnet dabei den positiven Wert, mit dem das System arbeiten kann. Das gilt nicht nur für den Programmbereich Nachrichten und Berichte, bei dem Wahrheitsfrage besonders virulent ist. Mit einem Bonmot von Luhmann gesagt: »In diesem Bereich verbreiten die Massenmedien Ignoranz in der Form von Tatsachen, die ständig erneuert werden müssen, damit man es nicht merkt. Wir sind an tägliche Nachrichten gewöhnt, aber man sollte sich trotzdem die evolutionäre Unwahrscheinlichkeit einer solchen Annahme vor Augen führen« (Luhmann 1996, S. 53).

Nicht in allen Programmsparten, wohl aber »bei Informationen, die im Modus der Nachrichten und Berichterstattung angeboten werden, wird vorausgesetzt und geglaubt, dass sie zutreffen, dass sie wahr sind« (ebd., S. 55). Mit der Möglichkeit von Irrtümern und gezielten Falschmeldungen, die sich häufig später aufklären lassen, muss gerechnet werden. Sie werden jedoch als Einzelereignisse behandelt, »denn andernfalls würde die Besonderheit dieses Programmbereichs Nachrichten und Berichte zusammenbrechen. Mit Wahrheiten dient die Profession (Journalismus/R.V.) der Gesellschaft (sich selbst eingeschlossen). Für Unwahrheiten braucht man besondere Interessen, die sich nicht generalisieren lassen. Aber Wahres interessiert die Massenmedien nur unter stark limitierenden Bedingungen, die sich von denen wissenschaftlicher Forschung deutlich unterscheiden. Nicht in der Wahrheit liegt deshalb das Problem, sondern in der unvermeidlichen, aber auch gewollten und geregelten Selektivität« (ebd., S. 55), deren Kriterien aus empirischen Forschungen hinreichend bekannt sind.

Da die Medien neue, also unwahrscheinliche oder abweichende Informationen für Meldungen auswählen, drängt sich die Frage nach den Gründen der Selektion auf. Das Problem des Motivverdachts ist seit der Erfindung des Buchdrucks aktuell. Die Neuzeit kannte zwei Antworten darauf: »Die eine lautet, bezogen auf das Verstehen, dass nur das Neue, Überraschende, Artifizielle genossen werden kann, da alles andere ohnehin so ist, wie es ist. Das ist die Antwort der Kunsttheorie. Die andere bezieht sich auf die Mitteilungsseite der Kommunikation und erwartet hier ein Interesse. Das ist die Antwort der Politiktheorie (...). Sie führt zur Unterscheidung von Zweck und Motiv, von manifesten und latenten Gründen für Kommunikation« (Luhmann 1996, S. 77f.).

Bei sprachlicher sowie bei bildlicher Realitätserzeugung »wird die Realität letztlich durch Widerstand der Operationen gegen die Operationen desselben Systems getestet – und nicht durch eine Repräsentation der Welt, wie sie ist« (Luhmann 1996, S. 79). Bei Fernsehnachrichten bewirkt die realzeitliche Gleichzeitigkeit des Films einen Glaubwürdigkeitsbonus. »Hier muss man zwar das Replay durchschauen und den Zeitpunkt der Sendung nicht mit dem Zeitpunkt der Realereignisse verwechseln« (ebd., S. 80). Man denke z.b. an den Kennedy-Mord, den ein Großteil der Amerikaner »life« gesehen haben will, obwohl die einzig existierende Aufnahme, ein Amateurvideo, erst später gezeigt wurde. Dagegen entziehen sich Tempo und optisch/akustische Harmonie des Bildverlaufs dem punktuell zugreifenden Widerspruch und erwecken den Eindruck einer bereits getesteten Ordnung, der gegenüber nicht so leicht zu widersprechen ist wie beim gedruckten oder gesprochenen Wort.

Entscheidend ist, dass die wie immer beschränkten Möglichkeiten der Manipulation und des teils überzogenen, teils nicht durchdringenden Manipulationsverdachts nicht als ein Effekt verstanden werden, den die Massenmedien in der Umwelt ihres Systems erzeugen, sondern »als eine systeminterne Problematik« (ebd.) zu begreifen sind. »Sofern Leser oder Zuschauer beteiligt sind, erfolgt das Verstehen (…) im System, weil es nur im System Anlass sein kann für weitere Kommunikation. Dass die Auswirkungen auf die Umwelt vielfältig und unberechenbar sind, versteht sich von selbst. Die wichtigere Frage ist, wie im System der Massenmedien selbst auf die ständig reproduzierte Aporie des hilflos-zweifelnden Informiertseins reagiert wird.

Im Manipulationsverdacht finden die Codewerte Information und Nichtinformation zur Einheit zurück. Ihre Trennung wird aufgehoben – aber in einer Weise, die nicht, oder allenfalls als Neuigkeit usw., zur Information werden kann. Im Feedback der Einheit des codierten Systems ins System erreicht das System bestenfalls einzelne Operationen, aber nicht sich selbst. Das System hat mit Manipulationsverdachte zu leben, weil es auf diese Weise die eigene Paradoxie, die Einheit der Differenz von Information und Nichtinformation, entfaltet und ins System zurückgibt. Kein autopoietisches System kann sich selbst aufheben. Und auch darin bestätigt sich, dass wir es mit einem Problem des Systemcodes zu tun haben. Auf Unwahrheitsverdacht könnte das System mit seinen alltäglichen Operationsweisen reagieren, auf Manipulationsverdachte nicht« (Luhmann 1996, S. 80f.).

Auf ganz andere Weise stellt sich die Wahrheitsfrage bei der *Werbung*, bei der es nicht um Aufrichtigkeit oder Wahrhaftigkeit geht, sondern immer nur um schönen Schein. Einmal abgesehen von jüngeren Kindern glaubt man der Werbung von vornherein nicht. »Die Werbung sucht zu manipulieren, sie arbeitet unaufrichtig und setzt voraus, dass das vorausgesetzt wird« (Luhmann 1996, S. 85). Das Problem des Motivverdachts löst sich auf, da die Werbung ihre Motive sehr wohl deklariert, dabei aber ihre Mittel raffiniert und verdeckt. »Gerade weil der Werber sein Interesse an Werbung offenlegt, kann er umso ungenierter mit dem Gedächtnis und den Motiven des Umworbenen umgehen. Der bewussten Täuschung sind rechtliche Grenzen gezogen, aber das gilt nicht für die eher übliche Beihilfe zur Selbsttäuschung des Adressaten. Mehr und mehr Werbung beruht heute darauf, dass die Motive des Umworbenen unkenntlich gemacht werden. Er wird dann erkennen, dass es sich um Werbung handelt, aber nicht: wie er beeinflusst wird« (ebd., S. 86). Die Werbung bewegt sich im Wahrheitsdiskurs, sie lügt nicht mit dem, was sie sagt – dafür sorgen schon gesetzliche Regelungen und eine aufmerksame Konkurrenz. Aber sie vermag es, an unsere Wunschvorstellungen zu appellieren und hintergeht uns durch (Selbst-) Täuschung über unsere eigenen Motive.

Wie die Werbung folgt auch die *Unterhaltung* nicht der Differenz wahr/unwahr. Sie orientiert sich eher am Modell des Spiels, setzt jedoch kein komplementäres Partnerverhalten und keine vorab vereinbarten Regeln voraus, sondern konstruiert eine eigene fiktionale Realität, eine *Welt*, und nicht nur eine sozial abgestimmte Verhaltenssequenz, wie etwa bei Sozialspielen. Es ist heute selbstverständlich, dass ein Publikum diese Unterscheidung von realer und inszenierter Realität nachvollziehen kann. Dem Einzelnen bleibt freigestellt, die fiktiven Inszenierungen auf eigene Lebenssituationen zu beziehen oder auch nicht. »Vor allem aber wird das Schema, in allen sozialen Beziehungen mit dem Unterschied von Anschein und Wirklichkeit zu rechnen, zum festen Bestand einer Kultur, die dann ohne weitere Umstände davon ausgehen und darauf aufbauen kann, dass dies verstanden wird« (Luhmann 1996, S. 103).

Neben die Form der erzählenden Unterhaltung, gewonnen am Roman, ist heute eine zweite Form getreten, die Gattung der persönlichen, manchmal auch intimen Erfahrungsberichte, die das Zuschauerinteresse an der Vorführung einer zwar glaubwürdigen, aber nicht konsenspflichtigen Realität bedienen. Generell wird im fiktionalen Bereich eine Fremdreferenz mitgeführt, die auf die reale Realität verweist, so wie sie jeweils gewusst und bewertet wird bzw. als »Thematik der üblicherweise laufenden Kommunikation immer schon vorliegt. Und es ist vor allem diese Richtung der Unterscheidung von realer und fiktionaler Realität, die den Unterhaltungswert der Unterhaltungskommunikation produziert. Der ›Witz‹ der Unterhaltung ist der ständig mitlaufende Vergleich, und Formen der Unterhaltung unterscheiden sich wesentlich danach, wie sie Weltkorrelate in Anspruch nehmen: bestätigend oder ablehnend, mit bis zuletzt durchgehaltener Ungewissheit des Ausgangs oder beruhigend mit der Sicherheit: mir kann so etwas nicht passieren« (Luhmann 1996, S. 114).

Der Programmbereich der Unterhaltung ermöglicht den Konsumenten eine Selbstverortung in der dargestellten Welt. Dabei bleiben fiktionale Realität und reale Realität offensichtlich unterschieden, und eben deshalb wird das Individuum, was seine Identität betrifft, Selbstversorger – Konstrukteur und Bastler seiner eigenen Biographie. »Weder muss, noch kann es seine Identität kommunizieren. Es braucht sich daher auch nicht festzulegen. Aber wenn dies in Interaktionen nicht mehr gefordert wird oder immer wieder misslingt, kann man statt dessen auf Materialien aus den Unterhaltungsangeboten der Massenmedien zurückgreifen« (Luhmann 1996, S. 115f.). Parasoziale Interaktion mit Medienfiguren hat daher ganz reale Folgen – und sei es nur, dass uns die Bewohner der Lindenstraße vertrauter sind als weit entfernt wohnende Verwandte.

Nun wurde schon in der Kritik der Romanlektüre immer wieder darauf hingewiesen, dass die Trennung von realer Realität und fiktionaler Realität nicht durchgehalten würde. Allerdings wurde dies im Roman auch wieder »reflektiert und einem authentischen Weltbezug gegenübergestellt – so als ob man nicht genau damit Gefahr liefe, dem Leser durch Lektüre nahe zu legen, er solle sich bemühen, authentisch zu sein« (ebd., S. 147). Film und Fernsehen verschärfen die Problematik, da sie »dem Leser Erfahrungen als eigene suggerieren. Wer sich dem aussetzt, kann dann so kommunizieren, als ob er es selber wüsste« (ebd., S. 148). Auf der Basis gemeinsamer Artifizialität erhöhen sich so gesehen die Kommunikationschancen, während es gleichzeitig zu unentwirrbaren Durchmischungen realer Realität und fiktionaler Realität kommt – hier bezieht sich Luhmann explizit auf Baudrillard –, die aber als Unterhaltung reflektiert, als Episode erfahren werden und daher folgenlos bleiben.

Je bedeutsamer Medien für eine Gesellschaft sind, desto stärker fußt die Kommunikation auch auf implizitem Wissen, das gar nicht mehr kommuniziert werden kann.»Während die Aufklärung noch annahm, dass die Gemeinsamkeit in einem kommunikablen Vernunftinteresse bestehe, und die Transzendentaltheorie sogar unterstellte, dass Selbstreferenz zu einem allgemeinen Apriori der Subjektheit generalisierbar sei, scheint sich die Kommunikation heute durch ein subjektiv nicht mehr kontrollierbares Anschauungswissen tragen zu lassen, dessen Gemeinsamkeit sie den Massenmedien verdankt und durch deren Moden mitgezogen wird (Luhmann 1996, S. 147f.).

Im Prozess der Erarbeitung von Informationen erzeugen die Massenmedien zugleich einen»Horizont selbsterzeugter Ungewissheiten, der durch weitere und immer weitere Informationen bedient werden muss. Massenmedien steigern die Irritierbarkeit der Gesellschaft und dadurch ihre Fähigkeit, Informationen zu erarbeiten. Oder genauer: Sie steigern die Komplexität der Sinnzusammenhänge, in denen die Gesellschaft sich der Irritation durch selbst produzierte Differenzen aussetzt« (Luhmann 1996, S. 149f.).

In systemtheoretischer Sicht ist dann entscheidend, bei allen Aussagen anzugeben, wessen Beobachtungen damit bezeichnet sind.»Nicht nur jede Handlung, auch jede Kognition kann nur bezeichnet werden, wenn man eine Systemreferenz angibt. (…) Das eröffnet keineswegs dem Belieben Tür und Tor, zwingt aber zur Rekonstruktion des Begriffs der Realität. Denn Realität kann jetzt nicht mehr das sein, was sich aus dem Widerstand der Außenwelt gegen Erkenntnisversuche ergibt, sondern Realität ergibt sich für ein System aus dem Widerstand der eigenen Operationen gegen die eigenen Operationen – also aus dem, was als Irritation bemerkt und als Information verarbeitet wird (Luhmann, S. 1995, S. 96).

Auch die Systemtheorie setzt voraus, dass es eine reale Welt gibt, und dass Erkenntnis immer einen Bezug auf diese Realität signalisiert.»Seit Kant stellt man aber die Frage (…), wie man feststellen könne, was real sei und die typische Antwort lautet: Man erfahre es an dem Widerstand, den Erkenntnisbemühungen finden, und der auch dann Realität anzeige, wenn man noch konstruieren müsse, wie dieser Widerstand (und damit die Welt) zu verstehen sei. Ohne Widerstand könne die Erkenntnis sich Beliebiges einbilden und folglich keine einschränkenden Anhaltspunkte finden, also nicht lernen« (Luhmann, S. 1995a, S. 168).

Für eine Theorie operativ geschlossener Systeme kann dieser Widerstand nicht in der Außenwelt, sondern nur im System selbst liegen. »*Jeder* Fall von Widerstand ist ein Problem im Verhältnis systemspezifischer Operationen zueinander« (ebd., S. 168). »Und im Fall des Kommunikationssystems Gesellschaft kann es sich nur handeln um einen Widerspruch von Kommunikation gegen Kommunikation. Nur das induziert Realität, und nur das ermöglicht dem System Lernen, Evolution, Selbstorganisation.« (ebd., S. 169).

Gewalt in den Medien

Die Allgegenwart von Gewaltdarstellungen in den Medien und die Frage ihrer Wirkungen sind als Themen der Medienpädagogik ein Dauerbrenner. Spektakuläre (reale) Verbrechen, aber auch fast jedes neue Medium (in den letzten 20 Jahren: Video, Computerspiele, Reality-TV und Internet) belebt die Debatte aufs Neue.

Das ist sowohl auf die mit der Gewaltfrage verbundene hohe Emotionalität zurückzuführen als auch auf die Widersprüchlichkeit der Ergebnisse der Mediengewaltforschung. Man kann natürlich generell das große Angebot an Gewaltdarstellungen in den Medien kritisieren – diesem Angebot steht jedoch auch eine große Nachfrage des Publikums gegenüber. Im Einklang mit neueren Wirkungstheorien stellt sich daher vor allem die wohl kaum abschließend zu beantwortende Frage, warum Menschen so sehr an Gewaltdarstellungen interessiert sind.

Die Faszination von Gewalt

Es ist wohl kaum zu bezweifeln, dass Gewalt (auch) fasziniert. Das gilt ebenso für Epochen, die noch keine Massenmedien kannten. Barbara Sichtermann hat – bezogen auf Reality-TV (vgl. dazu Schwab 1996; Wegener 1994; Wirth/Früh 1996) und in Anlehnung an Blumenbergs (1979) Untersuchungen zur »Daseinsmetapher« des Schiffbruchs – verschiedene Textauszüge zusammengestellt, die die Faszination des Anblicks realer Gewaltereignisse und Katastrophen belegen und sehr unterschiedliche Deutungen beinhalten (Sichtermann 1994, S. 52ff.). So war beispielsweise für den römischen Philosophen und Dichter Lukrez (1. Jh. v.Chr.) der Unterschied entscheidend, ob die Menschen Betroffene oder (wie später

für Massenmedien typisch) bloße Zuschauer des Ereignisses sind –
und froh darüber, nur Zuschauer zu sein. In der Einleitung zum
zweiten Buch seines Lehrgedichts »De rerum natura«[1] heißt es:

>*»Süß ist's anderer Not bei tobendem Kampf der Winde*
>*Auf hochwogigem Meer vom fernen Ufer zu schauen;*
>*Nicht als könnte man sich am Unfall andrer ergötzen,*
>*Sondern weil man sieht, von welcher Bedrängnis man frei ist...*
>*Süß auch ist es, zu schau'n die gewaltigen Kämpfe des Krieges*
>*in der geordneten Schlacht, und selbst vor Gefahren gesichert.«*

Während Lukrez die Erleichterung darüber in den Vordergrund
stellt, nicht selbst betroffen zu sein (also emotionale Gründe),
macht Voltaire (1694–1778), der Philosoph der Aufklärung, Ver-
nunftgründe für die Gewaltfaszination geltend – und vertritt damit ein positiveres, aber auch weniger glaubwürdiges Menschenbild. In seinem Enzyklopädie-Artikel über »Curiosité« (Neugierde)
heißt es, dass Menschen keineswegs aus Vergnügen bei Unfällen
und schrecklichen Begebenheiten zusammenliefen, sondern einem
überlebensnotwendigen, leidenschaftlichen Bedürfnis folgten. Die
Neugier diene in erster Linie dem rationalen Zweck der Gefahren-
vorbeugung, kann andererseits aber auch so stark werden, dass sie
diesen Zweck verfehlt. Denn weiter heißt es:»Der Mensch ist so
sehr ein gaffendes Wesen, dass ihm in der Neugier sogar die Sorge
um sich selbst vergeht« Mit diesem Hinweis auf (als Ausnahme
verstandenes) Risikoverhalten – heute denkt man dabei unwillkür-
lich an Schaulustige bei Unfällen – erscheint die generelle These
fragwürdig, dass Menschen aus dem Unglück anderer lernen woll-
ten.

---

1 Lukrez verherrlicht in »De rerum natura« die Philosophie Epikurs mit
   dem Ziel, die Menschen von Götter- und Todesfurcht zu befreien. In der
   Ethik des Epikur (341–270 v.Chr.) geht es im Wesentlichen um die Frage
   der »Eudämonie«, d.h. den vollkommenen Glückszustand des Menschen.
   Epikur meinte dies aber nicht im Sinne roher Sinneslust (wie spätrömisch
   ausgelegt), sondern im Sinne gelassener Heiterkeit gegenüber Schmerz
   und wechselndem Schicksal.

Lukrez und Voltaire stimmen darin überein, dass Menschen so viele Katastrophen (anderer) vertragen, wie sie zu sehen bekommen. Sie sind unersättlich, solange sie selbst verschont bleiben. Die Motive sind freilich unterschiedlich, einerseits Dankbarkeit für die eigene Sicherheit (Lukrez), andererseits ein elementares Informationsbedürfnis, um die Gefahr selbst vermeiden zu können. Ein drittes Motiv benennen christliche Prediger, die hofften, dass der Anblick des Grauens zu frommer Demut führe. Dies korrespondiert mit der damaligen Wertschätzung der erzieherischen Wirkung öffentlicher Hinrichtungen und Bestrafungen (vgl. Rutschky 1977; zur Lektüre empfohlen: Karasek 1994).

Die Freude an der Katastrophe ist auch mit der Fähigkeit zur Empathie verknüpft. Der Betrachter findet den Schiffbruch[1] nur deshalb interessant, weil er ahnt:»Tua res agitur« – Dir könnte dies auch zustoßen. Ohne Vorab-Identifikation mit den Opfern gäbe es weniger Neugier anlässlich einer Katastrophe. Neben Neugier, Vorteilsfreude und Demut spielt also – wie Blumenberg (1979) anmerkt – auch Anteilnahme als Motivkomponente mit. Das Katastropheninteresse würde – etwa in einer Ode des Horaz (65-8 v.Chr.) – dadurch gerechtfertigt, dass der Zuschauer, der die Lage des Schiffs deutlicher überblickt als die Beteiligten, eingreifen und zur Umkehr aufrufen kann. Horaz sieht den Zuschauer also als einen Warner, der dem vom Sturm schwer beschädigten, aber noch manövrierfähigen Schiff von weiteren Abenteuern abrät und die Heimkehr in den Hafen empfiehlt:»O quid agis? Fortiter occupa portum«.

Der französische Philosoph Montaigne (1533-1592) folgerte aus dieser Problemsicht die (bewahrpädagogische) Empfehlung, den Hafen am besten gar nicht zu verlassen. Dann würden mit dem Schiffbruch auch die Zuschauer mit ihren dubiosen Motiven hinfällig. Doch dem lässt sich mit Pascal (1623-1662) entgegenhalten, dass dies nicht möglich ist, da wohl jedes Menschenleben von Geburt an so bedroht ist wie ein Schiff auf hoher See:»Vous êtes em-

---

1 Die Metapher vom Leben als risikoreicher, ständig vom Scheitern bedrohter Schifffahrt erfreut sich ausgesprochener Beliebtheit.

barqués« (Ihr seid immer schon an Bord). Gerade weil wir alle untergehen könnten, fasziniert der fremde Schiffbruch.

Für die Berichterstattung über reale Gewalt in den Medien ließe sich daraus folgern, dass einerseits das Wissen um die Elementartatsache der Sterblichkeit die Menschen zur spontanen Empathie angesichts fremder Katastrophen zwingt. Andererseits zeigen die Massenmedien heute Katastrophen, die sich ständig und weltweit ereignen, als Dauer- und Normalzustand. Noch zur Mitte des 19. Jahrhunderts erschien den Zeitgenossen die Vorstellung völlig absurd, dass es jeden Tag Nachrichten, also berichtenswertes Neues geben könnte. Heute sind wir rund um die Uhr mit einem nie versiegenden Nachrichtenstrom konfrontiert, der jedoch immer größere Mengen von Informationsmüll, selten Hintergrundinformationen und vor allem Katastrophenberichte enthält. Anders gesagt: wir sind »overnewst, but underinformed« (Arnold 1994).

Gleichzeitig entwickeln wir eine Fernmoral, die sich für jedes Problem der im Entstehen begriffenen Weltgesellschaft zuständig erklärt. Da unsere Handlungs- und Eingriffsmöglichkeiten jedoch begrenzt bleiben, erleben wir – etwa angesichts der Katastrophe des Balkankriegs – nur unsere eigene Ohnmacht und eine moralische Überforderung, die eine zynische Weltsicht befördert (man kann ja doch nichts ändern). Andererseits zeigt sich auch, dass die emotionalen Fähigkeiten vieler Menschen, am Schicksal entfernter Dritter nicht nur Mitleid zu empfinden, sondern sich auch zu engagieren, zugenommen zu haben scheinen. Die über Medien miterzeugte Anteilnahme am Leid der von Katastrophen betroffenen Menschen läuft allerdings vielfach ins Leere, weil es für den Einzelnen kaum Möglichkeiten wirksamer Interventionen gibt, die z.B über Spenden hinausgehen. Zwar steigern die Massenmedien erheblich das Wissen der Menschen darüber, was um sie herum vorgeht, schränken jedoch die Möglichkeit, dieses Wissen in (politisches) Handeln umzusetzen, auch erheblich ein: »Auf das, was der Fernseher verlautbart, kann man nichts erwidern, man kann ihn nur abstellen – eine unsichtbare Handlung« (Sennett 1983, S. 319).

Die Nachrichtenmedien selbst rechtfertigen ihre Katastrophen-Berichterstattung nach dem Horazschen Modell mit dem Informationsbedarf. Der informierte Bürger soll Informationen mit Politik, Kenntnisse mit Handlungen und Wissen mit Vorsorge verknüpfen. Er darf und soll zuschauen, solange er es nicht dabei belässt, sondern politisch handelt oder wenigstens Geld (für eine Umweltorganisation, für Katastrophenopfer etc.) spendet. Im Ausnahmefall funktioniert dieses Modell – wie etwa beim Vietnamkrieg, dessen Schreckensbilder die Zuschauer nicht mehr ertragen haben, so dass Medien und Bürger tatsächlich politischen Druck ausgeübt haben. Häufig rechtfertigt das Informationsargument jedoch bloß die Befriedigung einer Neugier, die keine Diskretion mehr wahrt. Vor allem verdeckt es – wie Sichtermann (1994, S. 56f.) betont – die geschäftliche Seite. Schreckensbilder sind wie alle Nachrichten nicht beliebig produzierbar, also ein knappes und teures Gut, um das die Sender konkurrieren (müssen), um die Aufmerksamkeit des Zuschauers zu fesseln.

Für das Fernsehen gibt es also nie zu viel, sondern immer zu wenig Katastrophen. Bedenkt man, dass das Fernsehen einmal mit pädagogischem Sendungsbewusstsein angetreten ist, zeigt sich, wie

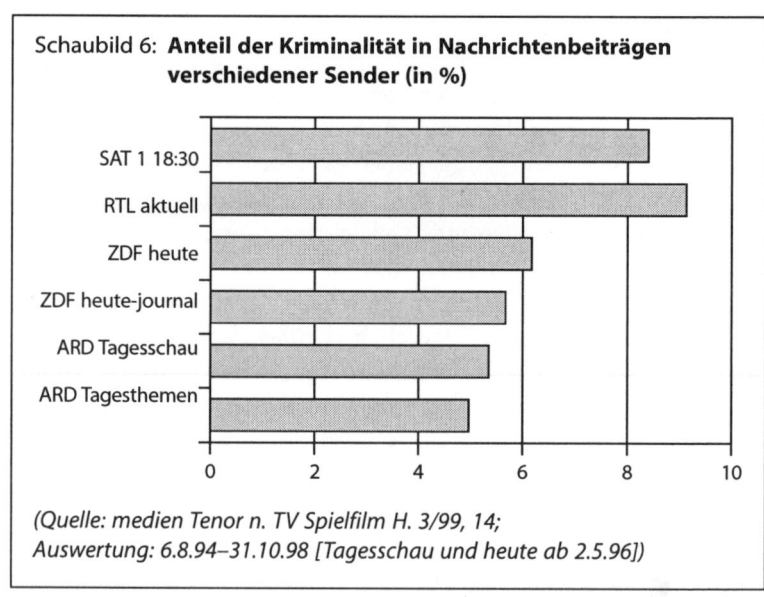

Schaubild 6: **Anteil der Kriminalität in Nachrichtenbeiträgen verschiedener Sender (in %)**

(Quelle: medien Tenor n. TV Spielfilm H. 3/99, 14; Auswertung: 6.8.94–31.10.98 [Tagesschau und heute ab 2.5.96])

weit es sich von seinen Wurzeln entfernt hat und wie unrealistisch ein umfassender pädagogischer Auftrag des Fernsehens heute ist. Sichtermann plädiert daher dafür, die betreuerische Perspektive der pädagogischen Fürsorge für das Publikum umzukehren, und das Programm – mit einem Goethe-Wort – in all seiner »Erbärmlichkeit« als einen Reflex, einen anthropologischen Spiegel zu begreifen, in dem sich so gut wie alles vorfindet, was das Augentier Mensch zu reizen vermag. Und zwar nicht, was ihm gefallen sollte oder gar das, was er lernen müsste, sondern das, wonach er sich spontan umguckt. Anders gesagt geht es darum, den Zuschauer als sinnliches, amoralisches, zwiespältiges eigenwilliges Wesen ernst zu nehmen (nicht: hinzunehmen).

Ich verstehe das als Plädoyer für mehr Gelassenheit gegenüber den Medien, nicht aber für medienpädagogische Untätigkeit. Man kann wohl der Analyse zustimmen, dass das Fernsehen im Wesentlichen ein Unterhaltungsmedium ist, das nur noch in kleinen Nischen seinen Bildungsauftrag wahrnimmt, und dass aus Zuschauern mit noch so viel medienpädagogischem Aufwand keine besseren Menschen gemacht werden können. Richtig und in Übereinstimmung mit den neueren Medienwirkungstheorien ist es auch, an der Frage der Faszination von Gewalt anzusetzen, also bei den Bedürfnissen und Motiven der Zuschauer. Unklar bleibt jedoch in Sichtermanns Argumentation, was mit dem Nicht-Hinnehmen eines Zustands gemeint ist, der als anthropologische Konstante beschrieben wird – in dem Sinn, dass Menschen immer von Gewalt fasziniert waren und die Massenmedien nur neue Formen für diesen Nervenkitzel bereitstellen. Einer medienpädagogischen Antwort auf die Frage der Wirkungen von Gewaltdarstellungen wird damit ausgewichen.

Wahrnehmung und Verständnis von Gewaltdarstellungen

Im Unterschied zu Nachrichten, die freilich auch unterhaltende Funktionen haben, sind für Unterhaltungssendungen im Fernsehen und für Kinofilme nicht der Bericht über reale Gewalt, sondern fiktionale Gewaltdarstellungen typisch. Gewalt als Unterhaltungsangebot scheint – nach dem oben Gesagten – deshalb so attraktiv zu sein, weil sie mit dem sicheren Wissen verbunden ist, dass es sich eben nicht um Realität handelt – wenn auch bisweilen ihre beunruhigende Spiegelung oder Interpretation – sondern um Fiktion. Darauf deuten auch Befunde hin, dass Reality-TV von Kindern stärker abgelehnt wird. Bei anderen Genres ist der Unterschied zwischen realer und fiktionaler Darstellung auch jüngeren Zuschauern bewusst, so dass die Distanz zum medialen Gewaltgeschehen wesentlich größer ist. Auch ein grausamer Filmmord bleibt eine schauspielerische Darstellung. Im Involvement von stark an Gefühle appellierenden Szenen können allerdings sehr wohl Ängste ausgelöst werden.[1]

Eine notwendige Voraussetzung für die Bewältigung von Gewaltdarstellungen ist die Fähigkeit, ein Symbol und dessen Bezug, Zeichen und Bezeichnetes auseinander halten zu können. Mediensymbole können ja verstanden werden als Sinnangebote, in denen schon Kinder sich selbst oder Handlungen in ihrer Umgebung gedeutet wieder finden. Orlik/Charlton/Neumann (1990, S. 172) weisen darauf hin, dass Kinder damit ihre eigenen Bedürfnisse und Gefühle besser verstehen und Wege zur Integration zuvor abgewehrter Gefühle in die eigene Persönlichkeit entdecken können. Ähnlich argumentiert Bachmair, der den Schwerpunkt auf die in unserer Gesellschaft verdrängten Angst- und Gewaltphantasien und nicht auf die medialen Gewaltdarstellungen selbst legt. Diese »sind Produkte eines Medienmarktes und nicht mehr als ein Fetisch, der dem Pädagogen jedoch das Problemfeld zeigt. (...) Das Problemfeld sind die verdrängten Gewalt-Phantasien, die Tabus, die Ängste und

---

1   Vitouch (1993; 1997) ermittelte in einer Untersuchung eine hohe Affinität zu Gewaltfilmen gerade bei jungen Menschen, die Probleme im Umgang mit ihren Ängsten haben. Vermutet wird, dass gewalthaltige Filme als Simulation für reale Ängste verwendet werden, die im Unterschied zur Realität besser kontrolliert werden können. Dies lässt sich aber wohl nicht in dem Sinn verallgemeinern, dass Angstbewältigung grundsätzlich ein wesentliches Motiv sei, sich gewalthaltige Filme anzuschauen. Ebenso gut ist möglich, dass vorhandene Gewaltneigungen eine Rolle spielen und durch den Medienkonsum beeinflusst werden. Zur Gewaltwahrnehmung und zum Gewaltverständnis von Kindern vgl. auch Theunert (1994).

Zwänge, auf die ein (...) Medienmarkt spekuliert. In dieser Situation ist es die pädagogische Aufgabe, Kindern und Jugendlichen zu helfen, ihre Ängste und Phantasien ›zur Sprache zu bringen‹«
(Bachmair 1985, S. 153; vgl. auch Bachmair 1984; Kübler et al. 1987). Eine Medienanalyse muss sich dann weniger auf die Inhalte des Mediums beziehen, sondern als »Rekonstruktion der Bedeutungsrekonstruktion der Rezipienten« erfolgen (Bachmair 1997, S. 196ff.). Interessanterweise sind Zeichentrickfilme und Actionserien (mit den wichtigen Elementen Action und Gewalt) die beiden Lieblingsgenres von Kindern. Gewalt wird von Kindern jedoch anders wahrgenommen als von Erwachsenen (vgl. Theunert 1994, Schorb 1996) – gewissermaßen durch eine legitimatorische Brille. Wichtig ist für Kinder die Differenzierung zwischen »Guten« und »Bösen«. Die Bestrafung (auch Tötung) des Bösewichts durch den Helden oder die Heldin wird demzufolge nicht als Gewalttat verstanden, sondern als ein gerechtfertigter Akt der Wiederherstellung der legitimen Ordnung. Erst mit der Entwicklung differenzierterer kognitiv-moralischer Schemata (Medienkompetenz) können Kinder auch diese Handlungen als Gewalt interpretieren.[1]

Aber was wird (nicht nur von Kindern) überhaupt als Gewalt wahrgenommen? Ob eine Handlung als Gewalthandlung (soziale Abweichung) oder als normal angesehen wird, unterliegt der Deutung. Es gibt keine *Gewalt an sich* – weder in den Medien noch in der Realität. Deutungsmuster entscheiden darüber, was als Gewalt angesehen wird und welche Gewalt negativ oder positiv sanktioniert oder gerechtfertigt ist (Notwehr). Solche Deutungsmuster finden ihre juristische Form im Strafgesetzbuch. Wesentlicher als das konkrete Ausmaß an Gewaltanwendung ist die durch Normen und moralische Vorstellungen gestützte soziale Kontrolle. Der soziale Kontext ist dabei ebenfalls von entscheidender Bedeutung. Das völlig »normale« Anrempeln beim Pogo-Tanzen in einer Punk-Disco würde auf einem Cocktailempfang wohl mindestens mit einem Rausschmiss enden. Die in unterschiedlichen sozialen Kontexten

---

1 Zur Bedeutung kognitiver Schemata der Gewaltwahrnehmung siehe auch: Vitouch/Tinchon (Hrsg.) 1996.

und sozialen Milieus existierenden abweichenden Vorstellungen von dem, was jeweils als Gewalt zu interpretieren ist, können zu situativ unangemessenen Gegenreaktionen führen. Ferner ist (personale) Gewalt immer in soziale Handlungen eingebunden. Es gibt also neben Normen und Rechtfertigungen immer auch Ursachen oder Motive für Gewalthandlungen, ebenso Folgen, die selbst wieder Gewalthandlungen sein können. Gewaltdarstellungen müssen daher im Rahmen der Erzähl- und Handlungskontexte gesehen bzw. gedeutet werden. Auch die Genres spielen eine Rolle, da sie die Vorerwartungen der Zuschauer steuern. Cartoons zeigen viele Gewalthandlungen, sind aber besonders deutlich fiktional. Verfolgungsfahrten, bei denen haufenweise Autos zu Schrott gefahren werden, haben eher mit Action als mit Gewalt zu tun, obwohl ein weiter Gewaltbegriff solche Zerstörungen als Gewalt gegen Sachen umfasst. Die Wahrnehmung und Interpretation einer Gewaltdarstellung wird z.b. davon beeinflusst,

- wie realistisch die Darstellung ist;
- ob eine ironische Distanzierung vorliegt (z.b. Bud-Spencer-Filme);
- wie ausführlich die Gewalt dargestellt wird (nur im Gespräch erwähnt, nebenbei, Details, Verletzungen, Blut);
- wieweit Lebensgeschichte und psychische Verfassung der Täter berücksichtigt werden;
- ob die Tat aus Täter- oder Opfersicht, Zuschauer- oder neutraler Erzählperspektive dargestellt wird;
- ob die Folgen für Opfer (körperlich, seelisch, sozial) gezeigt werden;
- wie sich Dritte (weder Täter noch Opfer) verhalten;
- ob es Schuldzuweisungen an Dritte gibt (Tatzeugen, die nicht verhindernd eingreifen; Auftraggeber oder sonstwie Verantwortliche im Hintergrund, die nicht belangt werden können; anonyme Mächte, z.B. Politiker, die »zu liberale Gesetze« erlassen, oder CIA und Mafia, die – wie von manchen vermutet wird – Interesse am Mord des amerikanischen Präsidenten Kennedy hatten);
- wie der Zuschauer einbezogen wird (vollständiges Täterwissen,

Wissensstand z.B. des Detektivs, aber ohne seine Schlussfolgerungen);

- welches die Auslöser der Gewalthandlung sind;
- ob die Gewalt gerechtfertigt wird und wie;
- ob die Gewalt verherrlicht wird;
- und wie die Gewalthandlung inszeniert ist (Montage, Schnitt, Großaufnahme, Zeitlupe, Musik).

Bei personaler Gewalt ist auch eine mögliche Identifikation mit dem Täter zu bedenken. Mögliche Motive wären hier Selbstbehauptung, Selbst-Durchsetzung oder Identifikation mit dem Aggressor. Ferner ist die Gewaltrezeption geschlechtstypisch unterschiedlich. Frauen und Mädchen identifizieren sich eher mit den Opfern, stellen häufiger Bezüge zu ihrem Alltag her (»das könnte auch mir passieren«) und lehnen Gewaltdarstellungen stärker ab. Männer und Jungen betonen dagegen stärker die Differenz zwischen Fiktion und Realität (»das ist ja nur ein Film«) und zeigen sich daher von fiktionaler Gewaltdarstellung weniger betroffen (vgl. Luca 1993).

Die meisten Studien zur Frage der Wirkung von Gewaltdarstellungen in den Medien beschränken sich auf fiktionale Gewalt, und hier wiederum auf die Darstellung von personaler, physischer Gewalt im Fernsehen (Kunczik 1993, S. 14). Der Großteil der Forschungen folgt dabei den Vorstellungen der älteren Wirkungsmodelle, bleibt theoretisch wie methodisch medienzentriert und betrachtet den Zuschauer einseitig als Wirkungsobjekt. Ein weiteres Problem dieser Untersuchungen ist, dass der verwendete Gewaltbegriff oft unklar bleibt. Pointiert lässt sich sagen, dass »Gewalt das ist, was der Forscher oder Journalist als solche definiert« (Früh 1995, S. 172). In einer Literaturanalyse von Forschungsarbeiten zur Gewaltwirkung konnte Theunert (1987) zeigen, dass in ca. drei Viertel der untersuchten Studien der Gewaltbegriff entweder gar nicht oder nur implizit definiert oder operationalisiert wurde. Es ist evident, dass sich dann bei der Interpretation der Ergebnisse ein immenser Deutungsspielraum auftut, eine Vergleichbarkeit der Studien erschwert wird und schlechtestenfalls die Studien völlig wertlos sind. Ein weiteres Problem ist die Verallgemeinerung der

Ergebnisse. Gewiss kann man in einem Laborexperiment einer Gruppe von Kindern einen Film mit aggressiven Handlungsmustern vorspielen und anschließend ein kurzfristig aggressiveres Spielverhalten beobachten. Daraus den Schluss zu ziehen, dass auch kriminelle Formen von Gewalt so gelernt werden, ist jedoch – gelinde gesagt – gewagt.

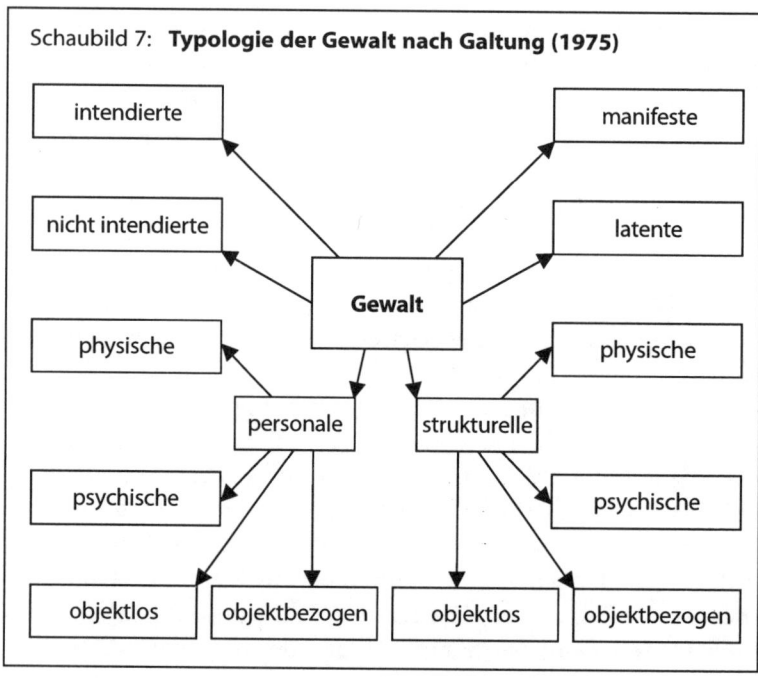

Schaubild 7: **Typologie der Gewalt nach Galtung (1975)**

Wie weit der Gewaltbegriff gefasst werden kann, hat die Diskussion um den von Galtung (1975) geprägten Begriff der »strukturellen Gewalt« gezeigt. In einer engen Definition lässt sich Gewalt verstehen als ein subjektiver Akt der bloßen physischen Beschädigung oder ein Angriff auf Leib und Leben (mit dem Töten als extremster Form), der eben diese Konsequenzen intendiert. In Galtungs erweiterter Definition liegt Gewalt dann vor, »wenn Menschen so beeinflusst werden, dass ihre aktuelle somatische und geistige Verwirklichung geringer ist als ihre potentielle Verwirklichung« (Galtung 1975, S. 15). Dabei unterscheidet Galtung sechs Dimensionen von Gewalt:

- physisch – psychisch
- negative – positive Einflussnahme (Konsumgesellschaft übt Konsumzwang aus und belohnt bestimmte Verhaltensweisen)
- Existenz eines Objekts (Atomtests, Umweltverschmutzung, Gewalt gegen Sachen)
- Existenz eines Subjekts (personale, direkte oder strukturelle, indirekte Gewalt)
- intendiert – nichtintendiert (wichtig für die Schuldfrage; Moralkodizes, die sich auf intendierte Gewalt beziehen, vernachlässigen die strukturelle Gewalt)
- manifest – latent (Latente Gewalt ist vor direkter Ausübung bereits vorhanden; z.b. im Fall von Diskriminierung).

Der Gewaltbegriff in der Medienforschung – Theorien, Konzepte, Ergebnisse

Bezogen auf Mediendarstellungen unterscheiden Kepplinger/Dahlem (1990) in einem Gutachten der Gewaltkommission:

- *Gewaltdarstellungen* im engeren Sinn, *Gewalt legitimierende* Darstellungen im weiteren Sinn,
- Darstellungen *realer* Gewalt, Darstellungen *fiktionaler* Gewalt,
- *Natürliche* Gewaltdarstellungen, *künstliche* Gewaltdarstellungen.

Dabei liegt der Schwerpunkt bisheriger Analysen auf der *natürlichen Darstellung fiktionaler Gewalt*. Als beobachtete Wirkungen benennt die Gewaltkommission (Schwind et al. 1990) folgende Effekte von Gewaltdarstellungen:

- Erzeugung von Klischees und Feindbildern,
- Förderung sozialer Desintegration,
- Aufbau negativer Weltbilder,

- Auslösung gewaltrelevanter Effekte: Nachahmungseffekte, Gewöhnungseffekte, Verstärkereffekte,
- Erzeugung von Verbrechensfurcht.

Bei der Beurteilung der Ergebnisse von Gewaltstudien ist zu berücksichtigen, dass die meisten Studien den klassischen Wirkungsmodellen folgen, die die Medienwirkung zu einfach konzipieren. Die wichtigsten Wirkungskonzepte, die in der Gewaltforschung verwendet werden, sollen hier kurz vorgestellt werden. Zu ihrer theoretischen Grundlegung wird auf das vorige Kapitel verwiesen.

Triebtheorien gehen von der Annahme einer angeborenen Disposition zu aggressivem Verhalten aus. Gewaltdarstellungen führen der *Katharsisthese* zufolge aggressive Spannungen ab (Ventilfunktion) und ermöglichen es, durch identifizierende Teilnahme an der dargestellten Aggression auf eigene Aggressivität zu verzichten. Diese These gilt als am wenigsten gesichert (Horn 1983, S. 328) und auch frühere Vertreter der These wie Feshbach (1992) haben ihre Aussagen inzwischen relativiert.

Die Widerlegungen der Karthasisthese berücksichtigen jedoch nicht die *Bedingungen*, unter denen eine Aggressionshandlung eine karthatische Wirkung haben kann (vgl. Kornadt/Zumkley 1990, 196f.). Da nicht nur ein diffuser Ärger, sondern eine klare Motivation entstanden sein muss, um ein genau umrissenes Aggressionsziel zu erreichen, wird sich ein karthatischer Effekt nicht nach Ausführung *irgendeiner*, sondern nur nach Ausführung ganz bestimmter Aggressionshandlungen ergeben – und auch nur dann, wenn das Aggressionsziel auch erreicht wird. Freitag/Zeitter (1999, 23f.) plädieren daher dafür, die Karthasisthese um solche inhaltlichen und formalen Aspekte zu erweitern und erneut zu überprüfen.

Sozial-kognitive Lerntheorie/Lernen am Modell. Zu Grunde gelegt wird hier die lerntheoretische Annahme des Lernens von Verhaltensmodellen (Modelllernen; vgl. z.B. Bandura 1979), die – unter bestimmten Bedingungen – nachgeahmt werden (vgl. auch Kultivationsthese der Medienwirkung). Die *Stimulierungsthese* (Feshbach 1961) behauptet, dass Gewaltdarstellungen aggressives Verhalten bzw. das Erlernen aggressiven Verhaltens fördern. Experimentell ist diese These am häufigsten bestätigt. Ungewiss bleibt, ob die erlernten Aggressionsmuster unter veränderten situativen Bedingungen tatsächlich in eigenes Verhalten umgesetzt werden. Langfristig konnten keine Lerneffekte nachgewiesen werden. Die Übernahme eines aggressiven Verhaltensmodells ist unter anderem davon abhängig, ob das mediale Vorbild mit seiner Handlungsweise Erfolg hat, und davon, ob zwischen medialem Vorbild und der Lebenswelt des Rezipienten eine signifikante Ähnlichkeit besteht (vgl. Bandura 1969). Rambo- und Terminator-Filme sind danach weniger problematisch als die Darstellung »ganz gewöhnlicher Gewaltausübung« in ganz gewöhnlichen Situationen.

Als eine »gänzlich banalisierte Version des ›Lernens am Modell‹« (Selg 1998, S. 48) ist die *Imitationsthese* zu verstehen. Sie geht davon aus, dass allein die Beobachtung aggressiven Verhaltens – ohne Einfluss weiterer individueller und sozialer Faktoren – zur Nachahmung bzw. Imitation des Verhaltens führt (vgl. z.B. Glogauer 1994). Diese These erscheint heute nicht mehr haltbar. Eine modifizierte Variante ist die *Suggestionsthese* (vgl. Philips 1974), die sich nur auf Selbsttötungen bezieht. Hier ist eine Korrelation von (zumeist realen, nicht medial-fiktionalen) Handlungen und Nachfolgetaten zu verzeichnen (Werther-Effekt). Im Rahmen der Suggestionsthese wird Medienaussagen eine suggestive Wirkung auf beim Mediennutzer vorhandene Affinitäten unterstellt, so dass nicht explizit ein Lernen am Modell stattfindet.

Umgekehrt behauptet die *Inhibitionsthese*, dass Gewaltdarstellungen aggressives Verhalten hemmen, insbesondere wenn sie von der (realen oder medialen) Umwelt missbilligt werden. Gerade realistische Gewaltdarstellungen, bei denen die Konsequenzen besonders deutlich gezeigt werden, bewirken demnach eine Aggressionsangst, die die Bereitschaft zu eigener Gewaltanwendung mindert (vgl. z.B. Kniveton 1978).

Der *Habitualisierungsthese* zufolge sind nicht einzelne Gewaltdarstellungen problematisch, wohl aber der ständige Konsum von Gewaltdarstellungen, der an Aggressivität gewöhnt und die emotionale Sensitivität derart vermindert, dass Gewalt als normales Mittel zur Durchsetzung der eigenen Interessen und zur Lösung von Konflikten angesehen wird. In einer Langzeitstudie konnte Belson (1978) keine Belege für diese These finden. Griffith/Shuckford

(1989) weisen auch auf logische Widersprüchlichkeiten einer De-sensibilisierungsthese hin, da z.b. ein Verständnis von Gewalt als etwas völlig Normalem in Widerspruch stehe zu Faszination und Interesse, die Gewaltdarstellungen auslösen (vgl. Kunczik 1993, S. 100). Auch eine Studie über die Akzeptanz realer Gewalt bei Kindern konnte keine nach der Habitualisierungsthese erwartbaren Abstumpfungstendenzen nachweisen (Drabman/Thomas 1974).

Unter die Habitualisierungsthese lassen sich auch *Erregungstheorien* subsumieren, die auf der Annahme basieren, dass Erregungszu-stände die Handlungsbereitschaft steigern und die Wahrscheinlich-keit von (aggressiven) Handlungen erhöhen. Zu Erregungstheorien zählen z.b. der *Frustrations-Aggressions-Ansatz* (Berkowitz 1969) oder die *Exitations-Transfer-These* (Zillmann 1971).

Konflikttheorien gehen von der Annahme aus, dass es unter-schiedliche Konflikttypen mit verschiedenartigen Strukturen gibt, die den Verlauf der Auseinandersetzung beeinflussen. Gewalt findet in der Regel als Teil eines Konflikts statt, wobei man private, öffent-liche und publizistische Konflikte unterscheidet.

Feedbacktheorien basieren auf der Annahme, dass die gegenwär-tige oder antizipierte Berichterstattung in den Massenmedien eine Handlungsmotivation bildet, die das Verhalten modifiziert, wo-durch das konkrete Verhalten u.U. eine Folge der Medienpräsenz ist. Zu den Feedbacktheorien gehört die *Theorie der reziproken Ef-fekte* mit der Annahme, dass die Präsenz von Medienberichterstat-tern ein Bewusstsein von Öffentlichkeit schafft, das die Neigung zu situations- und rollenkonformem Verhalten verstärkt (Gewalter-wartung der Medienvertreter vor Ort führt zu demonstrativer Ge-walt) sowie die *Theorie der Pseudo-Ereignisse*, die annimmt, dass die Erwartung publizistischer Beachtung Ereignisse zur Folge hat, die eigens zum Zweck der Berichterstattung inszeniert werden. Da-für gibt es durchaus Beispiele – allerdings geht es hier eher um die Frage, wie sich die Aufmerksamkeit der Medien gezielt für eigene Zwecke gewinnen lässt. Die Problematik von Wirkungen auf den Medienkonsumenten bleibt davon unberührt.

Ein *Resümee* der Ergebnisse der Wirkungsforschung über Ge-waltdarstellungen in den Medien ziehen Groebel/Gleich (1993):

- Keine neuere Studie belegt den Abbau von Aggressionen durch Mediengewalt.
- Kaum ein Medienangebot allein führt zwangsläufig zu aggressiven oder gar kriminellen Verhaltensweisen.
- Die Verstärkung von Dispositionen ist häufig wahrscheinlicher als eine ursächliche Wirkung.
- Medien und ihre Wirkungen sind eingebettet in den jeweiligen sozialen und gesellschaftlichen Kontext.
- Kurz- und langfristige Wirkungen können sehr unterschiedlich sein. Aggression und Angst können mindestens verstärkt werden.
- Die Wirkung von Gewaltdarstellungen wird stark mitbeeinflusst durch Persönlichkeitsmerkmale und die jeweilige Erlebniswelt des Zuschauers.
- Je weniger alternative (nicht-mediale) Erfahrungen und Erlebnisse gemacht werden, desto größer ist die Wahrscheinlichkeit des Medieneinflusses.
- Neben den Gewalt*inhalten* spielen auch die Darstellungs*formen* eine wichtige Rolle.
- Medienbezogene Bedürfnisse und Konsequenzen sind zu unterscheiden nach den Bereichen Kognition (Wahrnehmung und Denken), Emotion, Physiologie (körperliche Erregung) und soziales Verhalten.
- Schädliche Wirkungen von Mediengewalt sind nicht pauschal nachweisbar, aber es gibt stärkere Indikatoren für ein Wirkungsrisiko (vgl. Groebel/Gleich 1993, S. 32).

Ergänzen ließe sich die Auflistung noch durch den Befund, dass die Quantität der Gewaltdarstellungen für eventuelle Wirkungen unwesentlich ist, da »zwischen der Quantität der Gewaltakte und der von Zuschauern wahrgenommenen Violenz kein konsistenter Zusammenhang besteht« (Kunczik 1993, S. 98). Auf weitere Einflussfaktoren weist der Mediengewaltforscher Groebel an anderer Stelle hin: »Allgemein zeigt sich jedoch, dass immer noch die Familie die zentrale Instanz für die Sozialisation von aggressiven Verhaltensweisen und ängstlichen Haltungen ist« (Groebel 1998, S. 62).

Eine finnische Studie von Björkqvist (1985) kommt zu dem Schluss, dass beim Anschauen von Gewaltdarstellungen Tendenzen zu Aggression und Tendenzen zu Ängstlichkeit in umgekehrt proportionalem Verhältnis stehen – sich also als Reaktion gegenseitig ausschließen. Wer auf Gewaltdarstellungen ängstlich reagiert, neigt nicht zu Aggressivität, und wer aggressiv reagiert, neigt nicht zu Ängstlichkeit. Mädchen haben bei Gewaltdarstellungen ein höheres Erregungs- und Angstniveau als Jungen, und bei Vorschulkindern ist das Erregungs-/Angstniveau geringer, wenn ein erwachsener Zuschauer anwesend ist – insbesondere dann, wenn er während des Films mit den Kindern spricht. Im Hinblick auf Angst auslösende Effekte bestätigt die Studie die Desensibilisierungsthese, derzufolge die Angstreaktion bei massivem Fernsehgewaltkonsum abnimmt.

Gewaltdarstellungen können jedoch auch einen *Bumerang*- oder *Umkehr-Effekt* auslösen, bei dem – z.b. durch Einflüsse der sozialen Situation – ein der Gewalthandlung entgegengesetztes Verhalten ausgelöst wird (vgl. Potts/Huston/Wright 1986; Kleiter 1997). Gewaltdarstellungen können prinzipiell auch vermitteln, dass Gewalt sich nicht lohnt und schwerwiegende Folgen für die Opfer hat.

Wenn Gewaltwirkungen der Medien pauschal nicht nachweisbar sind, aber Indikatoren für ein Wirkungsrisiko bei entsprechender individueller oder sozialer Disposition vorliegen, ist für die Praxis der Medienerziehung wohl anzuraten, sich auf die sichere Seite zu schlagen und stets mit der Möglichkeit von Wirkungen zu rechnen (*Risikothese*). Der Begriff des Risikos unterstellt im Unterschied zum Begriff der Gefährdung nicht das Vorhandensein einer generellen Gefahrenlage, schließt jedoch die Möglichkeit ein, dass für bestimmte Individuen oder Gruppen unter bestimmten Bedingungen ein Wirkungsrisiko besteht.

Aus wissenschaftlicher Sicht bleiben die Befunde der Gewaltwirkungsforschung äußerst unbefriedigend. Ein Problem der Forschung besteht darin, dass die Medien nur ein Sozialisationsfaktor in einem sehr komplexen Bedingungsgefüge sind. Entsprechend schwach sind die gemessenen Effekte. Kunczik zufolge variieren die ermittelten Korrelationskoeffizienten »ungefähr zwischen 0.1 und 0.2, das heißt, etwa zwischen ein und vier Prozent des späteren aggressiven Verhaltens wird in den Feldstudien durch den vorigen

Konsum von Fernsehgewalt erklärt« (Kunczik 1993, S. 103). In der Statistik hat sich jedoch die Konvention durchgesetzt, »Korrelationskoeffizienten, deren Stärke geringer als 0.2 ist, als unbedeutend und uninterpretierbar nicht weiter zu beachten« (ebd.). Dennoch vertritt kaum ein Forscher die *These völliger Wirkungslosigkeit* auf individueller Ebene (Ausnahme: McGuire 1986) – für makrosoziale Phänomene wird die These der Wirkungslosigkeit meines Wissens überhaupt nicht vertreten. Wenn die messbaren Effekte aber derart gering sind, muss man wohl von der Vorstellung Abschied nehmen, dass sich Wirkungen generell – für alle Mediennutzer oder für eine bestimmte Altersgruppe insgesamt – klar nachweisen ließen. Auch in pädagogischer Perspektive ist daher ein Vorschlag Kuncziks bedenkenswert, sich auf hypothetische Problemgruppen zu konzentrieren, bei denen man nach bisherigem Kenntnisstand ein besonders großes Wirkungsrisiko annehmen kann. Die Befunde zu diesen Problemgruppen ließen sich dann zwar nicht verallgemeinern, aber gerade diese Problemgruppen sind ja auch als medienpädagogische Zielgruppen anzusehen, die einer pädagogischen Unterstützung bedürfen. Forschungsmethodisch empfiehlt Kunczik eine stärkere Berücksichtigung biographischer Methoden (Kunczik 1993, S. 106).

Zur Bestimmung von Problemgruppen kann man auf die Arbeiten des Kriminologischen Forschungsinstituts Niedersachsen zurückgreifen. Danach erhöht sich das Risiko der Entstehung von Jugendgewalt drastisch, wenn folgende drei Faktoren zusammenkommen: Die Erfahrung von Gewalt in der Familie, gravierende soziale Benachteiligung der Familie und schlechte Zukunftschancen des Jugendlichen auf Grund niedrigen Bildungsniveaus. Unterprivilegierte Jugendliche – darunter versteht Pfeifer (1997) solche Jugendliche, die mindestens zwei der drei genannten Belastungsrisiken tragen – haben 1997 drei- bis viermal häufiger andere Jugendliche erpresst, beraubt oder mit Waffen bedroht als andere Jugendliche. Mehr als drei Viertel der jungen Gewalttäter weisen ein niedriges Bildungsniveau auf.

Ein Defizit der Forschung ist auch darin zu sehen, dass die Gewaltdebatte zu medienzentriert geführt wird. Gerade für das Kindes- und Jugendalter ist jedoch zu bedenken, dass der jeweilige

Stand der sozialmoralischen Entwicklung eines Kindes oder Jugendlichen für die Übernahme von Gewaltvorbildern und eigene Gewalthandlungen mitentscheidend sein dürfte (siehe dazu Lukesch [Hrsg.] 1990; Herzig 1999; Tulodziecki 2000).

Möglicherweise geht es aber gar nicht um die Gewaltdarstellungen selbst, sondern um das Menschenbild, das z.B. ein Film oder Buch insgesamt vermittelt. Diese versteckten Botschaften »sind viel wichtiger als die einzelne demonstrierte Gewalthandlung. Es werden Werte vorgeführt; es wird möglicherweise gezeigt, dass Gewalt als Problemlösung geeignet ist, dass man sich mit Gewalt durchsetzen kann. Viele Helden machen sich durch Gewalt ihren Namen, sie gewinnen dadurch ihre Bedeutung im Film. Selg plädiert daher dafür, Gewaltdarstellungen nicht zu verbieten, uns jedoch dazu durchzuringen, sensibel mit ihnen umzugehen, und zu überlegen, welche Botschaft mit Gewalt jeweils verknüpft wird (Selg 1998a, S. 42). Ein Film wie Oliver Stones »Natural Born Killers« (USA 1994), dessen Gewaltdarstellungen die Öffentlichkeit erregten, ließe sich in dieser Perspektive wahrnehmen als das, was er eigentlich ist: eine »angestrengt-verzweifelte Satire um Medien und amerikanische Mythologie, das wütende Pamphlet eines konservativen Moralisten!« (Wulff 1995, S. 381).

Zu fragen ist daher auch, welche soziale Funktion die Gewaltdebatte für die *Selbstvergewisserung der Gesellschaft* hat. In wissenssoziologischer Perspektive ist ja davon auszugehen, dass jede Alltagskommunikation von Themen gesteuert wird, wobei immer auch zu fragen ist, warum ein Gegenstand überhaupt Gegenstand von Alltagskommunikation wird. Oder systemtheoretisch formuliert: »Kommunikation teilt die Welt nicht mit, sie teilt sie ein.« Sie ist – wie Luhmann sagt – ein Schnitt in die Welt: »Sie sagt, was sie sagt; sie sagt nicht, was sie nicht sagt« (vgl. Luhmann/Fuchs 1989, S. 7) – anders gesagt: worüber sie schweigt. Polemisch fragt Wulff, ob die Debatten über Gewalt nicht grundsätzlich eine nicht offensichtliche Bedeutung mitführen, um die es dabei eigentlich geht, nämlich »eine moralisch-politische Hygienevorstellung« (Wulff 1995, S. 381).

Die Forschung über Gewalt in den Medien sollte daher neben der rezipientenorientierten Frage nach den Wirkungen und der kommunikatororientierten Frage nach den Inhalten auch der Frage nach den sozialen Bedeutungen und Funktionen nachgehen, »die mediale Produkte (und Medien überhaupt) in der Alltagspraxis verschiedener Adressatenkreise haben«, z.B. durch die »Untersuchung von *Kommunikation über und mit* Filmen« (Wulff 1995, S. 381). Wulff plädiert damit dafür, jede Mediennutzung vor allem als Element sozialer Praxis zu verstehen. Auch Gewaltdarstellungen stehen nicht für sich, sondern in Sinnkontexten, die mitverstanden werden müssen. So steht oft »die *effektive* Information (...) zu dem, was abgebildet wird, in einem paradoxen Verhältnis – viele Gewaltfilme zeigen den Einbruch des Gewalttätigen in normales Alltagsleben, um rückzuversichern, dass Gewalt in normalem Alltagleben keinen Platz hat« (Wulff 1995, S. 382; ausführlich Wulff 1985).

So ließe sich die Katastrophenberichterstattung des Reality-TV nicht nur als eine »schamlose Ausbeutung von Leid, Blut und Tod« verstehen, sondern – in all ihrer Banalität – auch als »Helferpropaganda, (als) moralische Abhandlung über Gefahr, Solidariät und göttliche Fügung« (Wulff 1995, S. 384). Die zu Anfang des Kapitels erwähnten öffentlichen Hinrichtungen – in zivilisierten Gesellschaften zweifelsohne barbarische Akte – waren ebenso auch Demonstrationen staatlicher Macht, kollektive Rituale, deren »verborgener Hintergrund wiederum ein Diskurs über öffentliche Ordnung war« (Wulff 1995, S. 385). Möglicherweise greift also die bisherige Gewaltdebatte zu kurz. Gewaltdarstellungen in den Medien wären dann auch »als Elemente eines Diskurses (zu) lesen, in dem eine Selbstverständigung über Ethik und Moral, über die Gefährdung kultureller Werte, über die Verantwortlichkeit oder Beeinflussbarkeit oder Wehrlosigkeit von Kindern geführt wird« (Wulff 1995, S. 390).

Ausgewählte empirische Befunde zu Mediennutzung und Medienangebot

Medien und Freizeit

Die Beschäftigung mit Medien nimmt einen erheblichen Teil unserer Freizeit ein, und möglicherweise würden wir die Medien sogar noch mehr nutzen, wenn wir nur die Zeit dazu hätten. Die Mediennutzung ist in den letzten Jahrzehnten deutlich angestiegen, bleibt jedoch direkt abhängig vom Ausmaß an frei verfügbarer Zeit und folgt nicht dem gestiegenen Medienangebot mit heute – je nach Empfangssituation – zwischen acht und über fünfzig frei empfangbaren Fernsehkanälen[1] und einer Buchproduktion von 78.042 Titeln (1998) – um nur zwei Beispiele zu nennen.

Wie stark das Medienangebot zugenommen hat, zeigt Klaus Merten für den Zeitraum von 1960 bis 1990, also etwa die Dauer einer Generation. Danach hat allein das Programmangebot der öffentlich-rechtlichen Sender (ARD und ZDF) um 1250% zugenommen, das Informationsangebot des Hörfunks[2] (nur ARD) um 250%, das der Tagespresse um 260% und das der Zeitschriften[3] um 1.200%. Dies entspricht einer Zunahme des Gesamtangebots »von etwa 3.000%, wobei dieser Wert bei Berücksichtigung der anderen Medien nochmals um wenigstens 1.000% steigen dürfte« (Merten

---

1   Die 18,6 Mio. Kabelhaushalte in Deutschland können 28 Sender empfangen, Satellitenhaushalte (8,7 Mio.) mehr als 50, und Haushalte mit terrestrischer Antenne (5,4 Mio.) lediglich acht Sender.

2   Von 1980 bis Mitte der 1990er-Jahre stieg die Zahl öffentlich-rechtlicher Hörfunksender von 31 auf 48. Seit Einführung des kommerziellen Rundfunks etablierten sich (z.T. regional begrenzt) knapp 200 private Hörfunksender (Holtz-Bacha 1997, S. 13).

3   In Deutschland erscheinen etwa 9.000 Zeitschriftentitel, darunter ca. 4.000 Fachzeitschriften (Dreppenstedt 1996, S. 151)

1994a, S. 154). Mit »anderen Medien« sind dabei insbesondere Stadtteilzeitungen und Anzeigenblätter, Werbetexte und die Angebote privater Fernsehsender und des lokalen Hörfunks gemeint. Diese Steigerung des Angebots um (konservativ geschätzte) 4000% kann von den Mediennutzern nur bewältigt werden durch »eine rigide gesteigerte Selektivität, die typischerweise durch die Institutionalisierung einer reflexiven Struktur, nämlich der Verfügbarkeit von *Meta-Medien* erzeugt wird, die die dafür notwendige Selektionsverstärkung aufbringen können« (ebd., S. 155). Einfacher gesagt: Medien müssen immer mehr auch darüber informieren, welche Medienangebote es wann und wo überhaupt gibt. Augenfällig ist dies z.B. bei dem in den 1980er- und 1990er-Jahren ausdifferenzierten Angebot an Programmzeitschriften: Beispielsweise konzentrieren sich einige überwiegend auf das Spielfilmangebot. Ein anderes Beispiel ist das Internet mit seinem unüberschaubaren Informationsangebot, das sich nur noch mit Suchmaschinen bewältigen lässt. Suchmaschinen indizieren die im Internet vorhandenen Dokumente allerdings sehr viel unvollständiger als gemeinhin angenommen wird (vgl. Sander-Beuermann 1998). Eine Studie des NEC Forschungsinstitutes an der Universität Princeton (New Jersey) ergab bei den bekannteren Suchmaschinen eine Quote von 34% für HotBot, 28% für Altavista, 14% für Excite und 10% für Infoseek (vgl. Kurzidim 1998, S. 48). Eine neuere Untersuchung von Lawrence/Giles (1999; siehe: www.wwwmetrics.com) ermittelte für Northern Light als Suchmaschine mit dem größten Index (knapp 130 Millionen Seiten) sogar nur eine Quote von 16%. Zudem hätten die untersuchten Suchmaschinen unterschiedliche thematische und geografische »Schieflagen« (z.B. überwiegend US-Sites), und es vergingen durchschnittlich etwa sechs Monate von der Veröffentlichung einer Site bis zur Indizierung durch die Suchmaschine. So genannte Suchmaschinen zweiter Ordnung oder Meta-Suchmaschinen fragen gleichzeitig mehrere Suchmaschinen ab und ermöglichen so eine weitere Selektion gegenüber einfachen Suchmaschinen. Meta-Suchmaschinen erhöhen die Erfolgsquote zwar geringfügig, ändern aber nicht das insgesamt desolate Bild.

Übersehen wird häufig, dass heutzutage nicht die *Beschaffung* von Information das eigentliche Problem ist, sondern die *sinnvolle*

Auswahl. Es geht gerade nicht darum, möglichst viele Informationen zu bekommen, sondern möglichst wenige gute, also im Hinblick auf die Fragestellung relevante Informationen. Vor allem einfache Kommunikationsmittel wie die elektronische Post, die Probleme eigentlich lösen sollte, erzeugt in dieser Hinsicht auch neue. In einer 1997 veröffentlichten Managerbefragung von Pitney Bowes, gab die Hälfte der Befragten an, dass sie in ihrer Arbeit durchschnittlich sechsmal pro Stunde oder häufiger durch Mitteilungen (Telefon, E-Mail, Fax) unterbrochen werden (vgl. Rosenthal 1998). Wichtig ist daher auch ein Schutz vor ungewollter Information. Beim Telefon und persönlichen Besuchen besorgte das früher das Dienstpersonal, heute helfen Anrufentgegennehmer (zum Anrufbeantworter sind die Geräte ja wohl noch nicht gereift), sowie Werbefilter und Sperrlisten für E-Mail. Man sollte nicht vergessen, dass Computer zwar auch größere Datenmengen problemlos verarbeiten können, am Ende der Informationskette aber immer ein Mensch steht, der diese Informationen bewältigen muss. Im Internet behilft man sich mit der Entwicklung »intelligenterer« Suchmaschinen (s.o.). Gleichzeitig wird heute deutlich, dass die Informationsströme auch gelenkt werden. Dienste-Anbieter – wie z.B. Browser-Hersteller – implementieren in ihre Software eigene Suchkataloge und Suchmaschinen oder selektieren das Informationsangebot durch »Portal Sites«, mit denen die Nutzer vorzugsweise auf von ihnen ausgewählte Sites (z.B. die ihrer Werbekunden) verwiesen werden.

Die tatsächliche Nutzung von Medien kann mit der Steigerung des Angebots nicht mithalten, da unser Zeit- bzw. Freizeitbudget begrenzt ist. Wie wichtig Medien für unsere Freizeitgestaltung sind, zeigt sich jedoch daran, dass der in den letzten Jahrzehnten zu verzeichnende Zugewinn an Freizeit mit einer entsprechend gestiegenen Mediennutzung einhergegangen ist:

Etwa gleichbleibend 40% unserer Freizeit wenden wir in den letzten 30 Jahren für Medien auf, wie sich leicht zeigen lässt, wenn man in der obigen Darstellung das Medienzeitbudget zur gesamten Freizeit (= 100%) in Beziehung setzt:

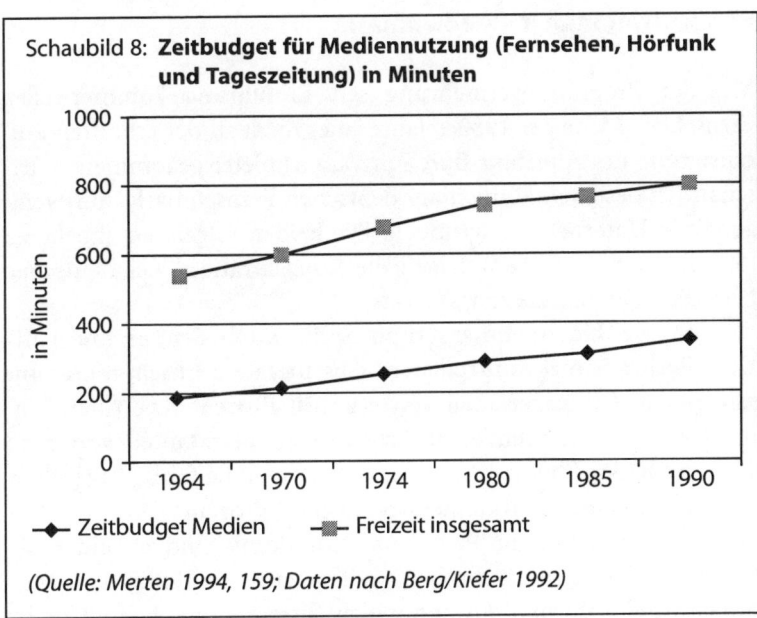

Schaubild 8: **Zeitbudget für Mediennutzung (Fernsehen, Hörfunk und Tageszeitung) in Minuten**

◆— Zeitbudget Medien   ■— Freizeit insgesamt

(Quelle: Merten 1994, 159; Daten nach Berg/Kiefer 1992)

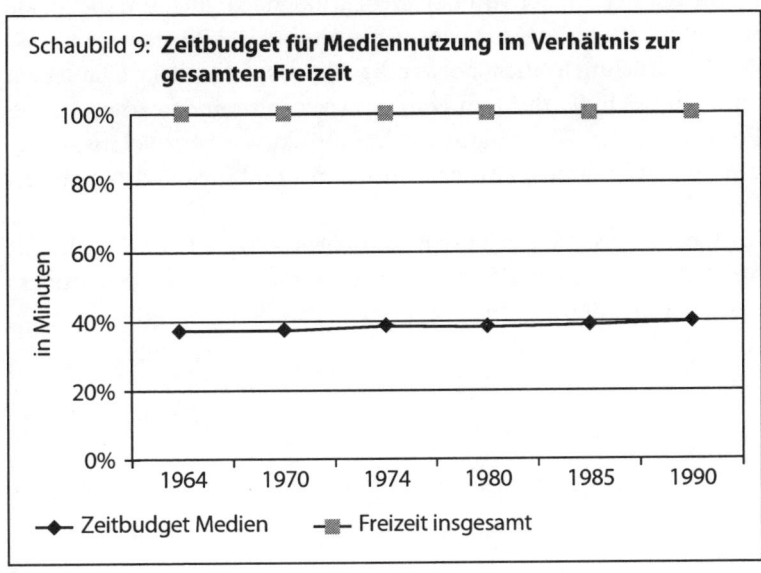

Schaubild 9: **Zeitbudget für Mediennutzung im Verhältnis zur gesamten Freizeit**

◆— Zeitbudget Medien   ■— Freizeit insgesamt

Konzentrationen im Medienmarkt

Mit der Programmvermehrung seit Einführung kommerziellen Fernsehens Mitte der 1980er-Jahre ist es nicht zu der erhofften Pluralisierung des Angebots durch private Anbieter gekommen. Wirtschaftlich bestehen können am deutschen Fernsehmarkt nur wenige große Unternehmensgruppen. Die beiden folgenden Tabellen 3 (S. 181) und 4 (S. 182) zeigen die Konzentration[1] des deutschen Fernseh- und Tageszeitungsmarkts.

Nur zwei Unternehmensgruppen, die Kirch-Gruppe und CLT-Ufa (Bertelsmann) kontrollieren acht private Fernsehprogramme mit einem Zuschaueranteil von etwa 50 Prozent. Die öffentlich-rechtlichen Fernsehsender erreichen einen Marktanteil von rund 40 Prozent. Am Tageszeitungsmarkt erreichen die fünf größten Verlagsgruppen einen Marktanteil von über 40 Prozent.

Konzentrationen in Presse und Rundfunk sind ab einer bestimmten Größe problematisch, weil sie zur Ausbildung von Meinungs- und Informationsmonopolen führen kann. Vor allem im Bereich der Lokalpresse täuscht die Vielzahl der Titel über die geringe Zahl der Verlage hinweg, die den so genannten »Mantel« der Zeitungen liefern, der von Lokalredaktionen lediglich um die lokale Berichterstattung ergänzt wird. Andererseits ist eine gewisse Größe der Unternehmen auch notwendig für das finanzielle Überleben. Dies zeigt sich deutlich am Fernsehmarkt mit seinen extrem hohen Preisen für die Übertragungsrechte attraktiver Sportveranstaltungen oder Spielfilme – von den Kosten der Einführung des digitalen Fernsehens gar nicht zu reden.

Tabelle 5 (S. 183) zeigt den Konzentrationsgrad auf dem Markt für Publikumszeitschriften. Im Unterschied zum Tageszeitungsmarkt ist hier der Konzentrationsgrad erheblich niedriger.

---

1 Zu Formationen und Strategien deutscher Medienkonzerne siehe auch: Röper 1999.

Tab. 3: **Maßgebliche TV-Konzerne und ihre Beteiligungen in Deutschland**

TV-Konzern/ Programm	Kapitalanteil gesamt	Zuschauer- anteil	anzurechnen- der Zuschau- eranteil
Kirch [1]			
SAT.1 (43% + 16%)	59	13,2	13,2
DSF [2]	50	1,1	0,6
PRO SIEBEN [3]	60	9,5	9,5
Kabel 1 [3]	60	3,6	3,6
tv München	40	–	–
tv Berlin	100	–	–
Kirch gesamt	–	–	26,9
Springer			
SAT.1	40	13,2	6,6
tv Hamburg	24	–	–
Springer gesamt	–	–	6,6
CLT-Ufa			
RTL	100	17,0	17,0
RTL 2	33,5	4,5	2,3
SuperRTL	50	2,1	1,1
VOX	24,9	3,0	1,5
DSF [2]	50	1,1	0,6
CLT-Ufa gesamt	–	–	22,5

Quelle für den Zuschaueranteil: GfK-Fernsehforschung.

1) Zusammengefasst werden die Anteile Leo Kirchs und seines Sohns Thomas.

2) Hier wird die angekündigte Aufteilung der Anteile zwischen Kirch (50%) und CTL-Ufa (50%) als vollzogen angenommen.

3) Bei der PRO SIEBEN Media AG werden die Anteile an den stimmberechtigten Stammaktien zum Maß genommen. Davon hält Thomas Kirch 60%. Der Sender Kabel 1 gehört vollständig zur PRO SIEBEN Media AG.

Zuschauer ab 3 Jahre, Mo–So, 3.00–3.00 Uhr – Berechnungen nach britischen Konzentrationsregeln

(Quelle: Pätzold/Röper 1998, S. 282)

Tab. 4: **Konzentrationsgrad des deutschen Tageszeitungsmarktes (in %)**

Verlagsgruppe	1997	1995	1993	1991	1989
Tageszeitungen gesamt:					
Axel Springer-Verlag AG	23,7	23,3	22,8	23,9	26,7
Verlagsgruppe WAZ, Essen	5,9	5,5	5,6	5,0	6,0
Verlagsgruppe Stuttgarter Zeitung/Die Rheinpfalz/Südwest Presse, Ulm	5,0	5,0	5,2	5,0	3,2
Verlagsgruppe DuMont-Schauberg, Köln	4,0	4,4	4,5	4,5	3,3
Gruner + Jahr, Hamburg	3,4	3,6	3,8	3,2	–
Marktanteil der fünf größten Verlagsgruppen	42,0	41,8	41,9	41,6	42,8
Süddeutsche Zeitung/Friedmann Erben, München	3,2	3,2	3,3	3,2	3,6
Frankfurter Allgemeine Zeitung	3,0	2,9	3,1	3,2	2,4
Ippen	2,7	2,7	2,7	2,4	3,0
Holtzbrinck, Stuttgart	2,5	2,5	2,5	–	–
Madsack/Gerstenberg, Hannover	2,3	2,5	2,1	2,2	1,9
Marktanteil der zehn größten Verlagsgruppen	55,7	55,7	55,6	54,4	54,8

(Quelle: Röper 1997, S. 368)

Tab. 5: **Publikumszeitschriften: Titelzahl der vier größten Verlage/Konzerne**

Verlag/Konzern[1]	1978	1982	1986	1990	1992	1994	1996	1998
Bauer	14	18	26	29	28	31	31	30
Springer	9	7	12	15	10	13	17	19
Burda	11	12	14	16	14	17	24	18
Gruner + Jahr[2]	8	11	15	18	17	21	26	27
Gesamt	42	48	67	78	69	82	98	94
Publikumszeitschriften gesamt	255	295	385	n.e.	519	554	543	579
davon Konzerntitel in %	16,5	16,3	17,4	n.e.	13,3	14,8	18,0	16,2
Durchschnittsauflage aller Publikumszeitschriften in Tsd. Exemplaren	306	303	265[3]	n.e.	235	227	234	219
Durchschnittsauflage d. Konzernzeitschriften in Tsd. Exempl.	921	870	728	n.e.	737	635	542	555

Quelle: Eigene Berechnungen nach ivw-Auflagenlisten
1) Ohne Beteiligungen unter 75%; jeweils IV. Quartal, ab 1992 I. Quartal.
2) Verlagsgruppe Bertelsmann/Gruner + Jahr, Bertelsmann einbezogen.
3) Gemeldete Publikumszeitschriften ohne Verkaufsauflage und fremdsprachige Titel nicht einbezogen.
(Quelle: Röper 1998, S. 337)

Veränderungen der Mediennutzung

Die »Langzeitstudie Massenkommunikation« (Berg/Kiefer (Hrsg.); zuletzt 1996), in deren Rahmen alle fünf Jahre Daten erhoben werden, zeigt nicht nur Momentaufnahmen der Mediennutzung, sondern lässt auch Rückschlüsse auf langfristige Veränderungen zu. Aus der Studie lassen sich vor allem vier Schlussfolgerungen ziehen. So gibt es:

- »wenig Hinweise auf eine dramatische und anhaltende Reduzierung der Zeit für nichtmediale (Freizeit-)Aktivitäten;
- wenig Hinweise auf eine dramatische Reduzierung der Zeit für die Nutzung von Hör- und Printmedien;
- deutliche Hinweise auf eine wachsende Spezialisierung im Umgang mit neuen und alten Medien, zum Beispiel in Richtung Unterhaltung;
- wenig Hinweise, dass neue Medienangebote neue Publikumsinteressen wecken, vielmehr bedienen und verstärken sie die bestehenden, die nun jederzeit auf ein Angebot treffen« (Berens/Kiefer/Meder 1997, S. 80).

Ferner hat sich auch unsere Einstellung gegenüber den Medien verändert. Gerade im »publizistisch zentralen Bereich der wahrheitsgetreuen/objektiven Berichterstattung« (Berg/Kiefer 1987, S. 146) erleiden die Medien kräftige Einbußen wie z.B. die in der Langzeitstudie »Massenkommunikation« erhobenen Meinungsprofile zu publizistischen Funktionen der Medien zeigen. So sank innerhalb von 20 Jahren die Zustimmung zu dem Item »berichtet wahrheitsgetreu und gibt die Dinge immer so wieder, wie sie wirklich sind« beim Fernsehen von 47% auf 27%, beim Hörfunk von 45% auf 25% und bei der Tageszeitung von 32% auf 18% (Berg/Kiefer 1987, S. 149). Ob dieses gestiegene Problembewusstsein in der Bevölkerung auch lebenspraktische Auswirkungen auf das persönliche Informationsmanagement hat – etwa in der Nutzung mehrerer voneinander unabhängiger Quellen, soweit dies bei der Abhängigkeit der Medien von wenigen Nachrichtenagenturen überhaupt möglich ist – bleibt allerdings offen.

Interessant ist weiter, dass sich der in den 1980er-Jahren sichtbar gewordene Trend, Freizeit vermehrt außer Haus zu verbringen, nicht fortgesetzt hat. Dagegen hat »Fernsehen als häusliche Freizeitbeschäftigung (...) 1995 in beiden Teilen Deutschlands spürbar an Bedeutung gewonnen« (Berens/Kiefer/Meder 1997, S. 81). Das mag sich auch dadurch erklären lassen, dass sich in den 1990er-Jahren die wirtschaftliche Situation vieler Haushalte verschlechtert hat und außerhäusliche Freizeitaktivitäten in einer Konsumgesellschaft nur selten umsonst zu haben sind.

Die so genannten »Wenigseher« haben ein regeres Freizeitverhalten als »Vielseher« (Schulz 1997, S. 95), deren generelles Profil gekennzeichnet ist durch die drei Merkmale: ältere Personen, untere soziale Schichten, geringes Einkommen (ebd., S. 93). Zu beachten ist, dass Viel- bzw. Wenigseher *relative* Kategorien sind. Als Viel- oder Wenigseher fasst man üblicherweise das obere bzw. untere Quartil (Viertel) einer Population hinsichtlich der Sehdauer.[1] Es gibt also immer etwa 25% Viel- und 25% Wenigseher – auch wenn sich die tatsächlichen Nutzungszeiten (s.o.) stark verändern.

Da Kinder weit weniger fernsehen als Ältere, müsste man sie in einer Gesamtbetrachtung fast alle den Wenigsehern zuordnen und würde damit die Problematik vielsehender Kinder wegdefinieren. Als Bezugsgruppe wählt man daher nicht die Zuschauer insgesamt, sondern die Altersgleichen – meist differenziert man allerdings lediglich zwischen Erwachsenen (was in Mediennutzungsstudien zumeist bedeutet: ab 14 Jahren) und Kindern (meist 3–13 Jahre). Das ist bei der Interpretation statistischer Daten auf jeden Fall zu berücksichtigen. Vielsehende Kinder sehen deutlich mehr fern als andere Kinder, andererseits aber weniger als der durchschnittliche Erwachsene.

Bestätigt wurde in der »Langzeitstudie Massenkommunikation« auch die Zweiteilung des Publikums in »Informationsorientierte«, die meist in höheren Sozial- und Bildungsschichten zu finden sind

---

1 Buß beispielsweise definiert als »Vielseher« diejenigen Erwachsenen, die länger als drei Stunden täglich fernsehen, sowie Kinder mit mehr als 1 Stunde und 50 Minuten täglichen Fernsehkonsums (z.B. Buß 1985). Dies entsprach damals etwa dem oberen Quartil.

Tab. 6: **Mediennutzung und Freizeitbeschäftigung 1998**

mehrmals in der Woche (in %)	Ges.	Männer	Frauen	14–19 J.	20–29 J.	30–39 J.	40–49 J.	50–59 J.	60–69 J.	70+ J.
Zeitungen lesen	80,5	81,7	79,4	46,3	67,0	80,0	86,9	89,2	89,5	87,2
Zeitschriften, Illustr. lesen	45,3	41,5	48,4	42,0	43,3	44,6	46,2	47,2	46,4	45,6
Bücher lesen	21,3	18,2	24,0	32,9	25,7	19,9	19,7	19,2	19,5	18,1
Fernsehen	94,1	93,7	94,4	94,8	90,6	91,9	93,3	95,3	96,9	97,0
Radio hören	83,5	83,9	83,1	85,6	84,2	86,4	85,1	84,6	82,7	74,8
Schallpl./CD/Kass. hören	30,3	32,4	28,4	73,6	55,4	38,8	26,8	17,6	10,7	7,5
Video ansehen	6,6	8,0	5,3	15,8	12,9	8,2	5,2	3,6	2,8	1,8
Ins Kino gehen	0,3	0,3	0,3	0,8	0,7	0,3	0,3	0,1	0,1	0,0
Theater/Konzert	0,3	0,4	0,3	0,2	0,4	0,4	0,5	0,4	0,3	0,2
Handarbeiten	5,1	0,5	9,3	1,3	2,5	3,8	4,1	6,2	9,1	7,9
Basteln/Heimwerken	8,4	13,9	3,4	3,5	6,3	10,0	10,3	9,8	10,8	4,7
Sport treiben, trimmen	14,2	17,4	11,4	43,8	23,8	14,9	11,4	9,0	6,8	4,1
Spazieren gehen	25,4	21,2	29,2	13,5	18,6	20,7	19,2	25,5	36,2	41,8
Wandern	1,7	1,8	1,7	0,8	1,3	1,1	1,4	2,4	2,8	1,8
Ausgehen, Restaurant, Kneipe	7,4	9,9	5,0	15,1	18,2	7,5	5,5	4,5	2,6	1,7
Besuche machen/bekommen	19,9	18,7	20,9	42,6	29,3	19,7	14,7	14,3	13,9	16,4
Schaufensterbummel	4,6	2,5	6,5	9,7	7,1	3,9	3,7	3,9	3,6	3,1
Popmusik hören	33,3	36,3	30,6	76,3	63,3	49,7	33,3	15,6	6,7	3,4
Rockmusik hören	25,2	29,1	21,8	65,5	51,2	38,4	22,8	9,8	3,4	1,5
Klassische Musik hören	11,1	10,2	12,0	4,1	7,6	9,3	11,5	14,2	14,3	13,8
Schlager/Evergreens hören	3,6	3,7	3,3	9,9	15,3	25,4	36,9	48,1	5,6	46,5
Volksmusik hören	26,2	24,1	28,2	2,2	5,3	11,2	21,8	37,3	49,1	51,3

(Quelle: Media Analyse 1998; zit.n. Media Perspektiven Basisdaten 1998, S. 70)

und vorrangig öffentlich-rechtliche Programme sehen, und »Unterhaltungsorientierte«, die die Angebote der privaten Anbieter bevorzugen (Berens/Kiefer/Meder 1997, S. 81).

Medienwissenschaftliche Statistiken verwenden zur Beschreibung der Fernsehnutzung (ähnlich für Video oder Radio) zumeist drei unterschiedliche Angaben: die Nettoreichweite, die Sehdauer und die Verweildauer. Die *Nettoreichweite* gibt an, wie viel Prozent der Bevölkerung (oder z.b. einer Altersgruppe) während eines Tages mindestens eine Minute am Stück (konsekutiv) vor dem Fernseher verbracht haben. Sie ermöglicht also Aussagen darüber, wie groß der Anteil in der untersuchten Personengruppe ist, der vom Medium überhaupt erreicht wird. Von den 3- bis 13jährigen waren dies 1999 z.b. beim Fernsehen 61 Prozent. Die *Sehdauer* gibt dagegen an, wie lange diese Personengruppe durchschnittlich pro Tag ferngesehen hat. Dieser Durchschnittswert, in dem auch die Nicht-Seher berücksichtigt sind, lag 1999 für die 3- bis 13jährigen bei 97 Minuten pro Tag. Die *Verweildauer* gibt dagegen die Nutzungsdauer nur für diejenigen an, die auch tatsächlich ferngesehen haben und lag für unsere Beispielgruppe bei 153 Minuten. Sind nur zwei Werte angegeben, lässt sich der dritte leicht berechnen nach der Formel »Nettoreichweite × Verweildauer = Sehdauer«.

Tab. 7: **Einschaltdauer und Sehdauer 1997 (in Min./Tag)**			
Einschaltdauer	Sehdauer		
alle Haushalte	Erwachsene ab 14 J.	Kinder 3–13 J.	Zuschauer gesamt
317	198	97	185
(AGF/GfK; zit. n. Media Perspektiven Basisdaten 1999, S. 70)			

Tab. 8: **Fernsehnutzung von Kindern 1999**			
	Sehdauer in Min.	Reichweite in %	Verweildauer in Min.
Kinder 3–13 J.			
gesamt	97	61	153
mit eigenem TV	124	66	181
(Quelle: AGF/GfK Fernsehforschung, PC#TV Aktuell; zit.n. Feierabend/Simon 2000, S. 161			

Auffällig ist, dass die Fernsehnutzung in den östlichen Bundesländern in allen Altersgruppen höher liegt als im Westen:

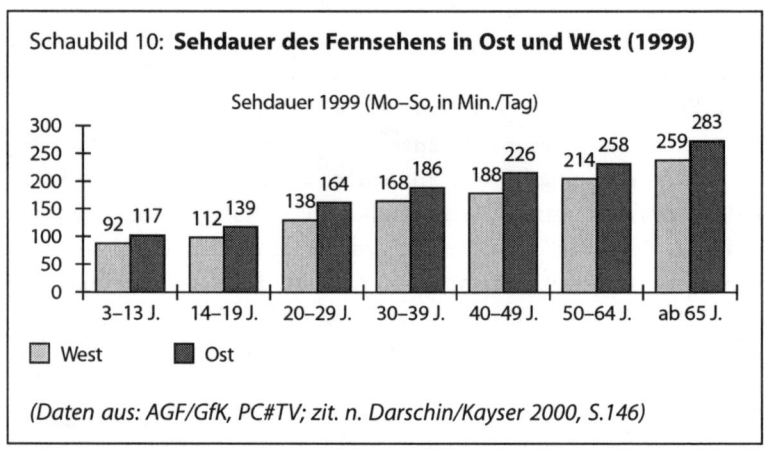

Schaubild 10: **Sehdauer des Fernsehens in Ost und West (1999)**

Sehdauer 1999 (Mo–So, in Min./Tag)

West   Ost

(Daten aus: AGF/GfK, PC#TV; zit. n. Darschin/Kayser 2000, S.146)

Sehr schön zeigt sich auch, wie die Sehdauer mit dem Alter kontinuierlich zunimmt. Schaut man sich in Schaubild 11 die Veränderungen der Sehdauer über einige Jahre hinweg an, so wird deutlich, dass vor allem die Erwachsenen immer mehr fernsehen, während die Fernsehnutzung der Jüngeren nur leichte Veränderungen zeigt. Dies dürfte zum einen daran liegen, dass der Fernsehkonsum von Kindern nicht nur hinsichtlich der Inhalte, sondern auch zeitlich reglementiert wird. Zum anderen werden neue Medien- und Freizeitangebote von Jüngeren eher angenommen, was ebenfalls eine Begrenzung des Fernsehkonsums zur Folge hat.

Schaubild 12 (S. 190) zeigt, dass Bücher vor allem in den jüngeren Altersgruppen gelesen werden. Das Buch und die Schrift gelten ja gegenüber den Bildmedien als Medien des Umwegs und des Aufschubs. Im Unterschied zum Fernsehen, dessen Codierungen freilich auch gelernt werden müssen, muss man sich Lesen und Schreiben weit mühsamer aneignen. Die Lesewahrnehmung vollzieht sich gemäß der Linearität der Schrift sukzessive und kontrolliert, ferner ist die Distanz der Repräsentation in der Schrift sehr groß. Die Schriftkultur vermittelt – so etwa Postman – »die Fähigkeit zur

Schaubild 11: **Veränderung der Sehdauer 1992–1999**

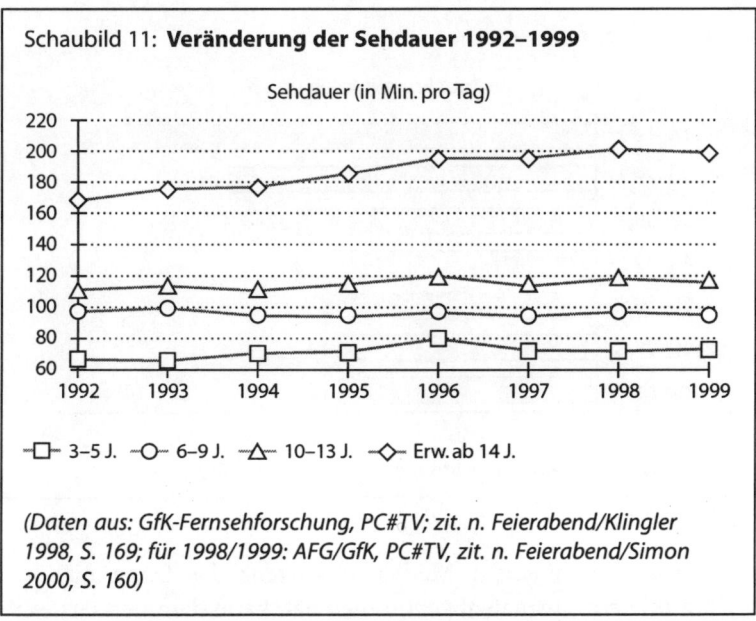

Sehdauer (in Min. pro Tag)

-□- 3–5 J.   ⊸O⊸ 6–9 J.   ⊸△⊸ 10–13 J.   ⊸◇⊸ Erw. ab 14 J.

(Daten aus: GfK-Fernsehforschung, PC#TV; zit. n. Feierabend/Klingler 1998, S. 169; für 1998/1999: AFG/GfK, PC#TV, zit. n. Feierabend/Simon 2000, S. 160)

Selbstbeherrschung und zum Aufschub unmittelbarer Bedürfnisbefriedigung, ein differenziertes Vermögen, begrifflich und logisch zu denken, ein besonderes Interesse sowohl für die historische Kontinuität als auch für die Zukunft, die Wertschätzung von Vernunft und gesellschaftlicher Gliederung« (Postman 1983, S. 116).

Da dem Lesen als Kulturtechnik und in seiner Funktion für die literarische Sozialisation so große Bedeutung beigemessen wird, werden Veränderungen des Leseverhaltens sensibel registriert. Tatsächlich geht der Zeitaufwand für das Lesen durch die Konkurrenz mit anderen Medien und Freizeitbeschäftigungen zurück. Das verwundert auch nicht, wenn man sich einmal vor Augen hält, wie viele Medien- und Freizeitangebote (z.B. neue Sportarten) in den letzten zwei Jahrzehnten neu hinzugekommen sind. Dennoch gehört das Lesen für Kinder und Jugendliche noch immer zu den beliebtesten (nicht zu verwechseln mit: häufigsten) Freizeitbeschäftigungen, und die Jüngeren sind nach wie vor die eifrigsten Leser:

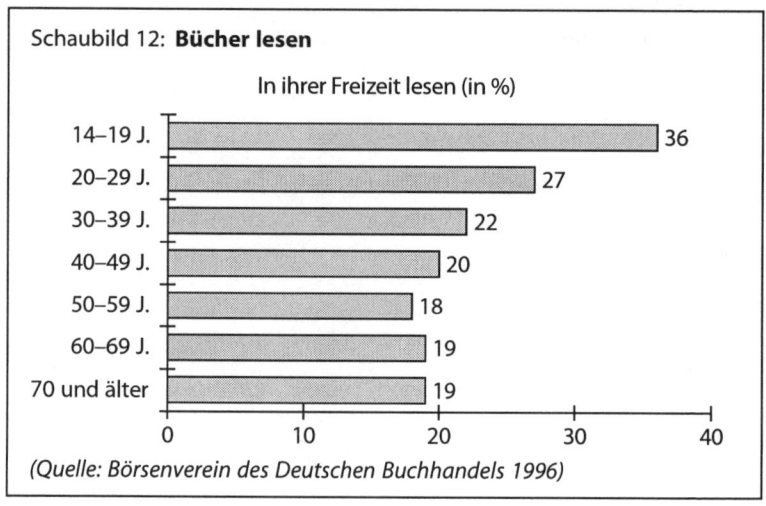

Schaubild 12: **Bücher lesen**

In ihrer Freizeit lesen (in %)

(Quelle: Börsenverein des Deutschen Buchhandels 1996)

Dass trotz zunehmender Medienkonkurrenz das Lesen nicht in noch größerem Ausmaß abgenommen hat, kann damit erklärt werden, dass das Schulsystem als zentraler Vermittler der Schriftkultur immer mehr Jugendliche für längere Zeit erfasst, und diese längere Verweildauer die Bedeutung des Bücherlesens (auch außerhalb des schulischen Kontextes) stärkt. Daraus lässt sich allerdings nicht folgern, dass das Leseinteresse im Zusammenhang des Mediengebrauchs durch die Schule gesichert ist. Zum einen definiert schulbezogenes Lernen nämlich nicht die Lesezukunft eines Menschen, zum anderen zeigen die o.g. Daten, dass die Schule in Hinsicht auf männliche Jugendliche weniger in der Lage zu sein scheint, das Leseinteresse zu wecken und im Kontext erweiterter Medien- und Freizeitangebote zu sichern.

Trotz zunehmender Konkurrenz durch andere Medien kann jedoch von einem »Ende der Schriftkultur« keine Rede sein. So weist Zinnecker auch die Monopolisierungsthese zurück, derzufolge Bildmedien die Kommunikation monopolisieren und die Schreib- und Lesekultur verdrängen: »Richtig ist das Ausdifferenzierungs-Modell: Bildmedien führen zu einer Erweiterung und Neubewertung der Schreib- und Lesekultur. Anders ausgedrückt: Elektronisch rationalisierte Kommunikation setzt Schreibkultur für Zwecke der Subjektivität frei. Wenn Briefe z.b. sich im Rahmen von Geschäftskorrespondenz historisch erledigen, so werden sie um so stärker als Ausdrucksmittel persönlicher Freundschaft oder für Zwecke der Selbstfindung freigesetzt. Ähnlich wohl wie im Produktionsprozess Handarbeit, die historisch veraltet, als persönliches Ausdrucksmittel für das moderne Ich freigesetzt wird« (Shell-Studie 1985, Bd. 2, S. 208).

Als letztes Beispiel soll die Nutzung des Computers dargestellt werden. In Deutschland waren 1997 rund 21 Mio. PCs installiert, von denen allerdings nur 3 Millionen privat genutzt werden. 1998 lebten in Haushalten mit Personalcomputern 23,7% – mit Laptop 4,6% der Bevölkerung (Media Perspektiven Basisdaten 1998, S. 67).

Einer Studie des BAT-Freizeitforschungsinstituts lässt sich entnehmen, für welche Anwendungen der Computer genutzt wird. Textverarbeitung und Computerspiele gehören demnach (mit 17% bzw. 12%) zu den am häufigsten genutzten Anwendungen. Die Nutzung von Internet und Online-Diensten fällt demgegenüber bescheiden aus (2%). Die Online-Möglichkeiten der neuen Medien werden für private Zwecke – trotz stark steigendem Interesse an Internet und Online-Diensten – offenbar noch wenig genutzt (vgl. Schaubild 13).

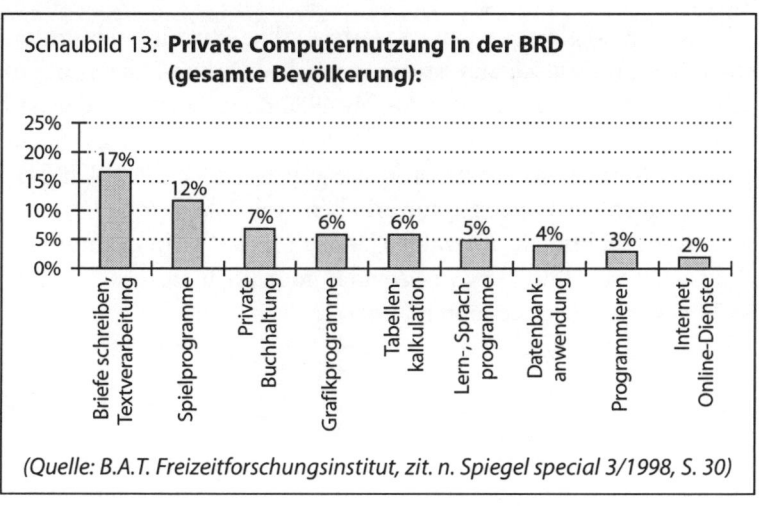

Schaubild 13: **Private Computernutzung in der BRD (gesamte Bevölkerung):**

(Quelle: B.A.T. Freizeitforschungsinstitut, zit. n. Spiegel special 3/1998, S. 30)

In Deutschland liegen mit den ARD/ZDF-Online-Studien 1997 bis 1999 auch repräsentative Daten über die Nutzung von Online-Diensten vor. Danach stieg die Zahl der Internet- und OnlInedienste-Nutzer seit Frühjahr 1997 von 4,11 Millionen Bundesbürgern über 14 Jahren (6,5% der Bevölkerung) auf 6,6 Millionen 1998 (10,4%) und 11,2 Millionen (17,7%) im Frühjahr 1999. Innerhalb von nur zwei Jahren hat sich also die Zahl der Internetnutzer knapp verdreifacht, wobei vor allem der Anteil der privaten Anwender und der Frauen zugenommen hat (ARD/ZDF-Online-Studie 1999; zit. n. Media Perspektiven Basisdaten 1999, S. 82).

Nicht berücksichtigt ist in dieser Studie, dass sich gerade im Geschäftsbereich hinter einzelnen Anschlüssen oft ganze Netze verbergen. Nach Grote (1998) ist daher eine Schätzung von zehn Millionen Rechnern im Internet durchaus realistisch. Die Dauer der Online-Nutzung beträgt im Mittel werktags 82 Minuten (1999), am Wochenende 85 Minuten (ebd.).

Der Zugang zu Online-Möglichkeiten ist weltweit sehr ungleich verteilt. Wie das folgende Schaubild zeigt, beträgt in Europa beispielsweise die Spannweite des Anteils der Online-Nutzer in der Bevölkerung zwischen 0,67% in Russland und 45% in Irland (vgl. Schaubild 14, S. 193; die Ziffern hinter den Ländernamen verweisen auf die jeweilige Quelle und das Datum der verschiedenen Studien).

Auch innerhalb eines Landes ist die Online-Nutzung sehr unterschiedlich. In Deutschland ist der »typische« Online-Nutzer männlich, in der Altersgruppe der 20- bis 40jährigen, hochgebildet und berufstätig. Auffällig hoch ist die Online-Nutzung auch bei Schülern und Studenten, die meist kostengünstig in den Schulen bzw. Universitäten einen Netzzugang erhalten (vgl. Tabelle 9, S. 194).

Private Online-Nutzer zahlen zusätzlich zur Grundgebühr für Online-Dienste und Service-Provider monatlich durchschnittlich 58,70 DM an Telefongebühren (1998).

Schaubild 14: **Online-Nutzung in Europa:**
Online-Nutzer in % der Gesamtbevölkerung

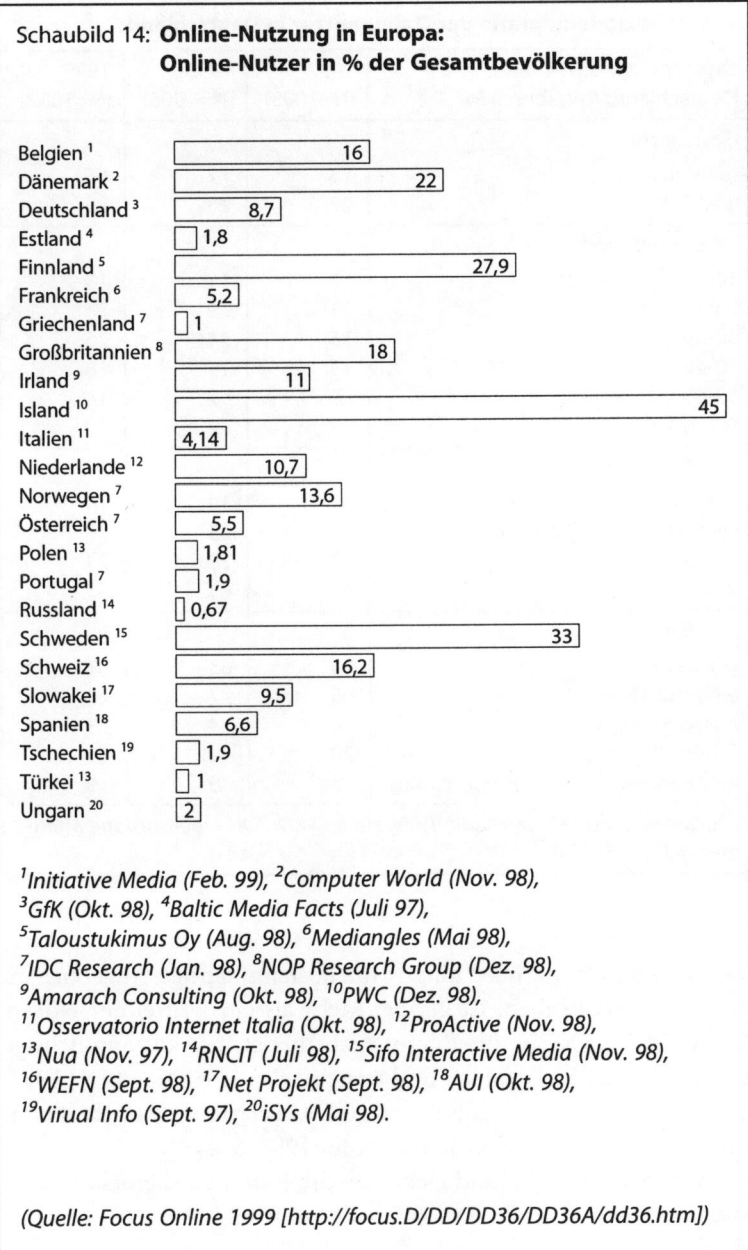

Belgien [1]	16
Dänemark [2]	22
Deutschland [3]	8,7
Estland [4]	1,8
Finnland [5]	27,9
Frankreich [6]	5,2
Griechenland [7]	1
Großbritannien [8]	18
Irland [9]	11
Island [10]	45
Italien [11]	4,14
Niederlande [12]	10,7
Norwegen [7]	13,6
Österreich [7]	5,5
Polen [13]	1,81
Portugal [7]	1,9
Russland [14]	0,67
Schweden [15]	33
Schweiz [16]	16,2
Slowakei [17]	9,5
Spanien [18]	6,6
Tschechien [19]	1,9
Türkei [13]	1
Ungarn [20]	2

[1]*Initiative Media (Feb. 99),* [2]*Computer World (Nov. 98),*
[3]*GfK (Okt. 98),* [4]*Baltic Media Facts (Juli 97),*
[5]*Taloustukimus Oy (Aug. 98),* [6]*Mediangles (Mai 98),*
[7]*IDC Research (Jan. 98),* [8]*NOP Research Group (Dez. 98),*
[9]*Amarach Consulting (Okt. 98),* [10]*PWC (Dez. 98),*
[11]*Osservatorio Internet Italia (Okt. 98),* [12]*ProActive (Nov. 98),*
[13]*Nua (Nov. 97),* [14]*RNCIT (Juli 98),* [15]*Sifo Interactive Media (Nov. 98),*
[16]*WEFN (Sept. 98),* [17]*Net Projekt (Sept. 98),* [18]*AUI (Okt. 98),*
[19]*Virual Info (Sept. 97),* [20]*iSYs (Mai 98).*

(Quelle: Focus Online 1999 [http://focus.D/DD/DD36/DD36A/dd36.htm])

Tab. 9: **Soziodemografie der Onlinenutzer in Deutschland:**

Onlinenutzer ab 14 Jahre in Deutschland; Angaben in%	1997 (N=1003)	1998 (N=1006)	1999 (N=1002)
Geschlecht			
männlich	73	72	65
weiblich	27	28	35
Alter in Jahren			
14-19	7	11	13
20-29	31	29	26
30-39	35	34	26
40-49	18	17	18
50-59	8	7	14
60 und älter	1	2	3
Schulbildung			
Volksschule	11	14	14
weiterf. Schule ohne Abitur	28	23	29
Abitur	21	19	24
Studium	41	43	33
Berufstätigkeit			
voll berufstätig	69	63	61
teilberufstätig	5	7	8
Auszubildender	4	4	3
Schüler/Student	20	20	19
Rentner/Hausfrau/nicht berufstätig	3	6	9

(Quelle: ARD/ZDF-Onlinestudie 1999, zit. n.: ARD/ZDF-Arbeitsgruppe Multimedia 1999, S. 405)

Die Bereitschaft, darüber hinaus für kostenpflichtige Angebote im Netz Geld auszugeben, ist gering. Mehr als ein Drittel der Nutzer (37%; 1997: 23%) ist überhaupt nicht bereit, für kostenpflichtige Angebote etwas zu bezahlen und weniger als die Hälfte (44%; 1997: 52%) würde dafür allenfalls bis zu 20 DM im Monat ausgeben (van Eimeren/Gerhard/Oehmichen/Schröter 1998, S. 429).

Informationssuche und elektronische Post sind die beliebtesten Nutzungsmöglichkeiten. Das folgende Schaubild zeigt, wie Online-Medien genutzt werden:

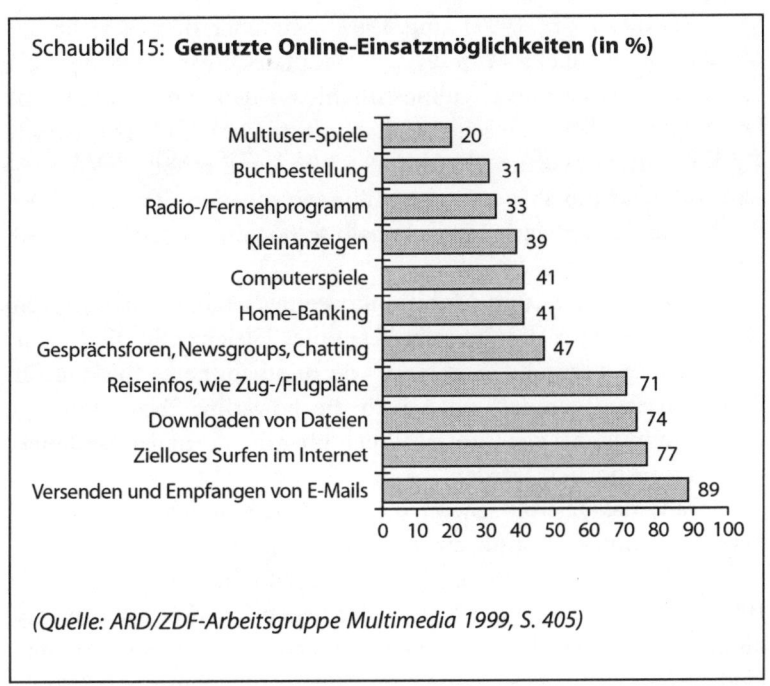

Schaubild 15: **Genutzte Online-Einsatzmöglichkeiten (in %)**

Einsatzmöglichkeit	%
Multiuser-Spiele	20
Buchbestellung	31
Radio-/Fernsehprogramm	33
Kleinanzeigen	39
Computerspiele	41
Home-Banking	41
Gesprächsforen, Newsgroups, Chatting	47
Reiseinfos, wie Zug-/Flugpläne	71
Downloaden von Dateien	74
Zielloses Surfen im Internet	77
Versenden und Empfangen von E-Mails	89

(Quelle: ARD/ZDF-Arbeitsgruppe Multimedia 1999, S. 405)

Trotz starker Zuwächse erreichen Onlinemedien mit zehn Prozent der Bevölkerung weit weniger Nutzer als herkömmliche Massenmedien und sind (noch) nicht als Komplementärmedien anzusehen. Es lassen sich allerdings zeitliche Konkurrenzeffekte gegenüber dem Fernsehen ausmachen. Eine ernsthafte Konkurrenz zum Fernsehen sind Onlinemedien jedoch nicht – angesichts einer täglichen Fernsehnutzung von 170 Minuten und einer Beschäftigungsdauer mit dem Computer von täglich sieben Minuten.

Prognosen sind in der Kommunikations- und Informationstechnologie allerdings meist von nur kurzer Lebensdauer. Wie expansiv der Markt ist, zeigt sich z.B. darin, dass allein 1998 in Deutschland knapp 5,6 Mio. Computer verkauft wurden – etwa 1,2 Mio. mehr als im Vorjahr.[1] Nach Angaben des Fachverbands Informationstechnik im Verband Deutscher Maschinen- und Anlagen-

---

1   Angaben nach c't – computer & technik, H. 6, 1999, S. 103.

bau (VDMA, ZVEI 1999) sind 1997 gegenüber dem Vorjahr 2,5 Mio. Mobiltelefone, 8 Mio. digitale Hauptanschlüsse und mehr als 1,7 Mio. Internet- und Online-Anschlüsse neu hinzugekommen. Die digitalen Telefonanschlüsse haben um 20% (auf 47,6 Mio.), TV-Kabelanschlüsse um 5% (auf 18,5 Mio.) und mobile Telefonanschlüsse sogar um 45% auf ca. 8 Millionen zugenommen. Damit ist die Anschlussdichte mit 17% nur halb so hoch wie in Italien (35%) oder Japan (32%).

Neben Festnetz- und Mobilfunksystemen etabliert sich derzeit als drittes System die Internet-Telefonie. Gleichzeitig sind neue Übertragungswege und -verfahren wie Breitbandnetze (bislang für Kabelfernsehen genutzt) oder auch die Powerline-Technologie in der Erprobung, bei der Informationen über die normalen Stromleitungen transportiert werden.

Gerade das Telefon scheint die jeweils eingespielten Ethnografien der Kommunikation zu irritieren. So bezeichneten vor etwa hundert Jahren die Berliner das erste Telefonbuch als »Buch der 100 Narren«, da ihnen der Nutzen des neuen Kommunikationsmediums nicht einleuchtete – schließlich gab es ja den Telegraphen. Und wer in den 1990er-Jahren im öffentlichen Raum ein Handy nutzt, muss damit rechnen, süffisant belächelt zu werden. Für den Anthropologen Nigel Barley sind Handys interessant »als einziger Bereich im Leben, wo ein besonders kleiner Apparat des Mannes als Beweis besonderer Männlichkeit gilt« (Barley 1998). Das ist amüsant und nicht unzutreffend, da Handys auch Statussymbole darstell(t)en. Mir als Kommunikationswissenschaftler scheint jedoch eine andere Erklärung einleuchtender. In beiden Fällen geht es um eine Neufokussierung des Verhältnisses zwischen Privatheit und Öffentlichkeit. Das Telefon beschneidet die Privatsphäre des Angerufenen, da nun jedermann jederzeit und unverhofft in die private Sphäre eindringen kann. Dagegen wurden entsprechende Abschirmungsstrategien entwickelt – das Dienstpersonal und (im Geschäftsleben) Sekretärinnen »filtern« die Anrufer. Später wird dies automatisiert durch Geheimnummern und Anrufbeantworter. Der Handygebrauch in der Öffentlichkeit verletzt dagegen die Ethnografie des öffentlichen Raums, in dem nun die Privatangelegenheiten Einzelner öffentlich abgehandelt werden. Es ist derzeit nicht möglich, sich davor mit technischen Mitteln zu schützen – deshalb die Ironisierung.

Mit insgesamt 21 Millionen installierten PCs ist in Deutschland ein knappes Drittel der in Europa vorhandenen Rechenleistung installiert. Im europäischen Vergleich liegt Deutschland mit 30 PCs pro 100 Einwohner nur im unteren Mittelfeld nach der Schweiz (48), Norwegen (47), Schweden (43), Dänemark (42), Niederlande (39), Großbritannien und Finnland (je 31) – in den USA kommen 57 PCs auf 100 Einwohner (lt. NW-js, dpa 1998). Gering ist auch der deutsche Anteil am europäischen Markt für E-Commerce mit lediglich 9,5%. Bei der Informations- und Kommunikationstechnik beträgt der Anteil dagegen knapp 30% (vgl. Grote 1998, S. 36f.). Auch der Bereich des Online-Bankings ist in Deutschland sehr expansiv. Nach Angaben der Gesellschaft für Bankpublizität werden von den ca. 80 Mio. Girokonten rund 3,5 Mio. Konten online geführt. Dies entspricht einer Verdopplung gegenüber dem Vorjahr (Birkelbach 1998, S. 91). Bei der Telearbeit liegt Deutschland (2,4% der Erwerbstätigen) mit rund 800.000 Telearbeitsplätzen (1998) weit hinter Großbritannien (15% der Erwerbstätigen) sowie den nordamerikanischen und skandinavischen Ländern zurück (iw; zit. n. Die Zeit/Globus in: Die Zeit Nr. 33, 6. August 1998).

Besonders für die Wirtschaft haben die neuen Informations- und Kommunikationstechnologien eine große Bedeutung. Das Schlagwort von der Informationsgesellschaft ist jedoch überzogen. Wir leben nach wie vor in einer Arbeitsgesellschaft mit dem unangefochtenen Zentralwert (Berufs-)Arbeit, wie z.B. auch alle neueren »Jugend und Politik«-Studien belegen. Das ändert sich weder dadurch, dass es der Gesellschaft immer weniger gelingt, Arbeit gerecht zu verteilen, noch durch die zunehmende Bedeutung von Information. Es ist vielmehr so, dass Information auch für Produktionsprozesse und die Wirtschaft insgesamt einen höheren Stellenwert bekommt, da die Informationsverarbeitung in Arbeitsprozesse implementiert wird. Ich spreche daher von einer informationsgestützten Arbeitsgesellschaft.

Der Begriff der Informationsgesellschaft wurde 1973 von Daniel Bell zur Charakterisierung der von ihm beschriebenen »postindustriellen Gesellschaft« geprägt – also in einer Zeit, als Großrechner in Wirtschaft und Verwaltungen bedeutsam wurden. In der einschlägigen US-amerikanischen Literatur wird mittlerweile nicht mehr die These vertreten, dass Information zur wichtigsten Ressource und zum wichtigsten Sektor der Volkswirtschaft geworden sei (vgl. z.B. Negroponte 1995). Es zeigte sich vielmehr, dass gerade die beeindruckenden Computerleistungen der 1990er-Jahre wesentlich auf Entwicklungen außerhalb der etablierten Wirtschaftssektoren basieren, also an der Peripherie des Industriesystems angelegt sind. Insbesondere am Beispiel des Internets lässt sich eindeutig nachweisen, dass die Großindustrie erst in die neuen Technologien einstieg, als deren Leistungsfähigkeit überdeutlich wurde. Problematisch ist auch die Doppelbedeutung des Informationsbegriffs im nachrichtentechnischen Sinn einerseits, als unterstellter Wissenszuwachs andererseits. Bessere oder umfangreichere Informationsmöglichkeiten implizieren aber keineswegs auch einen höheren Informationsstand.

Die Frage nach den Beschäftigungseffekten der neuen Technologien wird je nach politischer Interessenlage unterschiedlich eingeschätzt. Europäische Prognosen variieren zwischen einer Verlustprognose von drei Millionen Arbeitsplätzen bis zum Jahr 2005 (in Deutschland, Frankreich, Italien und Großbritannien) und einem vermuteten Zuwachs von sechs Millionen Arbeitsplätzen bis zum Jahr 2010 (in Gesamteuropa). Die von Kubicek für die Bundestags-Enquete-Kommission »Zukunft der Medien in Wirtschaft und Gesellschaft« veröffentlichten Veränderungen der Beschäftigungszahlen in der IT-Branche für die letzten Jahre wiesen Arbeitsplatzverluste aus. Aus allen vorliegenden Studien zieht die Enquete-Kommission den vorsichtigen Schluss, dass positive Arbeitsplatzeffekte erst mittelfristig greifen. Sie reichen jedoch nicht aus, den rückläufigen Beschäftigungstrend zu kompensieren (Enquete-Kommission 1998, S. 51ff.).

Gesellschaftliche Aspekte der Medienwelt

Mediale Erlebniswelten – Die Datensphäre als virtueller Realitätsraum

Virtuelle Erlebniswelten und Simulationen sind keine Erfindung unserer Zeit. Schon in den zoologischen Gärten des 19. Jahrhunderts wurde dieses Konzept umgesetzt – zu wissenschaftlichen Zwecken ebenso wie zur Ergötzung des Publikums. In der Zeitschrift »Der Artist« (No. 883/1901) berichtet darüber ein Contreadmiral Strauch: »Die ersten Schaustellungen, welche in neuerer Zeit die allgemeine Aufmerksamkeit erregten, waren die sogenannten Nubier-Karawanen, welche in den Jahren 1878 und 1879 (im Berliner Zoologischen Garten/R.V.) vorgeführt wurden. Unter den damaligen Verhältnissen hat die Untersuchung von Angehörigen dieser Karawanen, zumal sich im Jahre 1879 auch Dinkas darunter befanden, einen gewissen wissenschaftlichen Wert gehabt. Dieser stand aber in gar keinem Verhältnis zu den Nachteilen, welche diese beiden Karawanen mit sich gebracht haben. Bei dieser Schaustellung haben sich im Zoologischen Garten Szenen abgespielt, deren sich Augenzeugen heute noch mit Entrüstung erinnern müssen. Die Vorfälle, zu welchem das Publikum bei dieser Gelegenheit Veranlassung gab, hatten schließlich ein Einschreiten der Polizei zufolge.«

Heute geben sich Brautleute im Zoo das Jawort (z.B. im Elefantenhaus des Duisburger Zoos), und auch sonst bevorzugen wir die standardisierten Erlebniswelten der Freizeitgesellschaft und des Massentourismus, vor allem aber die Illusionstechnologien der Medien, speziell des Films und zunehmend des Cyberspace, bei denen es im Grunde genommen darum geht, »eben jene Höhle, die Platon zu Beginn der abendländischen Philosophie als träumerischen Ort der Täuschung und des Einschlusses konstruiert hat, Zug um Zug zu realisieren. Wir wollen, so scheint es, nicht mehr Ausgänge aus der Illusion, weil wir sowieso glauben, dass jede Realität eine Konstruktion, also dadurch auch veränderbar ist, sondern wir wollen Türen haben, durch die wir in sie eintreten wie Alice in den Spiegel« (Rötzer 1993, S. 32).

Platon ging es in seinem Höhlengleichnis weniger um die Beschreibung der Täuschungssituation, in der die Menschen befangen sind, als um den Weg zu ihrer Befreiung durch die Paideia, durch Bildung – und dieser Weg führte weg vom sinnlichen Erleben der Welt zum rationalen Erkennen durch reflektierendes Denken. Aber die Durchsetzung von Rationalität hat die mythischen Grundbedürfnisse nicht ausgeräumt, sondern unbefriedigt zurückgelassen. So erkannte Adorno in seinem »Résumé über Kulturindustrie«: »Der Satz, die Welt wolle betrogen sein, ist wahrer geworden, als wohl je damit gemeint war. Nicht nur fallen die Menschen, wie man so sagt, auf jeden Schwindel herein, wenn er ihnen sei's noch so flüchtige Gratifikation gewährt; sie wollen bereits einen Betrug, den sie selbst durchschauen« (Adorno 1967, S. 66). In den heutigen Medienwelten ist »das Medium-Sein (...) zum eigentlichen Sein geworden. Die Wirklichkeit, an die wir glauben, ist die Wirklichkeit, die in den Medien erscheint. Was dort nicht eintrittsfähig ist, hat niederen Seinsrang. So hat sich die alte Ordnung von Sein und Schein verkehrt« (Welsch 1991, S. 37). Für die Pädagogik bleibt dann kaum mehr als eine illusionslose Aufklärung über die Situation und die ihr innewohnenden Risikomomente.

Geändert hat sich seit Adorno vor allem der Grad der Inklusion in die Ereignisse. Wir werden zunehmend selbst zu einem Bestandteil der Erlebniswelten, denen wir nicht nur als Beobachter fasziniert gegenüberstehen wollen. Prototyp ist heute nicht der Reisende, der ein Land erkundet, sondern der Tourist in den austauschbaren Modulen der All-Inclusive-Angebote, die die Urlaubsländer nicht nur in sehr verzerrter Perspektive erscheinen lassen, sondern definitiv in Richtung dieses Zerrbildes verändern.

Ähnlich in den Medien: Wir lesen nicht nur über etwas, wir schauen es nicht nur an als Bild oder Film, sondern suchen das Involvement, versuchen also die Distanz nach Möglichkeit zu verringern. Die Helden unserer Lieblingsserien, deren Schicksale wir miterleben und miterleiden (Stichwort: parasoziale Interaktion; siehe: Fabian 1993; Gleich 1995; Vorderer [Hrsg.] 1996), erscheinen uns schon wirklicher als unsere Nachbarn. Beispielsweise werden Schauspieler aus populären Arztserien in der Öffentlichkeit nicht nur mit ihrem Serien-Namen gegrüßt, sondern auch schon mal um medizinischen Rat gefragt.

Lash vertritt die These, dass die Kulturformen sich zunehmend nach dem Modell der Interaktivität ausrichten. Folgten sie in der Gutenberg-Galaxis noch ganz dem Druckmodell, und mit dem Fernsehen dem Modell von Bild und Publikum statt dem von Text und Leser, verlassen wir nun die Ebene der bloßen Darstellung: »Im neuen Medienzeitalter wird die Kultur weniger Darstellung und mehr Technologie. Sie wird zu etwas, was man nicht einfach sieht, liest oder hört, sondern zu etwas, was man tut. Im klassischen Medienzeitalter war das Publikum passiv oder aktiv. In den globalen Kulturindustrien ist es interaktiv. Die klassischen Kulturindustrien arbeiteten nach dem Prinzip der Oberfläche, die globalen Kulturindustrien tun dies nach der Logik der Schnittstelle. Bei Multimedia konsumieren wir Inhalt und Technologie zugleich. Die technologische Dimension zeitigt Interaktivität. Wir sehen uns der Kultur nicht mehr als Publikum, als Leser, Zuschauer oder Zuhörer gegenüber, sondern als Wirkende, als Benutzer« (Lash 1998).

Wer Abenteuer erleben will, betreibt heute Extremsport oder setzt sich vor den Bildschirm, jenes »letzte Vehikel« von dem Virilio spricht (Virilio 1992). Zwar steigt gleichzeitig auch die Wertschätzung dessen, was in die virtuellen Welten keinen Eingang findet, aber es geht eine große Faszination von der Vorstellung aus, »überall zu jeder Zeit sein zu können, alles, was man sich vorstellt, auch machen zu können, selbst wenn dies nur virtuell und nicht »wirklich« ist. (...) Für die Konstruktion von Wirklichkeit in unserem selbstreferentiellen Gehirn ist es letztlich egal, ob die Reize wirklich von außen und vermittelt durch unsere Sensorien oder lediglich durch eine gezielte Stimulation von Neuronen zustande kommen« (Rötzer 1993, S. 33).

Abgesehen davon, dass multimediale Simulationen bislang weit davon entfernt sind, alle menschlichen Sinne anzusprechen und schon insofern defizitär bleiben, stellt sich die Frage, ob den meisten Menschen nicht die gewohnten und risikoarmen Abenteuer eines »couch potatoes« vollauf genügen: Inwieweit sind die Zuschauer überhaupt bereit, ihre bequeme Zuschauerrolle aufzugeben, und z.b. die Möglichkeiten des Cyberspace auch aktiv, kreativ und interaktiv zu nutzen? Von einer revolutionären Umgestaltung unseres Medienalltags *in diesem Sinne* sind wir heute jedenfalls noch weit entfernt. Und auch die Technik ist für viele Nutzergruppen noch immer viel zu kompliziert und abschreckend und auch zu wenig ausgerichtet auf ihre Bedürfnisse.

Die Technosphäre und die Bedürfnisse der Mediennutzer

Wer die Medienwelt verstehen will, muss zuallererst die Menschen und ihre Bedürfnisse verstehen. Da dies oft nicht der Fall ist, ließe sich parallel zur Erfolgsgeschichte der neuen Medien auch eine Geschichte ihrer Flops schreiben. So haben sich die hohen Erwartungen an Bildschirmtext auf Grund falscher Vermarktungsstrategien, die seinen Nutzen nicht vermitteln konnten, nie erfüllt.[1] Das papierlose Büro bleibt auch gut zwanzig Jahre nach seiner Ankündigung weiterhin Zukunftsmusik: In den USA ist der Papierverbrauch ungeachtet der steigenden Digitalisierung im vergangenen Jahrzehnt jährlich (!) um 20 Prozent gestiegen, wobei allein durch die Einführung der elektronischen Post die Zahl der Ausdrucke in Unternehmen um 40 Prozent anstieg. Es werden zwar immer mehr Texte in den Büros digital erstellt, aber gearbeitet wird mit Referenzdokumenten, die als Ausdruck oder Kopie vorliegen, da die Arbeit am Bildschirm weniger übersichtlich und mühsamer ist. Videokonferenzen sollten den Tagungstourismus und die Geschäftsreisen überflüssig machen, aber die Zahl der Geschäftsreisen ist in Westdeutschland von 1993 bis 1995 um 15%, in Ostdeutschland sogar um 56% gestiegen. Videokonferenzen sind zu teuer, zu um-

---

1   Gegenüber der Marktprognose von 250.000 Btx-Nutzern für das Jahr 1986 sah die Realität (100.000 Nutzer) bescheiden aus. Für 1990 wurden gar zwei Millionen prognostiziert – erreicht wurden lediglich 260.000 Nutzer (vgl. Betz 1983; Lütge 1995).

ständlich, und können vor allem den direkten Kontakt zum Geschäftspartner nicht vollwertig ersetzen. Und selbst für ein simples Telefoninterview muss man sich noch immer ins Studio begeben, da die zu geringe Qualität der Endgeräte den Radiohörern nur im Ausnahmefall zugemutet werden kann.

Die in den 1980er-Jahren entwickelte und als Videoersatz gedachte Laserdisc – ein optisches Speichermedium im Format einer Langspielplatte – mit deutlich besserer Bild- und Tonqualität gegenüber VHS konnte sich nicht durchsetzen, weil sie ein reines Abspielmedium war, während die Zuschauer Video vor allem zur Aufzeichnung nutzen wollen. Aus gleichem Grund scheiterten in den 1990er-Jahren Video-CD und CD-i (Compact Disc interactive), die wie die Laserdisc an den Fernseher angeschlossen wurden. Digital Audio Tape und Foto-CD fristen ihr Dasein nur in der Studio-Marktnische. Den Digitalen Satelliten Rundfunk (DSR) stellte die Telekom Anfang 1999 wegen Erfolglosigkeit ein – die rund 80.000 Hörer können ihre teuer bezahlten Geräte verschrotten. Das wirkt sich auch negativ aus auf den digitalen Hörfunk: Digital Audio Broadcasting (DAB) hat einerseits damit zu kämpfen, dass die Hörer nach dem DSR-Flop nicht schon wieder Geld für neue Geräte ausgeben wollen. Andererseits bremsen die Rundfunkveranstalter. Eine parallele Abstrahlung auf UKW und DAB hält die Arbeitsgemeinschaft Privater Rundfunk für nicht finanzierbar. Die UKW-Ausstrahlung ist aber wegen ihrer derzeitigen Verbreitung und konkurrenzlosen Akzeptanz unverzichtbar.

Das Satellitentelefonsystem Iridium, das weltweite Mobilkommunikation ermöglicht, ist wirtschaftlich gescheitert, weil die wenigsten Menschen diese Leistung benötigen und preiswertere, räumlich begrenzte Netze vorziehen. Die 74 geostationären Telefonsatelliten werden wir demnächst als »Sternschnuppen« bewundern können.

Der Einstieg ins digitale Fernsehen/Digital Video Broadcasting (DVB) kostete den Filmhändler Leo Kirch ein Vermögen – der Bertelsmann-Konzern (CLT/Ufa) stieg gerade noch rechtzeitig aus und verkaufte bis auf einen Rest von 5% auch seine Anteile am Sender Premiere an Kirch, der mit der Zusammenlegung von DF1 und Premiere in Deutschland ein Monopol für Pay-TV erhält. Das Publikum hat bislang allerdings nur ein geringes Interesse an noch mehr Fernsehkanälen, an interaktivem Fernsehen und noch weniger an Pay-TV, denn zu den großen Problemen unserer Gesellschaft gehört sicher nicht ein Mangel an Information und Unterhaltung. Laut einer Umfrage von GfM-Getas (Juli 1998; 1629 Befragte) haben 60% der Befragten noch nie von digitalem Pay-TV gehört. Nur 4,3% waren sehr interessiert, 14,1% etwas, aber 58,6% gar nicht interessiert. Auch die Werbewirtschaft dürfte über die fragmentierten Teilpublika des digitalen Fernsehens wenig erfreut sein, soweit es sich nicht um kaufkräftige Zielgruppen handelt.

Auch die Mini-Disc kommt nicht ins Rollen, und das neue universelle Speichermedium DVD (Digital Versatile Disc) drohte noch vor seiner Verbreitung im Formate-Chaos zu versinken. Zwar haben sich die Hersteller inzwischen bei DVD-Video, DVD-ROM und der beschreibbaren DVD-R auf einheitliche Standards geeinigt, aber ausgerechnet für die wieder beschreibbare DVD-RAM (mit der sich Videos nicht nur abspielen, sondern im Unterschied zur DVD-Video auch aufzeichnen lassen) sowie für die Audio-DVD existieren konkurrierende Systeme.[1] Beim Diskettennachfolger hat sich die Industrie nicht einmal auf ein Gremium einigen können, das ein Nachfolgeformat vorschlagen könnte, da bereits eine ganze Reihe proprietärer Lösungen auf dem Markt sind. Wie wichtig einheitliche Standards für die Durchsetzung einer neuen Technologie sind, zeigt dagegen der Erfolg des Internets.[2]

1 Auch bei der Einführung des Videorekorders konkurrierten zunächst verschiedene Standards (VHS und Betamax), was die Marktdurchsetzung jahrelang verzögerte. Zu DVD-Formaten siehe auch: Traufetter 1999.

2 Den Massenmarkt eroberte das Internet erst mit der grafischen Benutzeroberfläche des WWW, die auf dem am CERN (Genf) entwickelten Standard HTML beruht. Nach Angaben der japanischen Zeitung »Nihon Keizai« (2.9.99) haben sich Sony Corp., Tokio, Matsushita Electric Industrial Co Ltd, Kadoma City, Philips Electronics NV, Eindhoven, und Nokia Oy, Helsinki, jetzt auf einen gemeinsamen Standard für interaktive digitale TV-Übertragungen geeinigt – die so genannte Multimedia Home Platform (MHP), mit der auch Internetzugang, Informationssuche und E-Mail-Funktion über Digital-TV-Geräte ermöglicht und weitere digitale Geräte angeschlossen werden könnten. Angeblich haben RTL Deutschland und die britische BBC bereits Interesse signalisiert.

Die Kunden kaufen heute – einmal abgesehen von Handys – einen neuen Rechner, wenn die nächste Software-Generation dies unbedingt erfordert, oder statten den alten mit noch ein paar Megabytes RAM (Arbeitsspeicher) mehr oder größeren Festplatten aus. Sie kaufen größere Monitore, weil sie merken, dass Bildschirmarbeit die Augen anstrengt. Sie kaufen Scanner, Farb-Drucker, vielleicht einen CD-Brenner, und sie verfolgen damit mehr oder weniger konkrete Absichten. Sie sind nicht interessiert am Computer als Universalmaschine. Ich bezweifle auch, dass sich aus der simplen Tatsache,»dass die Hardware beim Herunterladen (…) nicht weiß, ob diese Bits ein Bild, einen Ton oder ein Stück Text oder ein Computerprogramm produzieren werden«, folgern lässt:»In sehr naher Zukunft wird uns die Unterscheidung zwischen Büchern, Filmen und Fernsehen überholt und merkwürdig vorkommen« (Papert 1998, S. 94). Das entscheidende Argument gegen diese Prognose ist, dass hier ausschließlich von der Technik her gedacht wird, und nicht von den Nutzern, ihren Bedürfnissen und sozialen Gewohnheiten. Warum gehen Menschen denn heute noch ins Kino, wo es doch Fernsehen und Video gibt? Beide (damals neuen) Medien hatten große Auswirkungen auf das Kino. Um so stärker profilierte sich das Kino aber als soziales und ästhetisches Ereignis. Und die hinter der Oberfläche verborgene Technik mag den einen oder anderen Zuschauer zwar interessieren, ist für die Nutzer jedoch grundsätzlich irrelevant.

Was die Menschen wollen, sind einfache elektronische»Erlediger«, wobei sich ihr Bedürfnis einfach auf die Anwendung bezieht und nicht auf die Technik – ganz im Gegenteil. Denn damit etwas für den Anwender einfacher wird, was eigentlich eine sehr komplexe Angelegenheit ist, muss der Grad an Abstraktion zunehmen – die interne Komplexität also steigen. Der Anwender merkt das z.B. daran, dass neuere Betriebssysteme und Programme ein Vielfaches des Speicherbedarfs ihrer Vorläufer erfordern. Je einfacher ein Computer zu bedienen ist, desto komplizierter muss er intern werden, um seine Komplexität vor dem Anwender zu verstecken.»Wenn man diesen Weg verlässt, entstehen entsetzliche Geräte: Multifunktionstelefone und ISDN-Anlagen etwa konterkarieren auf geradezu absurde Weise das inzwischen zum Allgemeingut gewordene Wissen um die Bedienung (nicht aber das Funktionieren) eines Telefons« (Kuri 1999, S. 156).

Auch bei Computern ist nicht der universelle und immer wieder erweiterbare Alleskönner gefragt (dessen nicht voll kompatible Hard- und Software-Komponenten sich ohnehin gegenseitig behindern), der Fernseher, Videogerät, Telefon, Fax etc. integriert. Gefragt sind vielmehr einfachere, spezialisierte Geräte, die die tatsächlich nachgefragten Funktionen sicher, einfach und schnell erfüllen. Der Computer wird dann *als Computer* unsichtbarer in jener Technosphäre, in der wir mit zunehmend selbsttätigen Maschinen interagieren, und die das Pendant bildet zur auf S. 199ff. beschriebenen Datensphäre als virtuellem Realitätsraum.

Konzentration wirtschaftlicher Macht – Monopolbildung im digitalen Zeitalter

Wie diese künftige Medienwelt konkret aussehen wird, hängt entscheidend ab vom Zusammenspiel und Zusammenwachsen der Computer-, Telekommunikations- und Unterhaltungsindustrien. Beispielsweise besteht die gegenwärtige Strategie der Telekommunikationsindustrie (z.B. Deutsche Telekom) darin, das Telefonnetz zu einem datenfähigen Universalnetz auszubauen, also die Datenübertragung und alle »Dienste«, die über das Internet abgewickelt werden, in das Sprachnetz zu integrieren. Umgekehrt versucht die Computerindustrie, die herkömmlichen Telefondienste über ihre Datennetze abzuwickeln. Die Konkurrenz von Informations- und Kommunikationstechnik wird etwas verharmlosend als Konvergenz-Verhältnis bezeichnet. Dieser Begriff beschreibt zwar korrekt das Zusammenwachsen der jeweiligen Technologien und Marktsegmente, lenkt aber gleichzeitig ab von der Tatsache eines erbitterten Kampfs um Vorherrschaft und Marktanteile (vgl. Vollbrecht 1999).

Die Kulturindustrie, die Adorno und Horkheimer einst beschrieben, basierte auf Inhaltsmonopolen. Die großen Hollywood-Studios begannen, Filme (Kulturwaren) zu produzieren, zu deren Verbreitung sie dann eigene Vertriebswege aufbauten, die heute noch das Filmgeschäft dominieren. Heute geht, wie Lash (1998) anmerkt, die Medientechnologie dem Inhalt bereits voraus. Microsofts Monopol im Bereich der Informationstechnologie etwa basiert auf dem für Privatanwender wichtigsten Betriebssystem DOS/Windows, das weitere Abhängigkeiten in der Anwendungssoftware nach sich zieht. Zur Erhaltung und zum Ausbau der Marktposition kommen nun die Inhalte hinzu: Bekanntlich kaufen sowohl Microsoft als auch Getty Oil weltweit Lizenzen für die Verwertung von Bildern (im Internet sowie für Multimedia-Anwendungen) auf. Der Einfluss von Großunternehmen der Tonträgerindustrie wie Bertelsmann und Sony wird z.b. im Entwurf zur Europäischen Copyright-Richtlinie deutlich, der vorsieht, dass bereits das Zwischenspeichern von Sounddateien im Cache des Computers vom Inhaber der Musikrechte genehmigt werden muss. Für die Internet-Provider hätte dies unabsehbare finanzielle und organisatorische Folgen (vgl. Heyer 1999, S. 91).

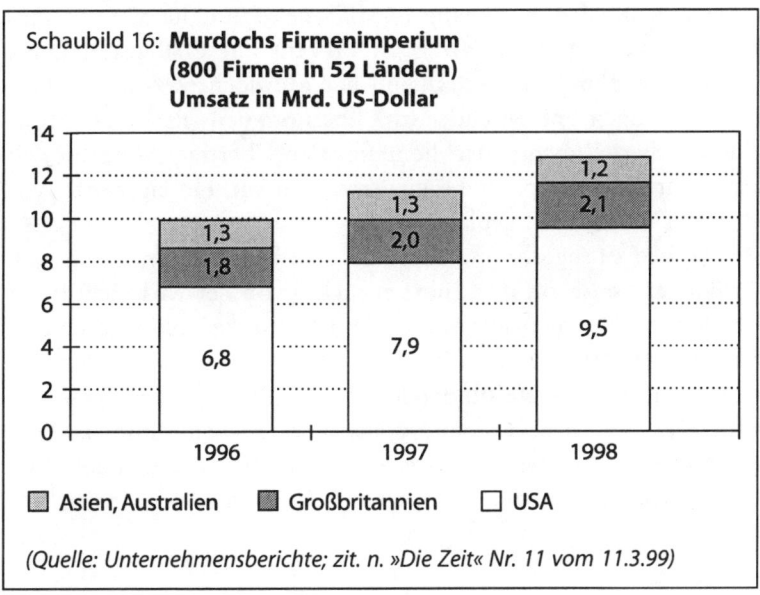

Schaubild 16: **Murdochs Firmenimperium (800 Firmen in 52 Ländern) Umsatz in Mrd. US-Dollar**

(Quelle: Unternehmensberichte; zit. n. »Die Zeit« Nr. 11 vom 11.3.99)

Auf dem Fernsehmarkt sicherte sich Ted Turner in den USA zunächst den Einfluss auf die Kabel-Networks, bevor er CNN gründete, und Rupert Murdoch baute mit der Gründung des Kanals BSkyB in Großbritannien 1991 ein Monopol für Telekommunikation via Satellit auf, das erst durch den Erwerb der Fußball-Exklusivrechte der Premier League profitabel wurde – bereits 1996 hatte ein Viertel der britischen Haushalte Sky abonniert und bezahlt nun ca. 30 Pfund pro Monat für eine Leistung, die vorher kostenlos war.

Das digitale Fernsehen – vor allem in der Variante des Pay per View – ist wirtschaftlich nicht durchsetzungsfähig ohne die Fernsehrechte für sportliche Großereignisse und massenattraktive Sportarten.[1] In Europa kommt dabei dem Fußball (neben Tennis und der Formel 1) die größte Bedeutung zu. Vor diesem Hintergrund ist zu verstehen, warum Canal Plus in Frankreich und Berlusconis Fininvest in Italien Spitzenclubs aufgekauft haben. Murdoch ist dagegen 1999 aus Wettbewerbsgründen untersagt worden, Manchester United, die populärste und reichste Fußball-Firma der Welt, an der er bereits 11% der Anteile hält (Börsenwert: 1,4 Mrd. DM), aufzukaufen. Für knapp 14 Millionen Pfund hat der von ihm kontrollierte Sender BSkyB neun Prozent am Erstligisten Leeds United erworben. In Deutschland hat Murdoch 66% der Anteile am ehemaligen Frauensender tm3 übernommen (Rest: Tele München/Herbert Kloiber), der die nationalen Übertragungsrechte (ab 1999) für die Champions League erworben hat. Ein eigener digitaler Pay-TV-Sender ist geplant.

Die Bedeutung des Sports für die Medien wirkt im Übrigen in vielfältiger Weise auf den Sport zurück – von der wirtschaftlichen Fundierung bis zu Änderungen der Regelwerke, um eine bessere Medienkompatibilität zu erreichen. Sport im Fernsehen ist nicht einfach ein sowieso stattfindendes Ereignis, das zusätzlich gesendet wird. Die Medien sind – philosophisch gesprochen – immer schon dabeigewesen. So wie Profisport sich in den medienrelevanten Sportarten heute ereignet, ereignet er sich als Folge der Medien.

---

1   Die Kosten für Übertragungsrechte lassen sich durch Werbeeinnahmen nicht auffangen, so dass alle Sender bei diesen Sportereignissen Verluste machen. Es geht also um Imagegewinne der Sender, bessere Marktpositionen sowie – im Hinblick auf Pay-TV – um Exklusivität.

Einschränkungen bürgerlicher Freiheitsrechte

Es sind derzeit die Märkte, von denen die entscheidenden Veränderungen der Kommunikationskultur ausgehen, während die Politik (und ebenso die Pädagogik) den rasanten Entwicklungen nachläuft und sie zu regulieren versucht. Die Aufgabe einer zukünftigen Kommunikationspolitik liegt in einer »Neubestimmung der Rolle des kommunizierenden Menschen als gleichberechtigtem Teilhaber in einem neuorganisierten gesellschaftlichen Kommunikationsprozess« (Glotz 1998, S. 13). Konkret geht es um die »Verlängerung der Bürgerrechte in die digitale Welt hinein, um das Problem der Verschlüsselung beim Datenverkehr ebenso wie um ein neues Urheberrecht, um Datensicherheit wie um Universal Service« (Glotz 1998, S. 15).

Es ist evident, dass in einer vernetzten Gesellschaft die Sicherung von Authentizität und Vertraulichkeit von Daten eine grundlegende Voraussetzung für das Vertrauen der Bürger in die neuen Technologien ist. Hier ist nicht der Ort, um die komplexen Zusammenhänge von Datenschutz und Datensicherheit, kryptographischen Verfahren und urheberrechtlichen Bestimmungen samt ihren technischen Umsetzungen vor allem für kommerzielle Anwendungen wie E-Commerce, Telearbeit, Online-Banking etc. zu erörtern. Daher beschränke ich mich auf den wesentlichen Aspekt der Bürgerrechte.

Grundlegend ist in dieser Frage der Konflikt zwischen individuellen Freiheitsrechten einerseits und den legitimen Sicherheitsbedürfnissen des Staates andererseits. In den letzten 30 Jahren – seit den so genannten Notstandsgesetzen – hat sich dieses Verhältnis auch auf Grund von Entwicklungen der Informations- und Kommunikationstechnologien erheblich und zu Ungunsten der Bürgerrechte verschoben.

Im Staatsrecht versteht man unter einem Notstand einen Katastrophenfall (z.B. Krieg, Bürgerkrieg), der die Regierung zwingt, zum Schutz der Bürger und für das Intaktbleiben des Staatsmechanismus besondere Maßnahmen jenseits der Verfassung auf Grund von Notstandsgesetzen zu treffen. In der Bundesrepublik wurde 1968 – vor dem gesellschaftlichen Hintergrund der damaligen

Schüler- und Studentenproteste sowie der außerparlamentarischen Opposition (APO) eine solche Notstandsverfassung verabschiedet. Dazu gehörte auch das so genannte G-10-Gesetz (der Name verweist auf den Grundgesetzartikel 10), das den Geheimdiensten und Strafverfolgungsbehörden das Öffnen von Postsendungen und das Abhören von Telefongesprächen erlaubte, also das grundgesetzlich garantierte Brief-, Post- und Fernmeldegeheimnis teilweise außer Kraft setzte.

Das Bundesverfassungsgericht ließ in seinem Urteil von 1970 diesen ersten gesetzlichen Lauschangriff mit knapper Mehrheit passieren. Drei Verfassungsrichter veröffentlichten eine abweichende Meinung, in der sich der im Rückblick geradezu prophetische Satz findet: »ob der mit der Verfassungsänderung vollzogene erste Schritt auf dem bequemen Weg der Lockerung der bestehenden Bindungen nicht Folgen nach sich zieht, vermag niemand vorherzusagen« (Kienzle/Mende 1980, S. 104).

Im Tätigkeitsbericht des Datenschutzbeauftragten von Schleswig-Holstein (1998) lässt sich nachlesen, wie stark die staatlichen Eingriffe in die Privatsphäre der Bürger seither zugenommen haben. So ist der Katalog der Straftaten, zu deren Aufklärung Telefonanschlüsse abgehört werden dürfen, seither 16-mal erweitert worden und umfasst jetzt 20 neue Tatbestände. Allein von 1990 bis 1996 stieg die Zahl der Anordnungen auf Telefonüberwachungen (gemäß §100a StPO) von 2494 auf 6428 – also eine Steigerung um 257%, verglichen mit dem Wert Ende der 1970er-Jahre sogar um 2000%. Da eine Überwachungsanordnung hierzulande nicht nur einen, sondern in der Regel alle Anschlüsse betrifft, die eine verdächtige Person privat, beruflich oder bei Bekannten benutzt, waren insgesamt sogar 8112 Anschlüsse betroffen. Das ist weit mehr als in anderen demokratischen Staaten (z.B. Großbritannien: 1370 im Jahr 1996; USA: 1229 im Jahr 1995). Da mit jedem abgehörten Anschluss eine Vielzahl von Gesprächen abgehört wird, sind noch weit mehr Bürger betroffen. Strafrechtler schätzen anhand der Überwachungsdauer von oft drei Monaten und mehr sowie den Durchschnittswerten von Telefonaten die Zahl abgehörter Bundesbürger im Jahr 1996 auf etwa eine Million allein durch die Polizeibehörden (Ruhmann/Schulzki-Haddouti 1998, S. 86). Rechnet man die Abhörtätigkeit der in- und ausländischen Geheimdienste hinzu, dürfte die Zahl der belauschten Bundesbürger pro Jahr weit höher liegen.

Zur Bekämpfung der organisierten Kriminalität erhielt die Polizei 1992 die Befugnis, nichtöffentliche Gespräche per Lauschangriff außerhalb von Wohnungen abzuhören und aufzuzeichnen. 1994 wurde der Bundesnachrichtendienst ermächtigt, zur Bekämpfung der organisierten Kriminalität grenzüberschreitende Telefonate abzuhören und nach Suchbegriffen auszuwerten (»elektronischer Staubsauger«). Dies ist – gerade vor dem Hintergrund der deutschen Geschichte – besonders problematisch, da hiermit die Trennung von Polizei und Geheimdiensten durchbrochen wurde.

Die Fernmeldeverkehrs-Überwachungsverordnung (FÜV) von 1995 schreibt den Telekommunikationsanbietern vor, abgehörten TK-Verkehr unverschlüsselt an alle »Bedarfsträger« (Polizeien, Geheimdienste, Zollkriminalamt) zu liefern – nebst weiterer Daten wie den Nummern aller ein- und abgehenden Verbindungen (einschließlich nicht zustande gekommener Verbindungen) sowie genutzter Dienste wie etwa Newsgroups oder auch die Übermittlung der Funkzelle (Standort) bei Gebrauch eines Handys, die zur Erstellung von Bewegungsbildern in Funknetzen genutzt werden können. Um die Übermittlung der Funkzelle zu erzwingen, genügt also bereits ein Anrufversuch der Überwacher.

Im Telekommunikationsgesetz von 1996 wurden die privaten Telekommunikationsanbieter verpflichtet, den Sicherheitsdiensten (einschließlich Geheimdiensten) den direkten Online-Zugriff auf ihre Kundendaten zu ermöglichen, und zwar dergestalt, dass auch die Anbieter den Datenabruf nicht bemerken. Das Telekommunikations-Begleitgesetz von 1997 verpflichtet die privaten Anbieter darüber hinaus, den Sicherheitsbehörden das Abhören von Telefongesprächen zu ermöglichen und weitere Daten wie z.B. Rufumleitungen, Uhrzeit, Datum und Dauer der Verbindung sowie den ungefähren Standort des Benutzers zur Verfügung zu stellen. Auf Anfrage sind weitergehende Auskünfte zu erteilen und der BND erhält überdies das Recht auf Information über Netzstrukturen.

Das Telekommunikations-Begleitgesetz (TKBeglG) von 1998 verschärft einerseits Vorschriften gegen den Bruch des »Fernmeldegeheimnisses« durch den neuen §206 StGB, der auch die Daten, wer wann und mit wem telefoniert, unter Schutz stellt, wobei allerdings ein Bruch des Fernmeldegeheimnisses durch Personen, die nicht zu einem Telekommunikationsanbieter gehören, straffrei bleibt. Andererseits erlaubt das Gesetz den Geheimdiensten durch eine Änderung des §41 AWG den Zugriff auf Daten, die aus besonderen Gründen *präventiv* durch eine Telefonüberwachung gesammelt werden. Ferner wird der Bereich der zu überwachenden TK-Einrichtungen ausgeweitet zum einen auf Telekommunikationskennungen wie Telefon-, Fax- und E-Mail-Nummern, IP-Nummern und Internet-Namen, zum anderen durch Einbeziehung der Anbieter geschäftsmäßiger Telekommunikationsdienste, worunter vor allem interne Firmennetze (Intranets) zu verstehen sind. Unklar ist, ob sich damit die Vorstellung verknüpft, dass die Mafia für ihre interne Kommunikation eigene Kommunikationsnetze aufbaut, den Strafverfolgungsbehörden durch technische Einrichtungen das Abhören derselben ermöglicht und auch noch die Kosten für diese technischen Einrichtungen übernimmt, anstatt einfach die jedermann zugänglichen, sicheren Kryptografieverfahren anzuwenden.[1]

Eine Änderung des Gesetzes über das Bundeskriminalamt von 1997 erlaubt dem BKA zur Eigensicherung seiner Beamten, Gespräche auch in Wohnungen abzuhören und aufzuzeichnen. Dies ist erlaubt, solange der Beamte sich in der Wohnung befindet, aber auch in unmittelbarem zeitlichen Zusammenhang (»bemannte Wanze«). 1998 wurde mit dem großen Lauschangriff faktisch die grundgesetzlich garantierte Unverletzlichkeit der Wohnung aufgehoben – immerhin ein Grundrecht, das aus gutem Grund und schlechter historischer Erfahrung Verfassungsrang hatte. Auch die Präsidentin des Bundesverfassungsgerichts, Jutta Limbach, mahnte 1999 die Politik zu größerer Behutsamkeit bei der »Reformierung« der Verfassung und der Einschränkung von Grundrechten. Andernfalls

---

1 Während die Mafia hier auf der technischen Höhe der Zeit sein dürfte, verschlüsseln nach Angaben des Bundeswirtschaftsministeriums nur vier Prozent aller Unternehmen in Deutschland ihre Internet-Mitteilungen und nur ein Prozent sorgt für Fax- und Telefonverschlüsselung.

bestehe die Gefahr, den besonderen Respekt, den das Grundgesetz als Verfassung genieße, zu gefährden. »Die Besorgnis ist immer gegeben, wenn man eine so bewährte Verfassung wie das Grundgesetz reformiert oder Grundrechte einschränkt« (Die Zeit, Nr. 37, 1999). Hier müsse »mit weitaus größerer Behutsamkeit und auch Zurückhaltung« vorgegangen werden.

Natürlich haben Sie und ich vor dem »Big Brother« nichts zu verbergen – nicht einmal im Schlafzimmer –, aber darum geht es nicht. Es geht vielmehr um die Frage, ob eine demokratische Gesellschaft an der Grundidee bürgerlicher Freiheitsrechte festhalten will oder ob sie die technischen Möglichkeiten der neuen Medien dafür nutzt, die unter Generalverdacht gestellten Bürger bis in den innersten Kern der Privatsphäre unter Beobachtung zu stellen.[1]

Ein weiteres Problem entsteht durch den zunehmenden Anteil der Datenkommunikation in der Gesellschaft, wodurch nun auch solche Bereiche unter Überwachung gestellt werden, die besonderen Schutzrechten – wie z.b. dem Informantenschutz im Presserecht – unterliegen: »Die Überwachung des Tele-Banking hebelt das Bankgeheimnis aus, die von Telemedizin-Anwendungen das Arztgeheimnis. Wer Telearbeit überwacht, greift in den Schutz von Unternehmensgeheimnissen ein. Die zunehmende Abwicklung einer Vielzahl von Aktivitäten – insbesondere solcher vertraulicher Natur – per Telekommunikation gibt dem Fernmeldegeheimnis einen neuen Charakter. Sein Schutz wird zur Vorbedingung von Verschwiegenheitsrechten und -pflichten. Damit erhält das Fernmeldegeheimnis den Charakter eines strategischen Schutzrechts, seine Aushöhlung tangiert nicht nur Persönlichkeitsrechte, sondern wird für weite Bereiche der Gesellschaft zu einer Gefahr« (Ruhmann/ Schulzki-Haddouti 1998, S. 92f.). In diesem Zusammenhang sind auch die Auseinandersetzungen zwischen Sicherheitsbehörden einerseits und Datenschützern andererseits um sichere Kryptografieverfahren zu sehen, die auch vor illegaler Ausspähung schützen.

---

1 Die schöne neue Welt ist übrigens auch nicht ganz billig. Allein die Kosten für die Einrichtung der technischen Überwachungsmöglichkeiten für mobile Telefone schätzte die Bundesregierung 1995 auf vier Milliarden DM, die letztlich natürlich die Kunden zahlen.

Die Zeiten, in denen in Deutschland die Bespitzelung der Bevölkerung als anrüchig galt, sind anscheinend wieder vorbei. Der vom Netzmagazin »telepolis«[1] enthüllte Entwurf der EU-Ratsentscheidung »ENFOPOL 98« über die »Überwachung des Telekommunikationsverkehrs« zeigt, wie europäische Strafverfolgungsbehörden, die Inlands- und Auslandsaufklärungsdienste sowie militärische Abschirmdienste den Telekommunikations- und Datenverkehr[2] europaweit überwachen wollen. Der Entwurf geht – wie Schulzki-Haddouti (1998) anmerkt – über bestehendes deutsches Recht deutlich hinaus. Beipielsweise verlangt er für Sicherheitsbehörden den Zugriff auf Kontoverbindungsdaten und Gebührenabrechnungen des Überwachten sowie bei Internetdiensten auch Zugriff auf datenschutzrechtlich besonders sensible Zugangscodes wie PINs[3] und Passwörter. Damit ist z.b. ein unbemerkter Zugriff auf E-Mail-Postfächer gegeben, wodurch sich auch die Möglichkeit (unbemerkter) Manipulation eröffnet.

Die Entwicklung gemeinsamer Technologiestandards und standardisierter Schnittstellen ermöglicht auch eine länderübergreifende Überwachung über Europa hinaus. Interessant ist in diesem Zusammenhang ein EU-Ratsbeschluss über die Zusammenarbeit zwischen den Polizeibehörden der EU-Mitgliedsstaaten und dem US-amerikanischen FBI.[4] Dort heißt es: »Der Rat befürwortet aus praktischen Gründen eine Erweiterung nach Hongkong, Australien und Neuseeland«. Dass gerade diese Länder »aus praktischen Gründen« einbezogen werden sollen, liegt daran, dass sich in ihnen (neben Großbritannien, USA und Kanada) die Hauptabhörpunkte[5]

1 Siehe www.heise.de/tp/deutsch/special/enfo/default.html
2 Insbesondere berücksichtigt der Entwurf »Satellitenkommunikation, Internet, Kryptografie, Prepaid Cards« und – als Blankovollmacht – »neue zukünftige Technologien« (!)
3 Persönliche Identifikationsnummern, z.B. bei Scheck- und Kreditkarten.
4 Vgl. dazu Schulzki-Haddouti 1998, S. 48 sowie www.privacy.org/pi/activities/tapping/statewatch_tap_297
5 Die Abhörzentren befinden sich angeblich in Sugar Grove und Yakima (beides USA), Waihopai (Neuseeland), Geraldton (Australien), Morwenstow (Großbritannien) und dem bayerischen Bad Aibling. Der Abhörpunkt in Hongkong ist seit der Rückgabe der ehemaligen Kronkolonie an China nicht mehr aktiv.

des geheimen NSA[1]-Abhörsystems mit Codenamen »Echolon« befinden. Echolon dient zur Abhörung des gesamten satellitengestützten Kommunikationsverkehrs (z.b. Telefon, Fax, E-Mail, Telex) und wertet die Daten mit einem intelligenten Rastersystem (Memex) anhand länderspezifischer Schlüsselwörter aus. Das Echolon-Projekt ermöglicht also eine groß angelegte, präventive Rasterfahndung im Internet. Es ist wohl zu erwarten, dass für die jetzt geplante fallweise Überwachung kein eigenes Überwachungssystem aufgebaut werden soll, sondern das Echolon-System legalisiert wird, das heute in den seltenen Medienberichten zu diesem Thema vor allem im Zusammenhang mit Wirtschaftsspionage (der USA) erwähnt wird.

Problematisch sind auch die feststellbaren Tendenzen, die Trennung zwischen polizeilichen und geheimdienstlichen Befugnissen immer mehr aufzuheben – sowohl hinsichtlich der nationalen Gesetzgebungen, die der Polizei weitgehende Rechte einräumen, die traditionell der Inlandsaufklärung vorbehalten waren, als auch auf organisatorischer Ebene.[2] Für die mit diesen Entwicklungen verbundenen Einschränkungen der bürgerlichen Freiheitsrechte ist die Öffentlichkeit weder hinreichend informiert noch sensibilisiert. Bürgerliche Freiheit ist jedoch ein hohes Rechtsgut, dessen Schutz man offensichtlich nicht allein den Politikern überlassen darf, wenn die Machtbalance von Staat und Bürgern sich gefährlich verschiebt.

Wie weitgehend die Überwachungsbestimmungen zur Telekommunikation tatsächlich sind, zeigt besonders deutlich ein Vergleich mit anderen Medien. Analog zur Überwachung von WWW-Abru-

1 Die Kontrolle von Geheimdiensten ist ihrem Wesen nach immer prekär. Im Unterschied zu anderen Geheimdiensten unterliegt die – lediglich durch eine Direktive des damaligen Präsidenten Harry S. Truman 1952 gegründete – National Security Agency überhaupt keiner demokratisch legitimierten Kontrollinstanz. Der Etat der NSA wird auf 10 bis 15 Mrd. Dollar pro Jahr geschätzt – ein offizieller Haushalt für diese Behörde existiert nicht (vgl. Ruhmann/Schulzki-Haddouti 1998, S. 83).
2 Das 1998 teilweise bekannt gewordene so genannte Schengen-Handbuch zur polizeilichen Zusammenarbeit »SIRENE« (Supplementary Information Request for National Entry) beispielsweise bezieht sich auf die länderübergreifende Zusammenarbeit nicht nur der Polizei, sondern gleichzeitig auch der Geheimdienste.

fen wären dann etwa die Verlage oder der Zeitschriftenhandel verpflichtet, ihre Publikationen nur noch gegen Vorlage eines Ausweises abzugeben. Oder analog zur E-Mail-Überwachung wäre die Post verpflichtet, Briefsendungen nur noch gegen Vorlage eines Ausweises herauszugeben, die Post eines Überwachten zu öffnen und eine Kopie für die Überwachungsstellen anzufertigen. Oder analog zur Überwachung von Chats und Internet-Telefonie wäre die Telekom verpflichtet, ihre Telefonzellen mit einer Technologie auszurüsten, die die Authentifizierung der Anrufer gestattet.[1]

Bürgerrechte besaßen im Mittelalter in den meisten Ländern nur die (gemeinfreien) Bürger in den Städten, während der Großteil der Bevölkerung in lehnsherrlicher Abhängigkeit lebte. Stadtrechte waren Bürgerrechte, und es galt der Rechtsgrundsatz »Stadtluft macht frei«. Wenn wir heute von der Welt als einem »globalen Dorf« sprechen – und nicht von einer globalen Stadt – offenbart diese Redeweise einen Nebensinn, über den nachzudenken sich lohnt.

---

1   Ein wenig erinnert dies an die Paranoia bei der Einführung der »anonymen Postkästen«, wie man Briefkästen damals nannte. Bis Mitte des 19. Jahrhunderts konnten Briefe tatsächlich nur gegen Vorlage eines Ausweises aufgegeben werden. Bei der Einführung von Postkästen sah man in ihnen ein hochgefährliches Zersetzungsmittel aller bürgerlichen Verhältnisse, weil »damit der anonymen Briefschreiberei Tor und Tür geöffnet würde« wie es im Hannoverschen Volksblatt hieß (zit.n. Siegert 1988).

Literaturverzeichnis

Adorno, T.W.: Résumé über Kulturindustrie. In: Ohne Leitbild. Parva Aesthetica. Frankfurt a.M. 1967, S. 60–69.

Anders, G.: Die Antiquiertheit des Menschen. Über die Seele im Zeitalter der zweiten industriellen Revolution. München 1956.

Arbeitsgemeinschaft der ARD-Werbegesellschaften (Hrsg.): Media Perspektiven – Basisdaten. Daten zur Mediensituation in Deutschland 1998. Frankfurt a.M. 1998.

ARD/ZDF-Arbeitsgruppe Multimedia: ARD/ZDF-Online-Studie 1999: Wird Online Alltagsmedium? Nutzung von Onlinemedien in Deutschland. In: Media Pespektiven, H. 8, 1999, S. 401–414.

Arndt, H.: Die Konzentration in der Presse und die Problematik des Verleger-Fernsehens. Frankfurt a.M./Berlin 1967.

Arnold, B.-P.: Overnewst but underinformed. Auf dem Weg in eine uninformierte Gesellschaft? In: Medien Concret, H. 1, 1994, S. 20–23.

Arnold, R.: Betriebliche Weiterbildung. Bad Heilbrunn 1991.

Asch, S.E.: Social Psychology. Englewood Cliffs (Prentice-Hall) 1952.

Assmann, A./Assmann, J.: Das Gestern im Heute. Medien und soziales Gedächtnis. In: Merten, K./Schmidt, S.J./Weischenberg, S. (Hrsg.): Die Wirklichkeit der Medien. Eine Einführung in die Kommunikationswissenschaft. Opladen 1994, S. 114–140.

Aufenanger, S.: Hermeneutische Fallrekonstruktion in der Medienforschung. In: Charlton, M./Bachmair, B. (Hrsg.): Medienkommunikation im Alltag. Interpretative Studien zum Medienhandeln von Kindern und Jugendlichen. München 1990, S. 210–236.

Aufenanger, S.: Soziologisch orientierte Leseforschung in den USA. In: Stiftung Lesen (Hrsg.): Lesen im internationalen Vergleich. Bd. 1. Mainz 1990, S. 210–217.

Baacke, D.: Kommunikation und Kompetenz. Grundlegung einer Didaktik der Kommunikation und ihrer Medien. München 1973.

Baacke, D.: Der sozialökologische Ansatz. In: deutsche jugend, H. 11, 1980, S. 493–505.

Baacke, D.: Handlungsorientierte Medienpädagogik. In: Schill, W./Tulodziecki, G./Wagner, W.-R. (Hrsg.): Medienpädagogisches Handeln in der Schule. Opladen 1992, S. 33–58.

Baacke, D.: Medienkompetenz als Entwicklungs-Chance. In: medien + erziehung, 40. Jg., H. 4, 1996, S. 202–203.

Baacke, D.: Medienkompetenz – Begrifflichkeit und sozialer Wandel. In: Rein, A. von (Hrsg.): Medienkompetenz als Schlüsselbegriff. Bad Heilbrunn 1996, S. 112–124.

Baacke, D./Kübler, H.-D. (Hrsg.): Qualitative Medienforschung. Tübingen 1989.

Baacke, D./Sander, U./Vollbrecht, R.: Sozialökologische Jugendforschung und Medien. Rahmenkonzept, Perspektiven, erste Ergebnisse. In: Publizistik, 33. Jg., 1988, H.2/3, S. 223–242.

Baacke, D./Sander, U./Vollbrecht, R.: Lebenswelten sind Medienwelten. Medienwelten Jugendlicher, Bd.1. Opladen 1990a.

Baacke, D./Sander, U./Vollbrecht, R.: Lebensgeschichten sind Mediengeschichten. Medienwelten Jugendlicher, Bd. 2. Opladen 1990.

Baacke, D./Sander, U./Vollbrecht, R.: Neue Netzwerke der Unmittelbarkeit und Ich-Darstellung. Individualisierungsprozesse in der Mediengesellschaft. In: Heitmeyer, W./Olk, T. (Hrsg.): Individualisierung von Jugend. Gesellschaftliche Prozesse, subjektive Verarbeitungsformen, jugendpolitische Konsequenzen. Weinheim/München 1990, S. 81–99.

Baacke, D./Sander, U./Vollbrecht, R.: Medienwelten Jugendlicher. Opladen [2]1991.

Baacke, D./Schäfer, H./Vollbrecht, R.: Treffpunkt Kino. Daten und Materialien zum Verhältnis von Jugend und Kino. Weinheim/München 1994.

Bachmair, B.: Symbolische Verarbeitung von Fernseherlebnissen in assoziativen Freiräumen. Kassel 1984.

Bachmair, B.: Wo Verbote nicht mehr helfen, Gewaltvideos, ihre Symbolik und kindliche Phantasien – ein pädagogisches Konzept mit Materialien. In: Friedrich-Jahresheft III: »Bildschirm«: Faszination oder Information? Seelze 1985, S. 152–158.

Bachmair, B.: Fernsehkultur. Subjektivität in einer Welt bewegter Bilder. Opladen 1996.

Bandura, A.: Aggression. Eine sozial-lerntheoretische Analyse. Stuttgart 1979.

Barley, N.: Die Kultur des Mißverstehens. Von afrikanischen Hoflinguisten, virtuellen Klomauern und der Reinkarnation der Bierflasche. In: Die Zeit, Nr. 53, 22. Dezember 1998.

Bartels, K.: Die elektronische Pest? Kultur, Ansteckungsangst und Video. In: Rundfunk und Fernsehen, H. 4, 1984, S. 491–506.

Barthelmes, J./Sander, E.: Medien in Familie und Peer-group. Vom Nutzen der Medien für 13- und 14jährige. Medienerfahrungen von Jugendlichen, Bd. 1. München 1997.

Barthes, R.: Mythen des Alltags. Frankfurt a.M. 1976.

Baudrillard, J.: Kool Killer oder Der Aufstand der Zeichen. Berlin 1978.

Baudrillard, J.: Agonie des Realen. Berlin 1978a.

Baudrillard, J.: Der Feind ist verschwunden (Interview). In: Der Spiegel, H. 6, 1991.

Bauer, R.A.: The obstinate audience: The influence process from the point of social communication. In: American Psychologist, 19. Jg., 1964, S. 319–329.

Baumann, F.: Das Selbstverständnis des Jugendschutzes in seiner Entwicklung. In: Jugendschutz, 26. Jg., H. 5, 1981, S. 136ff.

Baumgartner, P.: Didaktische Anforderungen an (multimediale) Lernsoftware. In: Issing, L.J./Klimsa, P. (Hrsg.): Information und Lernen mit Multimedia. Weinheim 1995, S. 241–252.

Baumgartner, P./Payr, S.: Lerntheoretische Grundlagen für die Kategorisierung von Bildungssoftware. In: Dette, K./Haupt, D./Polze, C. (Hrsg.): Multimedia und Computeranwendungen in der Lehre. Berlin/Heidelberg 1992, S. 115–122.

Bäumler, A.: Ästhetik. In: Bäumler, A./Schröter, M. (Hrsg.): Handbuch der Philosophie I. München/Berlin 1934.

Beck, U.: Risikogesellschaft. Auf dem Weg in eine andere Moderne. Frankfurt a.M. 1986.

Beck, U.: Politik der Globalisierung. Perspektiven der Weltgesellschaft. Frankfurt a.M. 1998.

Becker, M.H.: Sociometric Location and Innovativeness. Reformulation and Extension of the Diffusion Model. In: American Sociological Review, 35, 1970, S. 267–282.

Beinstein, J.: Friends, the Media, and Opinion Formation. In: Journal of Communication, 27, 1977, S. 30–39.

Belson, W.A.: Television violence and the adolescent boy. Westmead 1978.

Benjamin, W.: Das Kunstwerk im Zeitalter seiner technischen Reproduzierbarkeit. In: ders.: Gesammelte Schriften, Band 1.2. Frankfurt a.M. 1980.

Bentele, G.: Wissenskluft-Konzeption und Theorie der Massenkommunikation. In: Saxer, U. (Hrsg.): Gleichheit oder Ungleichheit durch Massenmedien? München 1985, S. 87–104.

Berelson, B.R./Lazarsfeld, P.F./McPhee, W.N.: Voting. A Study of Opinion Formation in a Presidential Campaign. Chicago 1954.

Berg, K./Kiefer, M.-L. (Hrsg.): Massenkommunikation III. Eine Langzeitstudie zur Mediennutzung und Medienbewertung 1964–1985. Frankfurt a.M. 1987.

Berg, K./Kiefer, M.-L. (Hrsg.): Massenkommunikation IV. Eine Langzeitstudie zur Mediennutzung und Medienbewertung 1964–1990. Baden-Baden 1992.

Berg, K./Kiefer, M.-L. (Hrsg.): Massenkommunikation V. Eine Langzeitstudie zur Mediennutzung und Medienbewertung 1964–1995. Baden-Baden 1996.

Berger, P.L./Luckmann, T.: Die gesellschaftliche Konstruktion der Wirklichkeit. Eine Theorie der Wissenssoziologie. Frankfurt a.M. 1969.

Berkowitz, L.: The Frustation-Aggression Hypothesis Revisited. In: Berkowitz, L. (Hrsg.): Roots of Aggression. A Re-Examination of the Frustration-Aggression Hypothesis. New York 1969.

Bertelsmann Stiftung: Forum – Newsletter 4/96. Gütersloh 1996.

Betz, K.: Bildschirmtext. In: Holzer, H./Betz, K. (Hrsg.): Totale Bildschirmherrschaft? Staat, Kapital und »Neue Medien«. Köln 1983, S. 59–84.

Binder, H.: Zur Geschichte und Entwicklung schulischer Medienerziehung. In: Schill, W./Tulodziecki, G./Wagner, W.-R. (Hrsg.): Medienpädagogisches Handeln in der Schule. Opladen 1992, S. 17–31.

Birkelbach, J.: Rein oder nicht rein? Internet-Banking zwischen Vision und Krise. In: c't – magazin für computer technik, H. 9, 1998, S. 90–94.

Bizer, J.: Schüler am Netz. Rechtsfragen zum Einsatz von E-Mail, Newsgroups und WWW in Schulen. In: Kubicek, H./Braczyk, H.-J./Klumpp, D./Müller, G./Neu, W./Raubold, E./Roßnagel, A. (Hrsg.): Lernort Multimedia. Jahrbuch Telekommunikation und Gesellschaft 1998. Heidelberg 1998, S. 244–256.

Björkvist, K.: Violent films, anxiety, and aggression. Experimental studies of violent films on the level of anxiety and aggressiveness in children. Helsinki 1985.

Blumenberg, H.: Schiffbruch mit dem Zuschauer. Paradigma einer Daseinsmetapher. Frankfurt a.M. 1979.

Bolz, N.: Zur Theorie der Hypermedien. In: Huber, J./Müller, A.M. (Hrsg.): Raum und Verfahren. Interventionen 2. Basel/Frankfurt a.M. 1993, S. 17–28.

Bolz, N.: Die Postmoderne ist die moderne Post. Gespräch mit Norbert Bolz. In: Die Neue Gesellschaft/Frankfurter Hefte, 42. Jg., H. 1, 1995.

Bonfadelli, H.: Neue Fragestellungen in der Wirkungsforschung. Zur Hypothese der wachsenden Wissenskluft. In: Rundfunk und Fernsehen, 28. Jg., 1980, H. 2, S. 173–193.

Bonfadelli, H.: Kinder/Jugendliche und Massenkommunikation: Entwicklung, Stand und Perspektiven der Forschung zu Beginn der 80er Jahre. In: Media Perspektiven, H. 5, 1983, S. 313–324.

Bonfadelli, H.: Die Wissenskluft-Perspektive. Massenmedien und gesellschaftliche Information. Konstanz 1994.

Börsenverein des Deutschen Buchhandels e.V.: Buch und Buchhandel in Zahlen. Frankfurt a.M. 1998.

Brandsford, J.D./Franks, J.J./Vye, N.J./Sherwood, R.D.: New approaches to instruction: Because wisdom can't be told. In: Vosniadou, S./Ortony, A. (Eds.): Simularity and analogical reasoning. Cambridge 1989, S. 470–497.

Brecht, B.: Radiotheorie 1927–1932. In: Gesammelte Werke, Bd. 18. Frankfurt a.M. 1968, S. 127–134 (orig. 1932).

Bruckman, A.S.: Gender Swapping on the Internet. 1993. ftp://media. mit.edu/ pub/asb/papers/gender-swapping.txt.

Brüntrup, R.: Saat der Gewalt. In: Ruf ins Volk, 8. Jg., 1956, H. 1, S. 1ff.

Bundesverband Jugend und Film (Hrsg.): Jugend und Film. Entwicklungen – Aufgaben – Praxisbeispiele. Frankfurt a.M. 1993.

Burkart, G.: Vermittlungsprobleme. In: Holzinger, W. (Hrsg.): Soziologisches Proseminar. Klagenfurt 1985, S. 81–90.

Burnett, R.: The Global Jukebox – The International Music Industry. London/ New York 1996.

Bush, V.: As we may think. In: Atlantic Monthly, 176, July 1945, S. 101–108 (wiederabgedruckt in: Jonasson, D.H./Mandel, H. (Eds.) 1990: Designing Hypermedia for Learning. New York).

Buß, M.: Die Vielseher. Fernseh-Zuschauerforschung in Deutschland. Theorie – Praxis – Ergebnisse. Frankfurt a.M. 1985.

Buß, M.: Vielseher und Fernsehmuffel. In: Media Perspektiven, H. 5, 1985, S. 378–389.

Cantril, H.: The Invasion from Mars. New York 1966.

Canzler, W./Helmers, S./Hoffmann, U.: Die Datenautobahn – Sinn und Unsinn einer populären Metapher. Berlin 1995.

Charlton, M./Neumann, K.: Medienkonsum und Lebensbewältigung in der Familie. Methode und Ergebnisse der strukturanalytischen Rezeptionsforschung – mit fünf Falldarstellungen. München/Weinheim 1986.

Coleman, J.S./Katz, E./Menzel, H.: Medical innovation: a diffusion study. Indianapolis 1966.

Collins, A./Brown, J.S./Newman, S.E.: Cognitive apprenticeship: Teaching the crafts of reading, writing and mathematics. In: Resnick, L.B. (Ed.): Knowing, learning, and instruction. Hillsdale (N.J.) 1989, S. 453–494.

Conradt, W.: Kirche und Kinematograph. Berlin 1910.

Corte, E.: Der Jugendschutz im deutschen Lichtspielwesen. Berlin 1926.

Darschin, W./Frank, B.: Tendenzen im Zuschauerverhalten. Fernsehgewohnheiten und Programmbewertungen 1997. In: Media Perspektiven, H. 4, 1998, S. 154–166.

Darschin, W./Kayser, S.: Tendenzen im Zuschauerverhalten. Fernsehgewohnheiten und Programmbewertungen 1999. In: Media Perspektiven, H. 4, 2000, 146–158.

Davison, W.P.: On the effects of communication. In: Public Opinion Quarterly, 23. Jg. 1959, S. 343–360.

Dewe, B./Sander, U.: Medienkompetenz und Erwachsenenbildung. In: Rein, A. von (Hrsg.) 1996: Medienkompetenz als Schlüsselbegriff. Bad Heilbrunn 1996, S. 115–142.

Dichanz, H.: Medienerziehung. In: Haller, H.-D./Meyer, H. (Hrsg.): Ziele und Inhalte der Erziehung und des Unterrichts. Stuttgart 1986, S. 553–561.

Drabman, R.S./Thomas, M.H.: Does Media Violence Increase Children's Tolerance of Real-Life Aggression. In: Developmental Psychology, Vol. 10, 1974, S. 418–421.

Dreppenstedt, E.: Die unbeachteten Riesen. (Fach-)Zeitschriftenunternehmen im Marktwandel. In: Altmeppen, K.-D. (Hrsg.): Ökonomie des Mediensystems. Grundlagen, Ergebnisse und Perspektiven medienökonomischer Forschung. Opladen 1996, S. 147–163.

Dröge, F.: Wissen ohne Bewußtsein. Materialien zur Medienanalyse. Frankfurt a.M. 1972.

Dschuang, Dsi (Chuang, Chou): Das wahre Buch vom südlichen Blütenland. Aus d. Chines. übertr. und erl. von Richard Wilhelm. München 1991.

Edelstein, A.: Agenda-Setting – Was ist zuerst: Mensch oder Medien? Medienwissenschaftliche Variationen einer alten Fragestellung. In: Media Perspektiven H. 7, 1983, S. 469–474.

Ehmer, H.K. (Hrsg.): Visuelle Kommunikation. Beiträge zur Kritik der Bewußtseinsindustrie. Köln 1971.

Eimeren, B. van/Gerhard, H./Oehmichen, E./Schröter, C.: ARD/ZDF-Online-Studie 1998: Onlinemedien gewinnen an Bedeutung. In: Media Perspektiven, H. 8, 1998, S. 423–435.

Eimeren, B. van/Oehmichen, E./Schröter, C.: ARD/ZDF-Online-Studie 1997: Onlinenutzung in Deutschland. Nutzung und Bewertung der Onlineangebote von Radio- und Fernsehsendern. In: Media Perspektiven, H. 10, 1997, S. 548–557.

Elsner, M./Gumbrecht, H.U./Müller, T./Spangenberg, P.M.: Zur Kulturgeschichte der Medien. In: Merten, K./Schmidt, S.J./Weischenberg, S. (Hrsg.): Die Wirklichkeit der Medien. Eine Einführung in die Kommunikationswissenschaft. Opladen 1994, S. 163–187.

Enquete-Kommission »Zukunft der Medien in Wirtschaft und Gesellschaft«: Schlußbericht. Deutschlands Weg in die Informationsgesellschaft (Deutscher Bundestag – Drucksache 13/11004). Bonn 1998.

Enzensberger, H.M.: Einzelheiten I. Bewußtseins-Industrie. Frankfurt a.M. 1962.

Enzensberger, H.M.: Baukasten zu einer Theorie der Medien. In: Kursbuch 20, 1970, S. 159–186.

Erlinger, H.D. (Hrsg.): Neue Medien, Edutainment, Medienkompetenz. Deutschunterricht im Wandel. München 1997.

Erlinger, H.D./Marci-Boehnke, G. (Hrsg.): Deutschdidaktik und Medienerziehung. Kulturtechnik Medienkompetenz in Unterricht und Studium. München 1999.

Fabian, T.: Fernsehen und Einsamkeit im Alter. Eine empirische Untersuchung zu parasozialer Interaktion. Münster 1993.

Faßler, M./Halbach, W. (Hrsg.): Geschichte der Medien. München 1998.

Feierabend, S./Klingler, W.: Jugendliche Medienwelten. In: Dichanz, H. (Hrsg.): Handbuch Medien: Medienforschung. Bonn 1998, S. 140–170.

Feierabend, S./Simon, E.: Was Kinder sehen. Eine Analyse der Fernsehnutzung 1999 von Drei- bis 13-Jährigen. In: media Perspektiven, H. 4, 2000, 159–170.

Feist, U.: Jazz is the Teacher. Anregungen für die pädagogische Auseinandersetzung mit Pop in den elektronischen 90er Jahren. In: medien + erziehung, 1999, H. 1, S. 41–46.

Feist, U./Liepelt, K.: Massenmedien und Wählerverhalten in der Bundesrepublik. In: Rundfunk und Fernsehen, 31. Jg., 1983, S. 290–306.

Ferchhoff, W.: Die Wiederverzauberung der Modernität? Krise der Arbeitsgesellschaft, Individualisierungsschübe bei Jugendlichen – Konsequenzen für die Jugendarbeit. In: Kübler, H.-D. (Hrsg.): Jenseits von Orwell. Gesellschaft, Kultur und Medien. Frankfurt a.M. 1984, S. 94–168.

Feshbach, S.: Die treibreduzierende Funktion von Phantasieverhalten. In: Kornadt, H.-J. (Hrsg.) Aggression und Frustration als psychologisches Problem, Bd. II. Darmstadt 1992, 29–52.

Feshbach, S.: The Stimulating versus Cathartic Effects of a Vicarious Aggressive Activity. In: Journal of Abnormal and Social Psychology, 63, 1961, S. 381–385.

Flusser, V.: Gedächtnisse. In: Flusser, V.: Philosophien der neuen Technologie. Berlin 1989, S. 41–55.

Foerster, H. von: Sicht und Einsicht. Versuche zu einer operativen Erkenntnistheorie. Braunschweig 1985.

Fontius, M.: Post und Brief. In: Gumbrecht, H.U./Pfeiffer, K.L. (Hrsg.): Materialität der Kommunikation. Frankfurt a.M. 1988, S. 267–279.

Franken, R./Riekenberg, D.: Kino zum Anfassen. Handbuch der nichtgewerblichen Filmarbeit. Frankfurt a.M. 1985.

Freitag, B./Zeitter, E.: Katharsis. In: tv diskurs, H. 9, Juli 1999, 18–27.

Fremerey, F.: Der digitale Sender. Hörfunk und Fernsehen aus dem Computer. In: c't – magazin für computer technik, 1999, H. 4, S. 98–105.

Früh, W.: Die Rezeption von Fernsehgewalt. Eine empirische Studie zum wahrgenommenen Gewaltpotential des Fernsehprogrammangebots durch verschiedene Zielgruppen. In: Media Perspektiven, H. 4, 1995, S. 172–185.

Früh, W./Schönbach, K.: Der dynamisch-transaktionale Ansatz. Ein neues Paradigma der Medienwirkungsforschung. In: Publizistik, 27. Jg., 1982, S. 74–88.

Galtung, J.G.: Strukturelle Gewalt. Reinbek 1975.

Gast, W./Marci-Boehncke, G.: Medienpädagogik in die Schule. Plädoyer für ein fachspezifisches Curriculum – jetzt. In: medien praktisch, H. 3, 1996, S. 47–51.

Gattermann, G.: Elektronische Bibliotheken? In: DAS MAGAZIN des Wissenschaftszentrums NRW, H. 1, 1993.

Gaupp, R.: Der Kinematograph vom medizinischen und psychologischen

Standpunkt. In: 100. Flugschrift des Dürerbundes zur Ausdruckskultur. München 1912, S. 1–12.

Geis, T./Hartwig, R.: Auf die Finger geschaut. Neue ISO-Norm für benutzergerechte interaktive Systeme. In: c't – magazin für computer technik, H. 14, 1998, S. 168–171.

Gerbner, G. et al.: Die »angsterregende Welt« des Vielsehers. In: Fernsehen und Bildung, H. 1–3, 1981, S. 16–42.

Gerhartz-Franck, J.: Über Geschehensgestaltungen in der Auffassung von Filmen durch Kinder. Leipzig.

Gerstenmair, J./Mandl, H. 1995: Wissenserwerb unter kognitivistischer Perspektive. In: Zeitschrift für Pädagogik, 41. Jg., 1995, S. 867–888.

Giesecke, M.: Der Buchdruck in der frühen Neuzeit. Eine historische Fallstudie über die Durchsetzung neuer Informations- und Kommunikationstechnologien. Frankfurt a.M. 1991.

Glasersfeld, E. von: Wissen, Sprache und Wirklichkeit. Arbeiten zum Radikalen Konstruktivismus. Braunschweig 1987.

Gleich, U.: Parasoziale Interaktion: Die Beziehung von Fernsehzuschauern zu Medienpersonen. Landau 1995.

Glogauer, W.: Kriminalisierung von Kindern und Jugendlichen durch Medien. Wirkungen gewalttätiger, sexueller, pornographischer und satanischer Darstellungen. Baden-Baden 1991.

Glotz, P.: Medienpolitik als Wissenschafts- und Bildungspolitik. In: Kubicek, H./Braczyk, H.-J./Klumpp, D./Müller, G./Neu, W./Raubold, E./Roßnagel, A. (Hrsg.): Lernort Multimedia. Jahrbuch Telekommunikation und Gesellschaft 1998. Heidelberg 1998, S. 11–21.

Glowalla, U./Schoop, E.: Entwicklung und Evaluation computerunterstützter Lehrsysteme. In: Glowalla, U./Schoop, E. (Hrsg.): Hypertext und Multimedia. Neue Wege in der computerunterstützten Aus- und Weiterbildung. Berlin/Heidelberg 1992, S. 21–36.

Gödert, W./Kübler, H.-D.: Konzepte der Wissensdarstellung und Wissensrezeption medial vermittelter Information. Plädoyer für eine kommunikationstheoretische Betrachtungsweise. In: Nachrichten für Dokumentation, 44. Jg., 1993, S. 149–156.

Goffman, E.: Frame Analysis. An Essay on the Organization of Experience. New York 1974.

Granovetter, M.S.: The Strength of Weak Ties. In: American Journal of Sociology, 78, 1973, S. 1361–1380.

Griffith, M.D./Shuckford, G.L.D.: Desensitization to television violence: a new model. In: New Ideas in Psychology, 7, 1989.

Groebel, J./Gleich, U.: Der Stand der Wirkungsforschung. In: Groebel, J./Gleich, U.: Gewaltprofil des deutschen Fernsehprogramms. Eine Analyse des Angebots privater und öffentlich-rechtlicher Sender. Opladen 1993, S. 15–33.

Grossberg, L.: Der Cross Road Blues der Cultural Studies. In: Hepp, A./Winter, R. (Hrsg.): Kultur – Medien – Macht. Cultural Studies und Medienanalyse. Opladen 1997, S. 13–29.

Grote, A.: Branche im Wachstumsfieber. Die Informations- und Kommunikationsindustrie beklagt Arbeitskräftemangel. In: c't – magazin für computer technik, H. 9, 1998, S. 36–37.

Grunder, H.-U.: Medienpädagogik – nur Integration in den alltäglichen Unterricht! In: medien + erziehung, 41. Jg. H. 5, 1997, S. 288–292.

Grünewald, R.: Der Titania-Palast. Berliner Kino- und Kulturgeschichte. Berlin 1992.

Habermas, J.: Strukturwandel der Öffentlichkeit. Untersuchungen zu einer Kategorie der bürgerlichen Gesellschaft. Darmstadt/Neuwied 1962.

Halbwachs, M.: Das Gedächtnis und seine sozialen Bedingungen. Frankfurt a.M. 1985 (orig. Paris 1925).

Hebdige, D.: Subculture. Die Bedeutung von Stil. In: D. Diederichsen, D./Hebdige, D./Marx, O.D. (Hrsg.): Schocker. Stile und Moden der Subkultur. Reinbek 1983, S. 7–120.

Heidkamp, K.: Zu Protokoll. Worüber Deutsche öffentlich reden. In: Die Zeit, Nr. 25, 10. Juni 1998, S. 46.

Heidt, E.U./Schittmann, D.: Medientaxonomien. Ein kritischer Überblick. In: Issing, L.J./Knigge-Illner, H. (Hrsg.): Unterrichtstechnologie und Mediendidaktik. Weinheim/Basel 1976, S. 123–140.

Heinritz, C.: »Bedrohte Jugend – drohende Jugend«? Jugend der fünfziger Jahre im Blick des Jugendschutzes. In: Jugendwerk der Deutschen Shell (Hrsg.): Jugendliche und Erwachsene '85: Generationen im Vergleich. 5 Bde. Opladen 1985, S. 293–319.

Hellwig, A.: Schundfilme. Langensalza 1911.

Hellwig, A.: Kind und Kino. Halle 1914.

Hengst, H.: Soziales Lernen in der Konsumzone. In: medium, H. 7, 1985, S. 13–20.

Hepp, A./Winter, R. (Hrsg.): Kultur – Medien – Macht. Cultural Studies und Medienanalyse. Opladen 1997.

Heydrich, W.: Nachträgliches zur Kompetenz. In: Volkmer, I./Lauffer, J. (Hrsg.): Kommunikative Kompetenz in einer sich verändernden Medienwelt. Opladen 1995, 223–234.

Heyer, A.: Europa vor der Wahl. Streifzug durch den Richtliniendschungel der Europäischen Union. In: c't – magazin für computer technik, H. 12, 1999, S. 88–91.

Hickethier, K.: Medienbiografien – Bausteine für eine Rezeptionsgeschichte. In: medien + erziehung, 26. Jg., H. 4, 1982, S. 206–215.

Hilse, J.: Jugendmedienschutz als staatliche Aufgabe. Ziele, Institutionen und gesetzliche Grundlagen. In: medien praktisch, H. 1, 1992, S. 8–10.

Hilse, J.: Jugendmedienschutz. Gesetzliche Grundlagen und Institutionen. In: medien praktisch, H. 2, 1999, S. 8–9.

Hipfl, B.: Die verlorengegangene Dimension der Cultural Studies. Fantasien als Ideologie der Medien. In: Beinzinger, D./Eder, S./Luca, R./Röllecke, R. (Hrsg.) Im Wyberspace. Mädchen und Frauen in der Medienlandschaft. Dokumentation, Wissenschaft, Essay, Praxismodelle. Bielefeld 1998, S. 29–46.

Hirsch, P.M.: Die »angsterregende Welt« des Nichtsehers und andere Unstimmigkeiten. Eine kritische Überprüfung der von Gerbner et al. zur Stützung der Kultivierungsthese vorgelegten Befunde. In: Fernsehen und Bildung, 15. Jg., H. 1–3, 1981, S. 43–64 (Teil 1) und 65–79 (Teil 2).

Hirzinger, M.: Biographische Medienforschung. Wien 1991.

Hofsümmer, K.-H./Müller, D.K.: Zapping bei Werbung – ein überschätztes Phänomen. Eine Bestandsaufnahme des Zuschauerverhaltens vor und während der Fernsehwerbung. In: Media Perspektiven, H. 6, 1999, S. 296–300.

Holtz-Bacha, C.: Das fragmentierte Medien-Publikum. Folgen für das politische System. In: Aus Politik und Zeitgeschichte, B 42/1997, S. 13–21.

Holzer, H.: Massenkommunikation und Demokratie in der Bundesrepublik Deutschland. Opladen 1969.

Horkheimer, M./Adorno, T.W.: Kulturindustrie. Aufklärung als Massenbetrug. In: Dies.: Dialektik der Aufklärung. Frankfurt a.M. 1969 (orig. 1944), S. 108–150.

Horkheimer, M./Adorno, T.W. Dialektik der Aufklärung. Frankfurt a.M. 1969.

Horn, I.: »Television and Behavior«. Zehn Jahre amerikanische Fernsehforschung – ein Überblick. Teil I: Wirkungen von Fernsehinhalten. In: Media Perspektiven, H. 5, 1983, S. 325–331.

Hovland, C.I./Janis, I.L./Kelley, H.D.: Communication and Persuasion. New Haven 1953.

Hovland, C.I./Lumsdaine, A.A./Sheffield, F.D.: Experiments on Mass Communication. Princeton 1949.

Huth, A.: Unsere Jugend ist anders geworden! Veränderte Leistungsfähigkeit in Schule und Beruf. In: Ruf ins Volk, 9. Jg., H. 6, 1957.

Hyman, H.H./Sheatsley, P.B.: Some reasons why information campaigns fail. In: Public Opinion Quarterly, 11. Jg., 1947, S. 413–423.

Issing, L.J./Klimsa, P. (Hrsg.): Information und Lernen mit Multimedia. Weinheim 1995.

Jugendwerk der Deutschen Shell (Hrsg.): Jugendliche und Erwachsene '85: Generationen im Vergleich. 5 Bde. Opladen 1985.

Karasek, H.: Die Vierteilung. Wie dem Königsmörder Damiens 1757 in Paris der Prozeß gemacht wurde. Berlin 1994.

Katz, E.: Wird das Fernsehen überschätzt? Konzepte der Medienwirkungsforschung. In: Fröhlich, W.D./Zitzlsperger, R./Franzmann, B. (Hrsg.): Die verstellte Welt. Beiträge zur Medienökologie. Frankfurt a.M. 1988, S. 190–221.

Katz, E./Blumler, J.G./Gurevitch, M.: Utilization of Mass Communication by the Individual. In: Blumler, J.G./Katz, E. (Eds.): The Uses of Mass Communications. Current Perspektives on Gratification Research. Beverly Hills/London 1974, S. 19–32.

Katz, E./Foulkes, D.: On the Use of the Mass Media as »Escape«. Clarification of a Concept. In: Public Opinion Quarterly, Vol. 26, 1962, No. 3, S. 377–388.

Katz, E./Gurevitch, M./Haas, H.: On the Uses of Mass Media for Important Things. In: American Sociological Review, Vol. 38, 1973, S. 164–191.

Katz, E./Lazarsfeld, P.F.: Persönlicher Einfluß und Meinungsbildung. München 1962 (orig. 1955).

Keilhacker, M./Rutenfranz, J./Tröger, W./Vogg, G.: Filmische Darstellungsformen im Erleben des Kindes. Untersuchungen über psycho-physische Begleiterscheinungen und Auswirkungen des Filmerlebens. München/Basel 1967.

Kepplinger, H. M./Dahlem, S.: Medieninhalte und Gewaltanwendung. In: Schwind, H.-D. et al. (Hrsg.): Ursachen, Prävention und Kontrolle von Gewalt. Analyse und Vorschläge der Unabhängigen Regierungskommission zur Verhinderung und Bekämpfung von Gewalt (Gewaltkommission), Bd. VIII: Sondergutachten. Berlin 1990, S. 381–396.

Kienzle, M./Mende, D. (Hrsg.): Zensur in der BRD. Fakten und Analysen. München 1980.

Klapper, J.T.: The effects of mass communication. New York 1960.

Kleinsteuber, H.J.: Nationale und internationale Mediensysteme. In: Merten, K./Schmidt, S.J./Weischenberg, S. (Hrsg.): Die Wirklichkeit der Medien. Eine Einführung in die Kommunikationswissenschaft. Opladen 1994, S. 544–569.

Kleiter, E.F.: Film und Aggression – Aggressionspsychologie. Weinheim 1997.

Kline, G.F.: Theory in mass communication research. In: Kline, G.F./Tichenor, P.J. (Hrsg.): Current perspectives in mass communication research. Sage Annual Reviews of Communication Research, Vol. 1. Beverly Hills/London 1972, S. 17–40.

Knauf, T.: Medienpädagogik im öffentlichen Bildungssystem der Bundesrepublik Deutschland. Zum Ort der Medienthematik im Schulunterricht. In: Hiegemann, S./Swoboda, W.H. (Hrsg.): Handbuch der Medienpädagogik. Opladen 1994, S. 271 – 287.

Kniveton, H.: Angst statt Aggression. Eine Wirkung brutaler Filme. In: Fernsehen und Bildung, H. 12, 1978, S. 41–47.

Kommer, H.: Früher Film und späte Folgen. Zur Geschichte der Film- und Fernseherziehung. Berlin 1979.

König, D. von: Leselust und Lesewut. In: Göpfert, H.G.: Buch und Leser. Hamburg 1977.

König, V.: Auf einen Blick. Comics, Icons, Piktogramme: Die Bildzeichen kann jeder verstehen. Bedeuten sie ein Ende der Schriftkultur? Altamerikanisten kennen die Antwort. In: Die Zeit, Nr. 33, 6. August 1998.

Königstein, H.: Es war einmal ein Western: Stereotyp und Bewußtsein. Wie sich marktkonforme Ästhetik selber zum Thema machen kann und was der Italo-Western damit zu tun hat. In: Ehmer, H.K. (Hrsg.): Visuelle Kommunikation. Beiträge zur Kritik der Bewußtseinsindustrie. Köln 1971, S. 299ff.

Kornadt, H.-J./Jumkley, H.: Ist die Karthasisthese endgültig widerlegt? In: Kornadt, H.-J. (Hrsg.) Aggression und Frustration als psychologisches Problem, Bd. II. Darmstadt 1992, 156–123.

Kossel, A.: Lernen aus dem Netz. In: c't – magazin für computer technik, H. 11, 1997, S. 282–286.

Kubicek, H./Breiter, A.: Die Finanzierung neuer Medien in Schulen. Probleme und Lösungsmöglichkeiten in Deutschland und den USA. Ein Gutachten. Gütersloh 1998.

Kubicek, H./Breiter, A.: Schule am Netz – und dann? Informationstechnik-Management als kritischer Erfolgsfaktor für den Multimediaeinsatz in Schulen. In: Kubicek, H./Braczyk, H.-J./Klumpp, D./Müller, G./Neu, W./Raubold, E./Roßnagel, A. (Hrsg.): Lernort Multimedia. Jahrbuch Telekommunikation und Gesellschaft 1998. Heidelberg 1998, S. 120–129.

Kübler, H.-D.: Kino und Film. In: Kagelmann, H.J./Wenninger, G. (Hrsg.): Medienpsychologie. München 1982, S. 45–59.

Kübler, H.-D.: Medienbiografien – ein neuer Ansatz der Rezeptionsgeschichte. In: medien und erziehung 26. Jg., H. 4, 1982, S. 194–205.

Kübler, H.-D.: Medienwissenschaft – Produktanalysen als Grundlage medienpädagogischen Urteilens und Handelns. In: Hiegemann, S./Swoboda, W.H. (Hrsg.): Handbuch der Medienpädagogik. Theorieansätze – Traditionen – Praxisfelder – Forschungsperspektiven. Opladen 1994, S. 59–100.

Kübler, H.-D.: Das unendliche Ende der Wirkungsforschung. Das Wirkungspotential der Medien: behauptet, befürchtet, aber noch immer weitgehend unerschlossen. In: medien praktisch, H. 3, 1995, S. 4–12.

Kübler, H.-D.: Kompetenz der Kompetenz der Kompetenz ... Anmerkungen zur Lieblingsmetapher der Medienpädagogik. In: medien praktisch, H. 2, 1996, S. 11–15.

Kübler, H.-D.: Mediale Unübersichtlichkeit und alte (pädagogische) Fragen, oder: Drohen neue Zirkularitäten? In: medien + erziehung, 40. Jg., H. 4, 1996, S. 204–209.

Kübler, H.-D.: Wieviel und was für eine Pädagogik braucht Internet? Teil 1. In: medien praktisch, H. 3, 1997, S. 4–9.

Kuhlen, R./Böhlen, M./Diefenbach, M./Reck, W./Weber, H.: Hypertext –

Grundlagen und Funktionen der Entlinearisierung von Text. Teil I: Modellierung und Realisierung einer Hypertextbasis in einem Ausbildungssystem. In: Nachrichten für Dokumentation, 40. Jg., H. 5, 1989, S. 295–307.

Kunczik, M.: Wirkungsforschung. In: Kunczik, M.: Massenkommunikation. Köln 1977, S. 114–126.

Kunczik, M.: Gewalt im Fernsehen. Stand der Wirkungsforschung und neue Befunde. In: Media Perspektiven, H. 3, 1993, S. 98–107.

Kunczik, M.: Gewalt und Medien. Köln [3]1996.

Kuri, J.: Soft Machine. Von nützlichen Idioten und Universalgenies. In: c't, H. 6, 1999, S. 154–159.

Kurzidim, M.: Information total. Infobase und Internet World Spring in Frankfurt a.M. In: c't – magazin für computer technik, H. 11, 1998, S. 47–48.

Landesinstitut für Schule und Weiterbildung (Hrsg.): Das grüne Klassenzimmer – Frieden mit der Natur. Soest 1993.

Landesinstitut für Schule und Weiterbildung (Hrsg.): Gestaltung von Hypermedia-Arbeitsumgebungen – Lernen in Sach- und Sinnzusammenhängen. Werkstattbericht 5 (Bearbeitung und Redaktion: Willi van Lück; Reihe: Interaktive Medien im Unterricht). Soest 1994.

Lash, S.: Wenn alles eins wird. Wir leben im Zeitalter der globalen Kulturindustrie. Darin liegen auch Chancen. In: Die Zeit, Nr. 10, 26. Februar 1998.

Lasswell, H.D.: The Structure and Function of Communication in Society. In: Bryson, L. (Ed.): The Communication of Ideas. New York 1948, S. 37–51.

Lau, J.: Medien verstehen. Drei Abschweifungen. In: Merkur, 47. Jg., H. 9/10, 1993, S. 829–840.

Lazarsfeld, P.F./Berelson, B./Gaudet, H.: The People's Choice: How the Voter Makes up his Mind in a Presidential Campaign. New York 1948.

Lazarsfeld, P.F./Merton, R.K.: Mass communication, popular taste, and organized social action. In: Bryson, L. (Ed.): The communication of ideas. New York 1948, S. 95–118.

Lengyel, L.: Das geheime Wissen der Kelten, enträtselt aus druidisch-keltischer Mythik und Symbolik. Freiburg 1985.

Lewalter, D.: Kognitive Informationsverarbeitung beim Lernen mit computerpräsentierten statischen und dynamischen Illustrationen. In: Unterrichtswissenschaft – Zeitschrift für Lernforschung, 25. Jg., H. 3, 1997, S. 207–222.

Liebes,T./Katz, E.: Patterns of involvement in television fiction. A comparative analysis. In: European Journal of Communication, 1. Jg., H. 1, 1986, S. 151–171.

Lieven, J.: Jugendschutz und Medienkontrolle seit den 50er Jahren – Zur Entwicklung der Strukturen und Arbeitsweisen des Jugendmedienschutzes in der Bundesrepublik Deutschland. In: Hiegemann, S./Swoboda, W.H. (Hrsg.): Handbuch der Medienpädagogik. Opladen 1994, S. 167–182.

Lorenz, T.: Wissen ist Medium. Die Philosophie des Kinos. München 1988.

Luca, R.: Zwischen Ohnmacht und Allmacht. Unterschiede im Erleben medialer Gewalt von Mädchen und Jungen. Frankfurt a.m./New York 1993.

Lück, W. van: Anregungen zum »Schreiben« eines Drehbuches für themenbezogene Hypermedia. In: Landesinstitut für Schule und Weiterbildung (Hrsg.): Auf dem Weg zu einer integrierten Medienbildung. Soest 1997.

Luhmann, N.: Soziale Systeme. Grundriß einer allgemeinen Theorie. Frankfurt a.M. 1984.

Luhmann, N.: Kommunikationsweisen und Gesellschaft. In: Rammert, W./ Bechmann, G. (Hrsg.): Technik und Gesellschaft, Jahrbuch 5. Frankfurt a.M. 1989, S. 11–18.

Luhmann, N.: Das Erkenntnisprogramm des Konstruktivismus und die unbekannt bleibende Realität. In: Luhmann, N.: Soziologische Aufklärung 5. Konstruktivistische Perspektiven. Opladen 1990, S. 31–58.

Luhmann, N.: Die Behandlung von Irritationen: Abweichung oder Neuheit? In: Luhmann, N.: Studien zur Wissenssoziologie der modernen Gesellschaft Bd. 4. Frankfurt a.M. 1995, S. 35–100.

Luhmann, N.: Soziologie des Wissens: Probleme ihrer theoretischen Konstruktion. In: Luhmann, N.: Studien zur Wissenssoziologie der modernen Gesellschaft Bd. 4. Frankfurt a.M. 1995a, S. 151–180.

Luhmann, N.: Die Realität der Massenmedien. Opladen 1996.

Luhmann, N./Fuchs, P.: Reden und Schweigen. Frankfurt a.M. 1989.

Lukesch, H. (Hrsg.): Wenn Gewalt zur Unterhaltung wird ... Beiträge zur Nutzung und Wirkung von Gewaltdarstellungen in audiovisuellen Medien. Regensburg 1990.

Lull, J.: World families watch television. London 1988.

Lüscher, K./Wehrspaun, M.: Der Anteil der Medien an unserer Gestaltung der Lebenswelten. In: Zeitschrift für Sozialisationsforschung und Erziehungssoziologie, H. 2, 1985, S. 187–204.

Lütge, G.: Starker Glaube, schwache Fakten. In: Die Zeit, Nr. 13 vom 24. März 1995.

Mägdefrau, J./Vollbrecht, R.: Medienkompetenz als Bildungsaufgabe. Über den Umgang mit neuen Herausforderungen der Schule. In: Die deutsche Schule. Zeitschrift für Erziehungswissenschaft, Bildungspolitik und pädagogische Praxis, H. 3, 1998, S. 266–277.

Markale, J.: Les grands bardes gallois. Paris 1956.

Maturana, H.R.: Erkennen. Die Organisation und Verkörperung von Wirklichkeit. Braunschweig 1985.

McDavid, J.W./Harari, H.: Social Psychology. New York 1968.

McGuire, W.J.: The Myth of Massive Media Impact: Savagings and Salvagings. In: Public Communications and Behavior, Vol. 1, 1986, S. 173–257.

McLuhan, M.: Understanding media: The extensions of man. New York 1964.

McLuhan, M.: Die Gutenberg-Galaxis. Das Ende des Buchzeitalters. Düsseldorf 1968.

McLuhan, M.: Die magischen Kanäle. Düsseldorf/Wien 1968.

McLuhan, M./Fiore, Q.: Das Medium ist die Massage. Frankfurt a.M. 1969.

McPhee, W.N./Glaser, W.A.: Public Opinion and Congressional Elections. New York 1962.

Mead, G.H.: Geist, Identität und Gesellschaft aus der Sicht des Sozialbehaviorismus. Frankfurt a.M. 1968.

Merten, K.: Wirkungen der Massenkommunikation. In: Publizistik, 27. Jg. 1982, S. 26–48.

Merten, K.: Aufstieg und Fall des »Two-Step Flow of Communication«. Kritik einer sozialwissenschaftlichen Hypothese. In: Politische Vierteljahrsschrift, 29. Jg., 1988, S. 610–635.

Merten, K.: Artefakte der Medienwirkungsforschung: Kritik klassischer Annahmen. In: Publizistik, 36. Jg., H. 1, 1991, S. 36–55.

Merten, K.: Evolution der Kommunikation. In: Merten, K./Schmidt, S.J./Weischenberg, S. (Hrsg.): Die Wirklichkeit der Medien. Eine Einführung in die Kommunikationswissenschaft. Opladen 1994a, S. 141–162.

Merten, K.: Wirkungen von Kommunikation. In: Merten, K./Schmidt, S.J./ Weischenberg, S. (Hrsg.): Die Wirklichkeit der Medien. Eine Einführung in die Kommunikationswissenschaft. Opladen 1994b, S. 291–328.

Merten, K./Schmidt, S.J./Weischenberg, S. (Hrsg.): Die Wirklichkeit der Medien. Eine Einführung in die Kommunikationswissenschaft. Opladen 1994.

Merton, R.K.: Patterns of influence: a study of interpersonal influence and communication behavior in a local community. In: Lazarsfeld, P.F./Stanton, F.N. (Ed.): Communications research 1948–1949. New York 1949.

Merton, R.K.: Mass persuasion – the social psychology of a war bond drive. Westport/Conn. 1971 (orig. New York 1946).

Meyer, P.: Medienpädagogik – Entwicklung und Perspektiven. Königstein/Ts. 1978.

Mikos, L.: Ein kompetenter Umgang mit Medien erfordert mehr als Medienkompetenz. In: medien + erziehung, H. 1, 1999, S. 19–23.

Müller, H.-P.: Sozialstruktur und Lebensstile. Zur Neuorientierung der Sozialstrukturforschung. In: Hradil, S. (Hrsg.): Zwischen Bewußtsein und Sein. Die Vermittlung »objektiver« Lebensbedingungen und »subjektiver« Lebensweisen. Opladen 1992, S. 57–66.

Müller-Funk, W.: Spiegelung und Transparenz. Der Streit um die Bilder und deren Kritik. In: medien + erziehung, H. 2, 1996, S. 71–78.

Müller-Gerbes, S.: Wer beim Fernsehen aufpaßt, behält mehr. In: Frankfurter Rundschau vom 1.11.1989.

Newcomb, T.M.: An approach to the study of communication acts. In: Psychological Review, 60. Jg. 1953, S. 393–404.

Niemann, R.: Die Nutzung von Film- und Fernsehlizenzen im Konsumartikel-
markt für Kinder. Die Praxis von Merchandising. In: Meister, D.M./Sander,
U. (Hrsg.): Kinderalltag und Werbung. Zwischen Faszination und Manipulation. Darmstadt/Neuwied 1997, S. 87–97.

Noelle-Neumann, E.: Kann das Fernsehen als Stachel der Gesellschaft wirken?
Ergebnisse der Kommunikationsforschung. In: Stolte, D. et al. (Hrsg.):
Fernsehkritik. Die gesellschaftliche Kritik des Fernsehens. Mainz 1970,
S. 79–90.

Noelle-Neumann, E.: Die Schweigespirale. Über die Entstehung der öffentlichen Meinung. In: Forsthoff, E./Hörstel, R. (Hrsg.): Standort im Zeit-
strom. Festschrift für Arnold Gehlen. Frankfurt a.M. 1974, S. 299–330.

Noelle-Neumann, E.: Die Schweigespirale. Öffentliche Meinung – unsere soziale Haut. München.

Oevermann, U./Allert, T./Gripp, H./Konau, E./Krambeck, J./Schröder-Caesar,
E./Schütze, Y. 1976: Beobachtungen zur Struktur der sozialisatorischen Interaktion. In: Auwärter, M./Kirsch, E./Schröter, K. (Hrsg.): Seminar: Kommunikation, Interaktion, Identität. Frankfurt a.M. 1980, S. 371–403.

Orlik, W./Charlton, M./Neumann, K.: Mediensymbole und Selbstsymboli-
sierung – Schritte des Kindes zur Angstbewältigung. In: Charlton, M./
Bachmair, B. (Hrsg.): Medienkommunikation im Alltag. München 1990,
S. 172–190.

Paech, J. (Hrsg.): Film- und Fernsehsprache. Frankfurt a.M. 1975.

Papert, S.: Die vernetzte Familie. Kinder und Computer. Stuttgart 1998.

Pätzold, U./Röper, H.: Maßnahmen der Vielfaltsicherung im Rundfunk. In:
Media Perspektiven, H. 6, 1998, S. 278–297.

Petsch, H.-J./Tietgens, H. et al.: Allgemeinbildung und Computer. Bad Heilbrunn 1989.

Pfeiffer, C.: Kriminalität und Jugendgewalt in europäischen Ländern. Hanno-
ver 1997 (KFN-Forschungsbericht).

Philips, D.P.: The Influence of Suggestion on Suicide. In: American Sociological Review, Vol. 39, 1974, No. 3, S. 340–354.

Piper, E.: Zur Geschichte der Zensur in Deutschland. In: vorgänge. Zeitschrift
für Gesellschaftspolitik, 46, 1980, Nr. 4, S. 53–66.

Platon: Phaistos. In: Ders.: Gastmahl/Phaidros/Phaidon. Wiesbaden 1978.

Postman, N.: Das Verschwinden der Kindheit. Frankfurt a.M. 1983.

Pöttinger, I.: Lernziel Medienkompetenz. Theoretische Grundlagen und praktische Evaluation anhand eines Hörspielprojekts. München.

Potts, R./Huston, A.C./Wright, J.C.: The effects of television form and violent
boys' attention and social behavior. In: Journal of Experimental Child Psychology, Vol. 41, No. 1, 1997, S. 1–17.

Reeves, T.C.: Implementing CBT in higher education: unfullfilled promises of
computer based training. Norwood/New Jersey 1991, S. 61–77.

Rein, A. von (Hrsg.): Medienkompetenz als Schlüsselbegriff. Bad Heilbrunn 1996.

Reinmann-Rothmeier, G./Mandl, H.: Lernen mit Multimedia in der Schule. In: Kubicek, H./Braczyk, H.-J./Klumpp, D./Müller, G./Neu, W./Raubold, E./Roßnagel, A. (Hrsg.): Lernort Multimedia. Jahrbuch Telekommunikation und Gesellschaft 1998. Heidelberg 1998, S. 109–119.

Robinson, J.P.: Interpersonal Influence in Election Campaigns. In: Public Opinion Quarterly, 40, 1976/77, S. 304–319.

Rogers, E.M./Kincaid, L.D.: Communication Networks: Toward a New Paradigm for Research. New York 1981.

Röper, H.: Zeitungsmarkt 1997: Leichte Steigerung der Konzentration. Daten zur Konzentration der Tagespresse in der Bundesrepublik Deutschland im 1. Quartal 1997. In: Media Perspektiven H. 7, 1997, S. 367–377.

Röper, H.: Konzentration im Zeitschriftenmarkt leicht rückläufig. Daten zur Konzentration der Publikumszeitschriften in Deutschland im 1. Quartal 1998. In: Media Perspektiven, H. 7, 1998, S. 337–351.

Röper, H.: Formationen deutscher Medienmultis 1998/99. Entwicklungen und Strategien der größten deutschen Medienunternehmen. In: Media Perspektiven, H. 7, 1999, S. 345–378.

Rosengren, K.E./Arvidson, P./Sturesson, D.: The Barsebäck »panic«. University of Lund 1974.

Rosenthal, D.: Manche werden süchtig. Die Datenflut überfordert mittlerweile viele Manager. In: Die Zeit Nr. 17 vom 16. April 1998.

Roth, G.: Selbstorganisation – Selbsterhaltung – Selbstreferentialität: Prinzipien der Organisation der Lebewesen und ihre Folgen für ihre Beziehung zwischen Organismus und Umwelt. In: Dress, A. et al. (Hrsg.): Selbstorganisation. Die Entstehung von Ordnung in Natur und Gesellschaft. München 1986, S. 169ff.

Rothschild, E.: Film und Erotik. Bemerkungen zu künstlerischen und pädagogischen Prinzipienfragen. In: Die neue Schaubühne, H. 12, 1920, S. 317–328.

Rötzer, F.: Ästhetische Herausforderungen von Cyberspace. In: Huber, J./Müller, A.M. (Hrsg.): Raum und Verfahren. Interventionen 2. Basel/Frankfurt a.M. 1993, S. 29–42.

Ruhmann, I./Schulzki-Haddouti, C.: Abhör-Dschungel. Geheimdienste lesen ungeniert mit – Grundrechte werden abgebaut. In: c't – magazin für computer technik, H. 5, 1998, S. 82–93.

Rutschky, K. (Hrsg.): Schwarze Pädagogik. Quellen zur Naturgeschichte der bürgerlichen Erziehung. Frankfurt a.M./Berlin 1977.

Salecl, R.: Politik des Phantasmas. In: Wo Es war, H. 6, 1994.

Sander, U./Vollbrecht, R.: Kinder und Jugendliche im Medienzeitalter. Annahmen, Daten und Ergebnisse empirischer Medienforschung. Opladen 1987.

Sander, U./Vollbrecht, R.: Biographische Medienforschung. In: BIOS, Zeitschrift für Biografieforschung und Oral History, H.1, 1989, S. 15–30.

Sander, U./Vollbrecht, R.: Wirkungen der Medien im Spiegel der Forschung – Ein Überblick über Theorien, Konzepte und Entwicklungen der Medienforschung. In: Hiegemann, S./Swoboda, W.H. (Hrsg.): Handbuch der Medienpädagogik. Theorieansätze – Traditionen – Praxisfelder – Forschungsperspektiven. Opladen 1994, S. 361–386.

Sander-Beuermann, W.: Schatzsucher. Die Internet-Suchmaschinen der Zukunft. In: c't – magazin für computer technik, H. 13, 1998, S. 178–184.

Sarcinelli, U. (Hrsg.): Politikvermittlung und Demokratie in der Mediengesellschaft. Beiträge zur politischen Kommunikationskultur. Bonn 1998.

Saxer, U.: Bildung und Pädagogik zwischen den alten und neuen Medien. In: Media Perspektiven, H. 1, 1983, S. 24–27.

Saxer, U.: Wissensklassen durch Massenmedien? Entwicklung, Ergebnisse und Tragweite der Wissenkluftforschung. In: Fröhlich, W.D./Zitzlsperger, R./Franzmann, B. (Hrsg.): Die verstellte Welt. Beiträge zur Medienökologie. Frankfurt a.M. 1988, S. 141–190.

Schäfer, K.-H.: Homer und Platon als Gründerväter der Medienpädagogik. In: Fischer-Buck, A./Schäfer, K.-H./Warzel, A./Zöllner, D. (Hrsg.) 1997: Werte – pädagogische, biographische, politische Perspektiven. Franz Fischer Jahrbuch 2. Norderstedt 1997, S. 75–95.

Schank, R.C./Abelson, R.P.: Scripts, Plans, Goals, and Understanding. Hillsdale (N.J.) 1977.

Schenk, M.: Politische Meinungsführer. Kommunikationsverhalten und primäre Umwelt. In: Publizistik, 30. Jg., 1985, S. 7–16.

Schenk, M.: Zum Stand der Medienwirkungsforschung. In: Schenk, M.: Medienwirkungsforschung. Tübingen 1987, S. 423–441.

Schenk, M.: Massenkommunikation und interpersonale Kommunikation. In: Kaase, M./Schulz, W. (Hrsg.): Massenkommunikation. Theorien, Befunde, Methoden, Sonderheft 30 der KZfSS, Opladen 1989, S. 406–417.

Schenk, M.: Die egozentrierten Netzwerke von Meinungsbildnern (»Opinion Leaders«). In: KZfSS, Jg. 45, H. 2, 1993, S. 254–269.

Scherer, J.: »Online« zwischen Telekommunikations- und Medienrecht. Regulierungsprobleme von Online-Systemen im Internet und außerhalb. In: Archiv für Presserecht, 27. Jg., 1996, S. 213–219.

Schill, W./Wagner, W.-R.: Wie wirklich ist die Medienpädagogik in der Schule? In: medien + erziehung, 41. Jg., H. 5, 1997, S. 282–287.

Schmidt, S.J. (Hrsg.): Der Diskurs des Radikalen Konstruktivismus. Frankfurt a.M. 1988.

Schneewind, K.A.: Gesellschaftliche Veränderungswahrnehmung und Wandel des elterlichen Erziehungsstils im Generationenvergleich. In: Buba, H.P./Schneider, N.S. (Hrsg.): Familie – Zwischen gesellschaftlicher Prägung und individuellem Design. Opladen 1996, S. 117–128.

Schneider, S.: Medienerfahrung in der Lebensgeschichte. Methodische Wege der Erinnerungsaktivierung in biographischen Interviews. In: Rundfunk und Fernsehen, H. 3, 1993, S. 378–392.

Schnoor, D.: Schulentwicklung durch neue Medien. In: Kubicek, H./Braczyk, H.-J./Klumpp, D./Müller, G./Neu, W./Raubold, E./Roßnagel, A. (Hrsg.): Lernort Multimedia. Jahrbuch Telekommunikation und Gesellschaft 1998. Heidelberg 1998, S. 99–108.

Schodt, F.L.: Dreamland Japan. Writings on Modern Manga. Berkeley 1996.

Schönbach, K./Früh, W.: Der dynamisch-transaktionale Ansatz II: Konsequenzen. In: Rundfunk und Fernsehen, 32. Jg., H. 3, 1984, S. 314–329.

Schönhuber, F.X.: Das Kinoproblem im Lichte von Schülerantworten. Beiheft zur Zeitschrift Lehrerfortbildung, Nr. 19, 1918, Leipzig.

Schorb, B.: Kinder rezipieren, be- und verarbeiten Gewaltdarstellungen im Fernsehen. Ein Überblick aus vier Forschungsprojekten. In: Schorb, B./ Stiehler, H.-J. (Hrsg.): Medienlust – Medienlast. Was bringt die Rezipientenforschung den Rezipienten? (FSF Dialog Bd. 1) München 1996, S. 127–142.

Schorb, B.: Stichwort: Medienpädagogik. In: Zeitschrift für Erziehungswissenschaft, H. 1, 1998, S. 7–22.

Schramm, R/Roberts, D.F.: The Process and Effects of Mass Communication. Urbana 1972.

Schulz, F.: Das Kino, der Bürger und der keusche Privatdozent. In: Die neue Schaubühne, H. 4, 1921, S. 80–84.

Schulz, W.: Vielseher im dualen Rundfunksystem. Sekundäranalyse der Langzeitstudie Massenkommunikation. In: Media Perspektiven, H. 2, 1997, S. 92–102.

Schulzki-Haddouti, C.: Überwachungskontinent Europa. EU-Pläne für Überwachungsmaßnahmen enthüllt. In: c't – magazin für computer technik, H. 25, 1998, S. 48–49.

Schulz-Zander, R.: Multimedia und Netze in Schulen – eine Chance für eine neue Lernkultur? In: Kubicek, H./Braczyk, H.-J./Klumpp, D./Müller, G./ Neu, W./Raubold, E./Roßnagel, A. (Hrsg.): Lernort Multimedia. Jahrbuch Telekommunikation und Gesellschaft 1998. Heidelberg 1998, S. 139–147.

Schütz, A.: Der sinnhafte Aufbau der sozialen Welt. Eine Einleitung in die verstehende Soziologie. Wien 1932.

Schütz, A.: Gesammelte Aufsätze, Bd.1: Das Problem der sozialen Wirklichkeit. Den Haag 1971.

Schwab, F.: Reality-TV – Die Wirklichkeit der Medien. Realität, Wirklichkeit und Wahrheit. In: Schorb, B./Stiehler, H.-J. (Hrsg.): Medienlust – Medienlast. Was bringt die Rezipientenforschung den Rezipienten? München 1996, S. 79–92.

Schwarz, R. (Hrsg.): Manipulation durch Massenmedien – Aufklärung durch Schule? Didaktik der Massenkommunikation 1. Stuttgart 1974.

Schwarzenauer, W.: Meinungsführer. In: Vierteljahreshefte für Mediaplanung, H. 2, 1976, S. 1–4.

Schwind, H.-D./Baumann, J./Schneider, U./Winter, M.: Kurzfassung des Endgutachtens der Unabhängigen Regierungskommission zur Verhinderung und Bekämpfung von Gewalt (Gewaltkommission). In: Schwind, H.-D. et al.: Ursachen, Prävention und Kontrolle von Gewalt. Analyse und Vorschläge der Unabhängigen Regierungskommission zur Verhinderung und Bekämpfung von Gewalt (Gewaltkommission), Bd. VIII: Sondergutachten. Berlin 1990, S. 238–285.

Selg, H.: Filmhelden als Gewaltmodell? Was gelernt wird, hängt von der Gesamtaussage ab – Interview mit Prof. Dr. Herbert Selg. In: tv diskurs, H. 6, 1998, S. 36–47.

Selg, O.: Medienwirkung: Hypothesen – Modelle – Theorien. Kurzübersicht zur Wirkungsweise von Gewaltdarstellungen in visuellen Medien. In: tv diskurs, H. 6, 1998, S. 48–49.

Sellmann, A.: Kino und Schule. Berlin 1911.

Sherif, C.W./Sherif, M.: Attitude, Ego-Involvement, and Change. New York 1967.

Sichtermann, B.: Fernsehen. Berlin 1994.

Siegert, B.: Denuntiationen. Über Postkästen und die Erfindung des permanenten Kontakts. Universität Bochum. Vortragsmanuskript 1988.

Spanhel, D.: Multimedia im Schulalltag. Was müssen Lehrerinnen und Lehrer wissen, um Multimedia einsetzen zu können? In: Meister, D.M./Sander, U. (Hrsg.): Multimedia. Chancen für die Schule. Neuwied 1999, S. 54–76.

Spiro, R./Feltovich, P.J./Jacobson, M.J./Coulson, R.J.: Cognitive flexibility, constructivism, and hypertext. In: Duffy, T.M./Jonassen, D.H. (Eds.): Constructivism and the technology of instruction. Hillsdale (N.J.) 1992, S. 57–75.

Stipp, H.: Wird der Computer die traditionellen Medien ersetzen? Wechselwirkungen zwischen Computer- und Fernsehnutzung am Beispiel USA. In: Media Perspektiven, H. 2, 1998, S. 76–82.

Stroebe, W.: Grundlagen der Sozialpsychologie. Stuttgart 1980.

Stückrath, F./Schottmayer, G.: Psychologie des Filmerlebens in Kindheit und Jugend. Hamburg 1955.

Teichert, W./Renckstorf, K.: Zur Zukunft von Massenkommunikation und Massenmedien aus sozialwissenschaftlicher Perspektive. In: Publizistik, 19. Jg., 1974, S. 133–147.

Theunert, H.: Gewalt in den Medien – Gewalt in der Realität. Gesellschaftliche Zusammenhänge und pädagogisches Handeln. Opladen 1987.

Theunert, H.: Action, Gewalt und Angst: Wie Kinder Gewaltdarstellungen wahrnehmen. In: Deutsches Jugendinstitut (Hrsg.): Handbuch Medienerziehung im Kindergarten. Teil 1: Pädagogische Grundlagen. Opladen 1994, S. 248–256.

Tichenor, P.J./Donohue, G.A./Olien, C.N.: Mass Media Flow and Differential Growth in Knowledge. In: Public Opinion Quarterly, 35. Jg., 1970, S. 159–170.

Tiemann, H.-P.: Filme erleben – Zur medientheoretischen Begründung und unterrichtspraktischen Handhabung einer Film- und Fernsehdidaktik im Deutschunterricht der 5. und 6. Klassen. Münster 1991.

Tietgens, H.: Von den Schlüsselqualifikationen zur Erschließungskompetenz. In: Petsch, H.-J./Tietgens, H. et al.: Allgemeinbildung und Computer. Bad Heilbrunn 1989, S. 34–43.

Tolman, E.C.: Cognitive Maps in Rats and Men. In: Psychological Review, 55, 1948, S. 189–208.

Traufetter, B.R.: Digitaler Videostandard DVD vor dem Durchbruch? In: Media Perspektiven, H. 2, 1999, S. 50–62.

Triandis, H.C.: Einstellungen und Einstellungsänderungen. Weinheim 1975.

Tröger, W.: Der Film und die Antwort der Erziehung. München/Basel 1963.

Troldahl, V.C./van Dam, R.: Face-to-Face Communication About Major Topics in the News. In: Public Opinion Quarterly, 29, 1965, S. 626–634.

Tulodziecki, G.: Medienerziehung in Schule und Unterricht. Bad Heilbrunn 1989.

Tulodziecki, G.: Medien in Erziehung und Bildung. Grundlagen und Beispiele einer handlungs- und entwicklungsorientierten Medienpädagogik. Bad Heilbrunn 1997.

Tulodziecki, G.: Bedingungen des Medieneinflusses auf das Verhalten in Konfliktfällen. In: Schweer, M.K.D. (Hrsg.): Der Einfluß der Medien: Vertrauen und soziale Verantwortung. Vechtaer Symposion für Vertrauensforschung 2000.

Vitouch, P.: Fernsehen und Angstbewältigung. Zur Typologie des Zuschauerverhaltens. Opladen 1993.

Vitouch, P.: Gewaltfilme als Angsttraining. Kontrollierbare Angstreize simulieren den Umgang mit realen Ängsten. In: tv diskurs. Verantwortung in audiovisuellen Medien, H. 2, 1997, S. 40–49.

Vitouch, P./Tinchon, H.-J. (Hrsg.): Cognitive Maps und Medien. Formen mentaler Repräsentation bei der Medienwahrnehmung. Frankfurt a.M. 1996.

Vogelgesang, W.: Jugendliche Video-Cliquen. Action- und Horrorvideos als Kristallisationspunkte einer neuen Fankultur. Opladen 1991.

Vollbrecht, R.: Lebensverläufe und sozialer Wandel. Das Krisenkonzept der Erfahrung als Grundlage medienbiographischer Reflexion. In: Thier, M./Lauffer, J. (Hrsg.): Medienbiografien im vereinten Deutschland. Opladen 1993, S. 10–29.

Vollbrecht, R.: Ost-westdeutsche Widersprüche. Ostdeutsche Jugendliche nach der Wende und Integrationserfahrungen jugendlicher Übersiedler im Westen. Opladen 1993a.

Vollbrecht, R.: Der Wandel der Jugendkulturen von Subkulturen zu Lebensstilen. In: SPoKK (Hrsg.) 1997: Kursbuch Jugendkultur. Stile, Szenen und Identitäten vor der Jahrtausendwende. Mannheim 1997, S. 22–31.

Vollbrecht, R.: Kommunikationsnetze der Zukunft. Marktführerschaft für die Powerline-Technologie? In: medien praktisch – Zeitschrift für Medienpädagogik, H. 1, 1999, S. 63–64.

Vollbrecht, R.: Jugendmedien. Tübingen – erscheint 2001.

Vollbrecht, R.: Informations- und Kommunikationstechnologien in der betriebspädagogischen Praxis. In: Dewe, B. (Hrsg.): Betriebspädagogik und berufliche Weiterbildung. Wissenschaft – Forschung – Reflexion. Festschrift für Theodor Hülshoff. Bad Heilbrunn/Obb. 2000, 247–260.

Vorderer, P. (Hrsg.): Fernsehen als Beziehungskiste. Parasoziale Beziehungen und Interaktionen mit TV-Personen. Opladen 1996.

Vorderer, P.: Will das Publikum die neuen Medien(angebote)? Medienpsychologische Thesen über die Motivation zur Nutzung neuer Medien. In: Rundfunk und Fernsehen, 43. Jg., H. 4, 1995, S. 494–517.

Vorderer, P.: Rezeptionsmotivation: Warum nutzen Rezipienten mediale Unterhaltungsangebote? In: Publizistik, 41. Jg., H. 3, 1996, S. 310–326.

Voullième, H.: Die Faszination der Rockmusik. Überlegungen aus bildungstheoretischer Perspektive. Opladen 1987.

Wegener, C.: Reality-TV. Fernsehen zwischen Emotion und Information? Opladen 1994.

Weidenmann, B. (Hrsg.): Wissenserwerb mit Bildern: instruktionale Bilder in Printmedien, Film/Video und Computerprogrammen. Bern 1994.

Weidenmann, B.: »Multimedia«: Mehrere Medien, mehrere Codes, mehrere Sinneskanäle? In: Unterrichtswissenschaft – Zeitschrift für Lernforschung, 25. Jg., H. 3, 1997, S. 197–206.

Weimann, G.: The Importance of Marginality. One More Step into the Two-Step-Flow of Communication. In: American Sociological Review, 47, 1982, S. 764–773.

Weischenberg, S./Hienzsch, U.: Die Entwicklung der Medientechnik. In: Merten, K./Schmidt, S.J./Weischenberg, S. (Hrsg.): Die Wirklichkeit der Medien. Eine Einführung in die Kommunikationswissenschaft. Opladen 1994, S. 455–480.

Weisenbacher, U.: Der Golfkrieg in den Medien. Zur Konjunktur von Paul Virilio und Jean Baudrillard im Feuilleton. In: Müller-Dohm, S./Neumann-Braun, K. (Hrsg.): Kulturinszenierungen. Frankfurt a.M. 1995, S. 284–309.

Weiss, H.-J.: Die Themenstrukturierungsfunktion der Massenmedien. Systematische Analyse der angelsächsischen Agenda-Setting-Forschung. Kommunikationswissenschaftliches Gutachten für das Presse- und Informationsamt der Bundesregierung. (o.O.) 1980.

Weizenbaum, J.: Angst vor der heutigen Wissenschaft. In: Müllert, N.: Schöne elektronische Welt. Reinbek 1984, S. 28–41.

Weizenbaum, J.: Wir sitzen wie die Hunde unter den Tischen der Herrschaften. In: Müllert, N.: Schöne elektronische Welt. Reinbek 1984a, S. 163–167.

Welsch, W.: Platons neue Höhle. Einschnürung und Verkümmerung im Zeichen gigantischer Wahlfreiheit. In: Weiterbildung & Medien, H. 1, 1991, S. 36–39.

Welsch, W.: Künstliche Paradiese? Betrachtungen zur Welt der elektronischen Medien – und zu anderen Welten. In: Baacke, D./Röll, F.J. (Hrsg.): Weltbilder – Wahrnehmung – Wirklichkeit. Der ästhetisch organisierte Lernprozeß. Opladen 1995, S. 71–95.

Wermke, J.: Integrierte Medienerziehung im Fachunterricht. Schwerpunkt: Deutsch. München 1997.

Wirth, W./Früh, W.: »Sich ergötzen an der Not anderer: Voyeurismus als «Zuschauermotiv«. In: Schorb, B./Stiehler, H.-J. (Hrsg.): Medienlust – Medienlast. Was bringt die Rezipientenforschung den Rezipienten? München 1996, S. 31–68.

Wirtz, H.: Ihr habt ein Recht auf Jugend, Leib und Liebe. Worte und Winke für junge Menschen. Hamm 1955.

Wolgast, H.: Das Elend unserer Jugendliteratur. Hamburg 1898.

Wulff, H.J.: Die Erzählung der Gewalt. Münster 1985.

Wulff, H.J.: Gewaltdebatten als naive Pädagogik: Eine Polemik zur Gewaltdiskussion. In: Friedrichsen, M./Vowe, G. (Hrsg.): Gewaltdarstellungen in den Medien. Theorien, Fakten und Analysen. Opladen 1995, S. 381–391.

Zillmann, D.: Exitation Transfer in Communication-Mediated Aggressive Behavior. In: Journal of Experimental Social Psychology, 7, 1971, S. 419–434.

Zimmer, A.: Neue Medien im Unterricht bergen Risiken. In: c't – magazin für computer technik, H. 16, 1998, S. 148.

Reihe »Beltz Handbuch«

Christoph Wulf (Hrsg.)
Vom Menschen
Handbuch
Historische Anthropologie
1997. 1160 Seiten. Gebunden.
ISBN 3-407-83136-6

Ambivalenz und Verunsicherung, Vielfalt und Komplexität bestimmen menschliches Leben am Ende des 20. Jahrhunderts. Immer schwieriger wird es, sich in der Welt, der Gesellschaft und in sich selbst zu orientieren. In dieser Situation drängt sich die Frage auf, was man vom Menschen und seinen Grundverhältnissen wissen könne. Normative Anthropologien haben ihre Überzeugungskraft verloren. Nicht mehr dem universellen Menschen, sondern dem Partikularen und der Vielgestaltigkeit menschlicher Erscheinungen gilt das Interesse. Die Erkenntnissuche richtet sich auf ein anthropologisches Wissen, das sich seiner Geschichtlichkeit und kulturellen Bedingtheit bewusst ist. Das Handbuchs ist in sieben Abschnitte gegliedert: Kosmologie – Welt und Dinge – Genealogie und Geschlecht – Körper – Medien und Bildung – Zufall und Geschick – Kultur. Das Handbuch wird unterstützt vom Interdisziplinären Zentrum für Historische Anthropologie der FU Berlin und der Gesellschaft für Historische Anthropologie.

Beltz Verlag · Postfach 10 01 54 · 69441 Weinheim · www.beltz.de

F0017